TOUTE LA TERRE
EST AU SEIGNEUR

Henri Vincenot

TOUTE LA TERRE EST AU SEIGNEUR

Préface de Claudine Vincenot

Editions Anne Carrière

Du même auteur :

AUX EDITIONS ANNE CARRIÈRE

Récits des friches et des bois, 1997

Du côté des Bordes, 1998

Rempart de la Miséricorde (*Mémoires d'un enfant du rail*, nouvelle édition), 1998.

Nouvelles ironiques, 1999.

AUX EDITIONS DENOËL

Je fus un saint, 1953 (épuisé)

Walter ce boche, mon ami, 1954

La Pie saoule, 1956

Les Yeux en face des trous, 1959 (épuisé)

Les Chevaliers du chaudron, 1960 (prix Chatrian)

A rebrousse-poil, 1962 (épuisé)

La Princesse du rail, 1967 (feuilleton télévisé)

Le Pape des escargots, 1972 (prix Olivier de Serres)

Le Sang de l'Atlas, 1974 (Prix franco-belge)

La Billebaude, 1978

Cuisine de Bourgogne, 1979

Psaumes à Notre-Dame en faveur de notre fils, 1979

L'Age du chemin de fer, 1980 (épuisé)

Les Etoiles de Compostelle, 1982

Les Voyages du professeur Lorgnon, tomes 1 et 2, 1983-1985

L'Œuvre de chair, 1984

Locographie (épuisé)

Le Maître des abeilles, 1987

Le Livre de raison de Claude Bourguignon, 1989

AUX EDITIONS HACHETTE

La Vie quotidienne dans les chemins de fer au XIXe siècle, 1975 (bourse Goncourt et prix de la revue indépendante)

La Vie quotidienne des paysans bourguignons au temps de Lamartime, 1976 (prix Lamartine)

AUX EDITIONS NATHAN

Pierre, le Chef de gare, 1967 (épuisé)

Robert, le Boulanger, 1971 (épuisé)

AUX EDITIONS RIVAGES

Canaux de Bourgogne, 1984 (épuisé)

ISBN : 2-84337-126-0

www.anne-carriere.fr

Préface

Sous des apparences de prêche édifiant, le titre est ironique et bien dans la lignée des *Nouvelles* [1] récemment parues. Manuscrit inédit des années de guerre, si l'on en juge par la qualité du papier et l'usage du porte-plume, ce roman peut être situé avec plus de précision encore entre 1943 et 1946. La mention de certains événements vécus par l'auteur et sa famille nous y autorise : la débâcle, à laquelle le héros – tout comme l'auteur – participe à bicyclette, ainsi que la cécité de Julie, qui suggère au père de l'enfant les sentiments qu'éprouva sans doute Henri Vincenot lorsqu'il apprit la surdité de son fils aîné. A la maison, tout devint alors dessins et couleurs, et mes parents s'ingénièrent à constituer par des illustrations séduisantes un dictionnaire pour l'enfant sourd. Le pèlerinage à Lourdes pour la guérison de la petite aveugle, enfin, me rappelle celui que nous fîmes avec mon frère aîné, à l'instigation suppliante des grand-mères de la famille.

Toute la Terre est au Seigneur est un roman d'aventures, voire un roman picaresque, où le héros va, au gré des circonstances, de mésaventures en succès et de

1. *Nouvelles ironiques*, Editions Anne Carrière, 1999.

triomphes en échecs. Le hasard y tient un grand rôle et a le beau rôle.

Admirateur de *La Vie de Lazarillo de Tormes*, modèle du genre, et du *Paysan parvenu* de Marivaux, Henri Vincenot met en scène les coups du sort et les surprises providentielles – tous enfants de cette Fortune qui égratigne, après avoir caressé. Le héros, un aventurier à la fois sincère et mystificateur, sait provoquer et utiliser le hasard. Pour cela, il va, sur le grand chemin du monde : allers et retours incessants entre le désir d'enracinement – dans des fermes, en général, où les travaux des champs symbolisent la sédentarité – et la pulsion incoercible de la cavale qui le conduit sans crier gare aux quatre coins de France et de Navarre. Ce ne sont que va-et-vient constants entre la rêverie de permanence et l'exaltation du mouvement chez ce « picaro » qui partage sa vie et ses amours entre les enfants de la terre et les gens du voyage.

Confronté à des situations imprévisibles et cocasses, il en parle avec une précision ironique mais, si son regard dénonce les travers des hommes et l'incongruité des circonstances, son intransigeance se teinte toujours d'humour et d'indulgence. Et l'on comprend que, derrière le héros à l'épicurisme doublé de fatalisme, c'est l'auteur qui s'acquitte de son « devoir de clairvoyance », selon les mots de Marivaux, amenant la conscience à un point de plénitude tel que même la vanité peut être utilisée à bon escient. Et François, le héros, n'en manque pas !

Pourfendeur de l'injustice, défenseur des faibles et amateur de liberté, il est, comme dans tous les romans de jeunesse [1] d'Henri Vincenot, en conflit avec l'ordre établi, représenté par un groupe social particulier : ici, la famille bourgeoise et provinciale, le clergé dévot et pharisien,

1. *Je fus un saint, A rebrousse-poil, Les Yeux en face des trous.*

mais aussi la troupe théâtrale qu'il dirige et dont il éprouve régulièrement le besoin de s'échapper.

Comme celle de Molière (on notera d'ailleurs de nombreux points de ressemblance entre la vie de ce dernier et la vie du héros), la troupe Vicardo entraîne ses baladins de villes en bourgs et de tréteaux en salles ; elle connaît en même temps la précarité bienfaisante du nomadisme, qui oblige à s'adapter chaque jour, et la solidarité renforcée entre ses membres. Avec femmes et enfants, les acteurs constituent une grande famille : on retrouve là le thème cher à Vincenot du phalanstère et de la cité idéale où régneraient entraide et justice.

Quant au théâtre, il faut rappeler le goût prononcé de l'auteur pour la mise en scène et le spectacle, son appartenance successive à de nombreuses troupes amateurs, son admiration pour les « Copiaux », la compagnie du célèbre Jacques Copeau, de Ternant. Rappelons enfin que c'est le théâtre qui a ouvert toutes grandes à Henri Vincenot les portes de l'édition [1]. Au grand dam de ses parents pour lesquels, dans les années 30, toute actrice n'était qu'une « catin », l'acteur ne valant guère mieux : ce n'était qu'un individu fantasque, insouciant, marginal, donc infréquentable.

Les femmes sont nombreuses, dans ce roman, mais elles forment une galerie de portraits frisant la caricature, peut-être volontairement sans consistance particulière et sans nuances entre les archétypes de la Vierge, de la « virago » (en la personne de dame Jeanne, veuve et maîtresse-femme en son domaine), et de la putain ; la mère du héros est bigote et frigide ; l'épouse est adultère ; la jolie ne peut être que frivole ; l'actrice, qualifiée de « catin », et la vierge, niaise. Et pourtant, l'être féminin y est partout désiré et

1. Voir *Le Maître du bonheur*, Editions Anne Carrière, 1995.

aimé. Je me rappelle alors qu'en 1944 les femmes n'avaient pas encore le droit de vote et qu'il n'était pas rare d'appeler à cette époque une femme « ma poule », « poupée » ou « bébé ». Dans sa relation au sexe faible, *Toute la Terre est au Seigneur* est un document.

Dans l'ironie latente qui imprègne tout le roman, le principal mode d'expression est souvent l'ambiguïté, et le ton mi-figue, mi-raisin (« ni lard, ni cochon », dit-on en Bourgogne) nous interpelle et nous conduit, sous la simple apparence des choses joyeuses, à une réflexion désabusée mais amusée sur la vaste comédie humaine. Œuvre de jeunesse, *Toute la Terre est au Seigneur* a pourtant déjà le « jus » et la clairvoyance sarcastique du Vincenot de la maturité. Oui, c'est bien là le père de mon enfance, guignol et tendre, grave et rigolo, sincère et cabotin, sachant toujours nous faire rire et penser avec des souvenirs ineffables, des histoires abracadabrantes et des gauloiseries honnêtement salées.

Claudine VINCENOT

Avant-propos

La vie n'est pas un roman bien construit et le Père éternel, si la critique littéraire s'en mêlait, se verrait refuser le moindre des satisfecit. Seul le romancier sait bâtir une intrigue, la Providence n'y connaît rien de rien. Elle amorce des idylles qui n'aboutissent pas, disperse l'attention du spectateur, fait fi des lois littéraires élémentaires, n'a aucun sens de l'harmonie, et n'a même pas l'air de soupçonner qu'elle lasse son monde à toujours briser les effets qu'elle semblait vouloir préparer, à gâcher, par un dénouement grotesque, la situation la plus pathétique. Elle accumule les coq-à-l'âne les plus vulgaires, les quiproquos les plus saugrenus, comme un auteur qui débute dans le vaudeville, et elle n'a même pas l'habileté d'en tirer parti. Les situations comiques finissent dans les larmes et l'enterrement est arrêté par le passage d'un cheval farouchement emballé qui ne tue même pas un passant, s'arrête dix mètres plus loin et se met à brouter tranquillement l'herbe du jardin public en lâchant une crotte, pour se laisser capturer, finalement doux comme un mouton, par un petit pâtissier qui passait.

L'effroi intervient le plus souvent sans aucune utilité scénique au moment où le public, accoutumé à la belle ordonnance des tragédies classiques, attendait un hymne à quelque vertu. Quant à l'amour, il déroute les plus perspicaces et n'est semblable à lui-même que dans les romans qu'on en fait. La vie est une mauvaise caricature de la littérature et il n'y a que quelques écrivains plaisantins qui soient arrivés à en donner un portrait suffisamment ressemblant pour qu'on les accuse de complaisance imaginative.

Bref, l'homme qui écrit veut ajouter à la vie. Il s'ingénie à prouver quelque chose tout en respectant les conventions littéraires hors desquelles il n'est point de talent. Or le talent est indispensable, et qui écrit sans rien prouver n'est pas un penseur. Aussi certains lecteurs s'ennuient dans la littérature car il semble que les ouvrages qu'ils lisent n'ont d'autre but que de leur prouver que l'auteur est un penseur plein de talent.

C'est pourquoi j'ai idée que, si quelqu'un se mettait à raconter bonnement sa bougresse de vie, pour le seul plaisir de raconter, il se trouverait bien des gens qui, l'ayant lu, diraient : « Il n'y connaît rien, il n'a aucun talent, mais l'histoire qu'il conte me repose de la trop grande intelligence des hommes de lettres. Le rire y succède aux larmes non pour la recherche d'un effet, mais parce que le destin est cocasse, et l'on n'est pas tenté de s'écrier, en fermant le livre : C.Q.F.D. »

Si je racontais ma vie, par exemple, je noircirais une rame de papier et le lecteur éventuel passerait trois heures à se demander où je veux l'emmener. Il m'en voudrait peut-être de ne le conduire nulle part ; m'est avis, cependant, qu'il ne tarderait pas à m'en remercier lorsqu'il s'apercevrait qu'il n'est pas indispensable d'aller quelque part pour marcher – la marche étant un but suffisant en lui-même pour satisfaire un honnête homme, même s'il est en compagnie d'un affreux plaisantin, outrecuidant et incongru, qui met parfois la Providence en mauvaise posture, qui porte souvent ses pas exactement là où il n'aurait jamais dû aller et laisse courir l'aventure la bride sur le cou, sachant très bien que la chevauchée ne prendra fin que dans une cuisante pirouette.

Il peut sembler petit de prendre plaisir à constater que rien ne se passe comme il devrait. Pour moi, je ne connais pas de plus grande joie que d'assister à un coup du sort, même si j'en suis la victime, et j'avoue que je mettrais volontiers la main au bâton, même s'il devait m'en cuire, pour que ce coup soit proprement assené sur le bon crâne bien innocent, car c'est à ces exemples, hélas trop nombreux, que j'emprunte les arguments dont j'étaie mon cynisme, pour ma commodité.

D'ailleurs, il ne s'agit pas de changer l'avenir mais bien plutôt d'expliquer et d'excuser son passé en se donnant une attitude, et les faits les plus contradictoires semblent être mis là tout exprès pour fournir les explications à tous les comportements. D'ailleurs, on en jugera par le récit que je vais faire car je sais que, tout compte fait, je vais raconter ma vie (cela me chatouille de parler de moi) et si ces pages manquent d'imprévu, de valeur, de trouvailles, de chaleur, de symbole, voire de signification, on ne pourra le reprocher qu'à l'horloger qui a fourni les rouages et construit le mécanisme ; la cloche, en effet, ne peut être blâmée si elle sonne la demie de cinq heures lorsque l'aiguille indique midi, alors qu'il n'est que trois heures du matin.

I

Je suis né dans la petite ville de Beaune, en Bourgogne, d'une vieille famille de vignerons. Mon père, las du travail de la vigne dès l'âge de quinze ans, supplia son père de lui permettre de poursuivre ses études. Il fut bachelier puis étudiant en droit. grâce à Dieu, il ne put jamais obtenir sa licence. Je dis « grâce à Dieu » parce que, s'il l'avait obtenue, il se fût inscrit au barreau de Dijon car la carrière d'avocat l'attirait. Il y eût connu la gloire, peut-être, car il avait une voix splendide et le verbe facile, comme tous les Bourguignons, mais il n'eût certainement jamais amassé la fortune qu'il put constituer en achetant une étude de notaire en bon pays de vignobles.

Il eût aimé la vie de luxe, de plaisirs mondains, de succès oratoires, mais s'accommoda mal de l'existence sédentaire et obscure de notaire de province. Il tenta de se distraire, au début, en séduisant quelques femmes de ses amis. Ses principes solides et son éducation chrétienne ne parvinrent pas à le retenir sur ce chemin dangereux, car ma mère n'avait pas l'ardeur suffisante pour consolider ces principes et compléter l'effet de cette éducation. Elle supporta sans se plaindre les blessures faites à son amour-propre, sinon à son amour, afin de se donner une attitude flatteuse et de devenir, dans la ville, cette « bonne Mme Queuillot » ;

mais, secrètement, elle se félicita des infidélités de son mari qui l'exemptaient de l'accomplissement d'un devoir pénible.

Au début, elle eut quelques scrupules et se considéra comme la complice de son époux. En effet, si elle se fût contrainte à se consacrer plus souvent à mon père, elle lui eût évité d'aller chercher ailleurs ce qu'il aurait trouvé chez lui et, ainsi, elle se sentit coupable de complicité d'adultère. C'est ce que lui expliqua fort bien son confesseur, l'abbé Besancenot, un casuiste distingué.

A la longue, ses scrupules s'apaisèrent et elle trouva le moyen de considérer sa frigidité comme l'acheminement vers la sainteté, en la mettant sur le compte de sa pureté. Enfin, elle prit patience, sachant bien qu'un jour ou l'autre le père Queuillot serait rappelé à la vertu. Elle fit pour cela des neuvaines, des vœux et des prières, et enfin, au moment où l'organisme de mon père vieillit, elle le vit avec joie redevenir chaste, ce qu'elle mit sur le compte de sa propre piété. Dieu avait exaucé ses prières. Tout arrive.

Aussitôt, mon père prit son plaisir, qu'il ne trouvait plus dans la satisfaction de ses sens, à acquérir des vignes et entasser l'argent. Le démon qui le tenait alors était sans nul doute plus abject que l'autre, car l'appétit de sentir a toujours quelque chose de plus sain, de moins sordide, que l'appétit de posséder, de dominer. Le Christ a pardonné à la femme adultère, à la Madeleine, mais il a refusé l'entrée du royaume de Dieu aux riches et aux publicains, on s'en souvient sans peine.

De fait, mon père, qui m'avait gâté et passionnément aimé tant qu'il avait défrayé la chronique scandaleuse de Beaune, devint dur, méchant et intolérable dès qu'il se mit à fréquenter l'église et à spéculer avec l'argent de ses clients. C'est pourquoi j'ai conservé une grande indulgence pour le péché de la chair, alors que la vertueuse épargne provinciale me fait horreur. On m'en pardonnerait bien volontiers si je disais de quelle façon il m'embrassait joyeusement au retour de ses équipées ou lorsqu'il sortait de chez sa maîtresse, comment il nous prenait par la main, mon frère et moi, les dimanches matin et, manquant la messe au grand désespoir de ma mère, nous emmenait sur la montagne de Beaune, parmi les vignes, et nous faisait admirer le panorama de la Bourgogne vineuse, capiteuse. Je le sentais gai, alerte, d'esprit infiniment vif et truculent, buvant la joie de vivre à toutes les sources qu'il rencontrait, ivre du bonheur de sentir, de respirer l'air incomparable de notre pays, de tenir par la main ses deux petits garçons qu'il traitait déjà comme des amis et auxquels il donnait des conseils souriants, des leçons inoubliables de bonhomie et de simplicité.

Au contraire, dès que ses cellules se sénilisèrent, et cela vers l'âge de cinquante ans, dès qu'il prit plaisir à s'enfermer dans son cabinet plutôt qu'à courir le jupon, dès qu'il prit le parti de s'enrichir et de revenir aux sages traditions familiales, il nous reçut avec hargne, nous laissa seuls, sans compagnon de promenade, critiqua le moindre de nos gestes, nous fit des scènes à propos de vétilles, nous enferma dans nos chambres pendant des journées entières, disant, de sa voix de tribun manqué, qu'il ne voulait pas que ses fils fussent des sauteurs ni des ratés, qu'il en ferait d'honnêtes hommes, de gré ou de force, qu'il ne voulait pas d'un fainéant ou d'un dépensier dans la famille, qu'il nous briserait, nous materait et autres horreurs de ce genre. Il remontait surtout dans l'histoire de la famille pour en extraire les exemples de travail, d'honneur, de probité, de piété, de vertu, que sais-je ?

Aussi ces mots ont-ils pris pour moi une signification relative, inverse de celle qu'ils devraient avoir, j'en conviens, pour faire de moi un homme respectable.

Ma sympathie va au viveur, au séducteur, au roué qui jouissait sans vergogne. J'ai du mépris, du dégoût, voire de la haine pour les gens de mine contrite et de raisonnement édifiant. Comme il était bon, mon père, lorsque toute la ville le considérait comme un damné ! Comme il devint odieux et maussade lorsqu'il se mit sérieusement à faire son salut, au grand émerveillement de ses proches !

J'étais pourtant un bon élève et un « bon petit », au sens où l'entendent les gens bien pensants. Je devins un cancre et un voyou, mais j'accorde à ce voyou plus de sympathie qu'au sage garçon que je fus.

Mon père m'avait donné un foie insuffisant et un estomac fragile car, dans sa jeunesse, il était très gros mangeur et, comme en Bourgogne le gros mangeur est considéré et que la gourmandise est honorée comme une vertu nationale, il s'était entraîné patiemment à supporter l'absorption massive de victuailles de toutes sortes, à un tel point qu'il acquit, dans la ville et dans la province, une solide réputation de bonne fourchette. Cela lui permit de participer aux championnats du plus gros mangeur de France. Il prit part aux éliminatoires, qui avaient lieu chaque année à l'occasion de la foire gastronomique de Dijon, et s'y distingua brillamment. Il revint de la capitale bourguignonne congestionné et rubicond, et s'entraîna derechef en vue de la finale. Il sut se composer un régime de sous-alimentation notoire qui le mit en appétit et, le jour du championnat, enleva la victoire devant deux autres Bourguignons, un Normand et un Gascon, la capitale ayant été éliminée dès les préliminaires, contredisant ainsi le dicton : « Il n'est bon bec que de Paris. »

Mon père avait triomphé en ingurgitant six douzaines d'huîtres, trois douzaines d'escargots, un gigot de pré salé, deux coqs au chambertin, sept omelettes au rhum (de cinq œufs chacune). Le soir, il prit part au repas qui mit fin à ces manifestations de la gaieté française où la Bourgogne n'eut pas de peine à faire entendre son rire cynique et voltairien. Cela se passait à l'époque où mon père poursuivait sa damnation. Plus tard, lorsque son tube digestif fut détérioré, il se mit à pratiquer la sainte vertu de tempérance, reprochant à la cuisinière de mettre trop de beurre dans le fricot et nous priant de moins manger.

En somme, il avait été gourmand au temps de ses amours à seule fin de transmettre à ses enfants un estomac délabré, des digestions difficiles, avec toutes leurs conséquences. Cette importante mission remplie, il avait adopté une façon de vivre susceptible de le réconcilier avec le bon Dieu.

*

A quinze ans, je tentai par deux fois de m'enfuir de la maison mais mon projet n'avait pas été mûri dans l'atmosphère d'objectivité qui convient à ces sortes d'entreprises et j'échouai, la première fois à la gare de Beaune où j'avais réussi à parvenir, la seconde à Paris. Ces échecs, très cuisants puisqu'ils me valurent une séquestration sévère, m'apprirent les éléments, l'A.B.C. du métier et me permirent de préparer plus savamment l'évasion définitive.

On me mit d'abord au secret, en une chambre haute d'où il était apparemment impossible de s'échapper, pour l'excellente raison qu'elle ne possédait qu'une lucarne incapable de livrer passage même à un corps d'adolescent... Je ne doute pas que, si je me fusse tenu tranquille dans cette chambre, j'eusse accédé au bonheur dont parle Pascal, mais il est à croire que je n'avais pas la vie intérieure assez intense et je cherchai de quelle façon je pourrais m'évader, malgré les immenses difficultés.

Mon frère Louis, de bien loin le plus adroit, au lieu de tenter de s'échapper de cette vie insupportable, avait beaucoup mieux réussi que moi en faisant amende honorable et en donnant à tous, non seulement l'impression qu'il était maté, mais encore, suprême habileté, qu'il avait la vocation sacerdotale. De ce fait, il avait le droit d'aller et venir.

Je n'ai jamais goûté ce procédé peu délicat qui consistait à m'abandonner lâchement à mon triste sort en me rangeant du côté du prince, aussi, dans mon vocabulaire, mon frère devint-il « le Clergé ». Ma sœur Yvonne, de beaucoup plus jeune, était le seul élément de la famille qui manifestât une sympathie quelconque à mon égard. Mais son caractère était si faible qu'elle n'osa prendre franchement position et, en définitive, m'abandonna elle aussi.

Cette double défaillance tripla ma volonté et quintupla très exactement mes forces. Je sondai les murs de ma chambre, disposé à attaquer la paroi la plus fragile, mais partout ils rendirent un son plein sous le talon de mon soulier dont je me servis comme d'un marteau. J'étais au désespoir. Pendant trois jours, je refis consciencieusement le tour de ma geôle et ne laissai pas un centimètre inexploré. Mais un jour, alors que j'avais vu par ma lucarne mon frère et ma sœur courir innocemment dans le jardin, j'eus une idée de génie. J'attendis la nuit pour la mettre à exécution. Je grimpai sur une pyramide ayant pour base ma table et pour sommet ma chaise, et j'attaquai le plafond. Comme je l'avais pensé, il était fait d'un lattis léger recouvert de plâtre. Le plâtre tomba très délicatement et, en deux heures, j'eus réalisé une brèche qui me permit d'accéder au toit. Ce fut un jeu pour moi de soulever cinq tuiles et de courir sur le faîtage qui, en trois plans successifs, conduisait aux toits voisins puis sur un petit appentis d'où j'atteignis le sol sans difficulté. La satisfaction amena sur mes lèvres un léger sifflotement qui prétendait traduire mon allégresse sans tenter de masquer mon inquiétude.

Mon petit bagage sur le dos, je pris la rue de la gare et étudiai les horaires de chemin de fer. Aucun train de voyageurs ne partait avant les huit heures du matin. Je décidai donc de prendre un train de messagerie et m'introduisis dans une vigie. La nuit était douce et je fis le plus beau voyage du monde.

J'arrivai à Dijon au petit jour, pus sortir sans encombre des nombreuses et complexes enceintes, et me trouvai en ville. Les cafés ouvraient leurs portes. Je consommai un café crème et un croissant chaud et commençai une vie d'errance délicieuse ; je me rendis au cinéma où j'étais entré une seule fois depuis ma naissance et où j'avais passé les heures les plus excitantes de ma vie. Bien que le prix de ma place grevât lourdement mon modeste budget, je décidai sans lésiner de m'administrer ce reconstituant de choix qui était à la base même de ma campagne d'affranchissement.

Je sortis de cette représentation absolument méconnaissable, en ce sens que l'attrait que le théâtre avait sur moi se trouvait transformé en une vocation impérieuse pour l'art dramatique.

Je n'hésitai pas à pénétrer dans un grand café de la ville afin de rester dans cette atmosphère en écoutant le concert et en dévisageant les belles filles voisines. De temps en temps, je prenais conscience de mon bonheur et je répétais : « Si je suis repris, j'aurai toujours profité de ça », phrase qui témoignait d'un opportunisme du meilleur augure.

J'étais vêtu d'un solide et riche complet fantaisie qui m'avantageait sans contexte. J'avais peigné soigneusement mes cheveux et, négligemment, je fumais une cigarette. Je passai ainsi deux agréables heures, attablé devant une boisson alcoolisée qui, mieux que la bière, me donnait une attitude avantageuse. Je n'avais aucun regret. Les caprices du système glandulaire paternel m'avaient amené là. Je ne compris pas tout de suite que les folies du mien allaient m'emmener beaucoup plus loin, sur des routes inattendues. Malgré mon jeune âge, je donnais à la vie son sens biologique. Je jouissais donc d'un grand avantage sur les jeunes gens de mon âge qui attendent leurs vingt ans pour en arriver là.

Une pancarte attira irrésistiblement mon attention. Elle annonçait qu'on dansait tous les soirs au sous-sol, à partir de vingt et une heures.

Je mangeai dans un petit restaurant et, à vingt et une heures, je descendis au « Caveau » où je découvris un monde nouveau qui me parut familier néanmoins. Je ne savais pas danser et je n'avais entendu cette musique et vu ces lumières qu'en rêve. Ces couples qui se dandinaient, ce rythme, cette atmosphère, tout cela je le connaissais déjà. J'étais chez moi dans cette cave brillamment illuminée. Je regardai les danseurs et je m'aperçus que, si certains couples évoluaient avec une aisance parfaite et selon les règles d'un art précis et exigeant, nombreux étaient ceux qui, en revanche, se contentaient de se promener enlacés, à petits pas innocents, agrémentant leur promenade d'une virevolte d'une simplicité enfantine. A une reprise, je n'hésitai donc pas à inviter une jeune fille et je me mis à danser. J'acquis la conviction que la danse est un exercice naturel à la jeunesse, infiniment plus naturel que la nage ou l'étude, par exemple. Mon premier essai fut enivrant. Je ne saurais dire si l'ivresse me venait du rythme, de mes propres évolutions ou du parfum de ma danseuse, parfum artificiel doublé d'une chaude senteur féminine.

Je résolus de fréquenter ce lieu car je m'y trouvais bien. Plusieurs jeunes filles m'y parurent remarquablement belles. Elles étaient certes fort différentes de ma sœur Yvonne, dont les lourdes anglaises et les lèvres minces contrastaient avec leurs cheveux courts et soignés et leurs lèvres avivées de rouge.

Les premières lueurs du jour me surprirent à la porte de ce bal. Rien ne saurait donner une idée de mon bonheur.

L'argent que j'avais pris sur moi me suffit pour vivre quelques jours pendant lesquels je cherchai un gagne-pain. Je pus entrer chez un pâtissier, M. Mangelin, qui tenait boutique rue des Forges. Je savais que la pâtisserie était un bon métier mais ce n'est pas pour cette raison que je le choisis. Mon rêve eût été d'entrer dans une troupe de comédiens mais on avait besoin d'apprentis pâtissiers et personne ne réclamait un jeune baladin. D'ailleurs, si j'entrai au four de M. Mangelin, ce fut dans l'espoir d'en sortir un jour pour suivre une troupe dramatique ou lyrique.

Notre jour de repos était le lundi. Je sortais avec un compagnon, de deux ans plus âgé que moi, qui s'appelait Battu. Il portait une casquette grise et parlait un sabir assez savoureux fait, en parties égales, de français, d'argot et d'expressions personnelles qui faisaient image. Il appelait tout le monde « Toto » et me fit fréquenter les cafés du quartier des casernes. Ces fréquentations ne me plurent pas. Je préférais le Caveau où je fis des progrès et de nombreuses connaissances. A la longue, j'y fus très connu.

Un jour, M. de Longemain, un ami de mes parents, vint me rendre visite à la pâtisserie. Ma retraite avait été découverte. Il venait m'avertir, de la part de mon père, que je m'étais exclu moi-même de la famille et que jamais je n'y rentrerais. Il me fit un beau sermon et m'invita à lui rendre visite. Il craignait de me voir prendre des habitudes vicieuses. Je me rendis à son appartement de la rue Buffon aussitôt que je le pus ; j'avais hâte d'être reçu dans cette maison où je pouvais avoir la chance d'arriver au moment d'un repas et économiser ainsi huit francs.

J'y fus reçu par une vieille bonne qui m'avertit que le capitaine de Longemain n'était pas rentré. Ce fut sa fille, Marie-Louise de Longemain, que je vis à sa place. C'était une blonde enfant de seize ans dont j'étais épris depuis deux ans. Elle m'enjoignit amicalement de rentrer à la maison afin de reprendre mes études. Elle prétendait qu'on ne peut pas être un homme comme il faut si l'on n'a pas subi, au moins une fois, les épreuves du baccalauréat et me laissa entendre qu'il était inutile de briguer sa main si je ne terminais pas le cycle des études secondaires.

Quelques jours plus tard, dans le journal, je lus une annonce par laquelle un architecte demandait un commis « présenté par ses parents ». M. de Longemain accepta de m'accompagner chez Rennepout, l'architecte, qui voulut bien m'embaucher en raison de l'amitié qui l'unissait au capitaine. J'avais quelques dispositions pour le dessin et on me chargea des petits calques et de la coloration des plans.

J'avais, comme collègues, deux commis très élégants avec lesquels je fus plus à mon aise qu'en la compagnie de mon excellent Battu. Le bureau où nous travaillions embaumait le tabac anglais et les conversations, sans être différentes, quant au fond, de celles des apprentis de la maison Mangelin, révélaient une culture plus soignée. L'un de ces messieurs était un footballeur remarquable qui fumait des Camel et portait aux doigts d'épaisses bagues en or. Il avait une riche collection de cravates, une motocyclette monstrueuse et une maîtresse de toute beauté. Le second boitait un peu et portait un collier de barbe naissante. Il était très délicat et écrivait des vers.

Avec le premier, je pris plaisir à faire des randonnées vertigineuses en motocyclette dans les rues de la ville. Avec le second, je me rendis plusieurs fois au théâtre municipal. Puis, en octobre, je m'inscrivis à la classe de déclamation du conservatoire de la ville. J'y trouvai un professeur hautement sympathique et un groupe d'élèves sans talent dont je devais triompher sans peine. On me fit lire une fable de La Fontaine, ma carrière dramatique commençait.

Je me rendis aisément compte que, dans *La Jeune Veuve,* je ne donnais pas le maximum. Le professeur prétendit que je manquais de maturité. Pour moi, la fable était un genre mineur qui ne valait pas la peine qu'on s'y attardât, mon talent devait se donner libre cours dans les grandes scènes du répertoire ; malheureusement, on ne m'employa que dans des piécettes où je ne pouvais donner ma mesure. Pourtant, j'eus à interpréter le rôle de Gringoire et je m'attachai à réaliser une création prestigieuse qui devait, d'un seul coup, m'apporter la gloire en me révélant.

J'en prévins Marie-Louise de Longemain avec laquelle j'avais des entrevues clandestines. Elle s'en montra charmée mais m'avoua que son père s'attendait à ce que je m'inscrivisse à l'école des Beaux-Arts pour me perfectionner dans l'architecture. Je sentis que, au fond de son cœur, ma douce amie souhaitait me voir embrasser une carrière moins décriée que celle d'acteur et ne se montrait pas particulièrement enthousiasmée par la perspective de devenir la femme d'un grand artiste. J'en souffris plus qu'on ne pense car j'étais fort épris de cette douce jeune fille.

Je me proposai de travailler avec tant d'ardeur et d'opiniâtreté que le jury, dès le premier concours, serait obligé de m'accorder un premier prix qui me permettrait de préparer le conservatoire de Paris.

Gringoire fut un succès pour moi. On en parla dans la presse locale, de telle sorte que mon père, M. de Longemain, mon frère, ma mère et surtout Marie-Louise de Longemain purent lire, noir sur blanc, le bien qu'on pensait officiellement de moi.

Hélas, personne ne sut donner à cet événement l'importance qu'il avait en réalité. M. de Longemain était un officier qui appréciait hautement les jeunes gens de caractère mais qui réprouvait toutes les initiatives un peu téméraires. Il aimait répéter que son esprit était large mais il blâmait sans vergogne ceux qui avaient l'audace de sortir de l'ornière familiale. Aussi, tout en me félicitant de la fierté de mon tempérament et de l'impétuosité de mes décisions, me reprocha-t-il vigoureusement de n'avoir pas su rester dans le cadre familial et faire mes études de notariat, afin de reprendre l'étude de mon père qui me revenait tout naturellement puisque mon frère se consacrait à Dieu. Il déplorait mon aveuglement et finit par me confier qu'il ne voyait qu'une seule solution à ce grave problème : prendre un engagement dans l'armée aussitôt que j'aurais atteint mes dix-huit ans.

Au bureau, je délaissai quelque peu le travail d'architecture afin de me consacrer plus totalement à l'étude de mes rôles. Avec un mérite certain et une volonté opiniâtre, je travaillais ma diction et ma mimique, mon débit et mes attitudes. Enfin, je commençai la préparation de mon premier concours en bûchant avec acharnement le rôle de Chérubin.

Afin de donner plus de corps à la fiction, mon ange gardien m'envoya une initiatrice en la personne de Mme Rennepout, imposante et splendide amante, qui, étant venue aux bureaux de son mari, s'éprit de moi et fit tout pour m'attirer dans son appartement.

Un jour, elle pria son mari de lui envoyer un livre ou un document et, comme j'étais, en ma qualité de cadet, le coursier de la maison, l'architecte me chargea de la commission. Je trouvai Mme Rennepout en petit déshabillé. Elle me reçut avec discrétion et se contenta, pour cette fois, de me montrer la naissance de sa merveilleuse poitrine et le gras de son genou. Quelques jours plus tard, le patron eut encore recours à mes bons services pour porter à Mme Rennepout la fourrure qu'elle avait laissée sur le bureau de son mari. Cette fois, Irma Rennepout me reçut avec moins de froideur et se crut autorisée à me prier de m'asseoir en attendant qu'elle eût terminé une lettre que je devais mettre à la poste en passant. Devant moi elle écrivit un mot, le mit dans une enveloppe et, en passant lentement sa langue sur le rebord de celle-ci, me regarda avec une insistance perverse. Puis elle entreprit avec moi une longue conversation qui avait vraisemblablement pour but de me mettre à mon aise. Sans autre souci que celui de ponctuer la psychologie de mon personnage, je me laissai circonvenir et donnai les gages de mon admiration.

En fait, Irma était très belle. On peut avoir une idée de sa beauté en regardant les femmes de Beucher ou de Nattier et, lorsqu'elle me pressa sur son sein, j'eus l'impression d'être étreint par Mme de Pompadour en personne. Toutefois, l'initiation fut pour moi décevante et je n'ai que de mauvais souvenirs à joindre à l'image d'Irma.

Au Conservatoire, au cours des répétitions, je fis sensation par les progrès réalisés en peu de temps et la vérité avec laquelle je sus rendre l'état d'âme du Chérubin de Beaumarchais

Enfin, au mois d'avril, notre vieux professeur me fit répéter la scène en entier et je dois dire que je m'étais préparé avec tant de minutie et de sincérité que le jeu se déroula en entier sans que le professeur formulât la moindre critique. Lorsque j'eus fini, il dit simplement : « Joue comme ça le 13 juillet. » Puis, m'ayant pris à part : « Toi, tu as une maîtresse, coquin !

– Patron, balbutiai-je en riant.

– Ça va, gredin, tais-toi, pas la peine de te défendre. Les artistes ont d'excellentes excuses. Pour ma part, je me souviens que, lorsque j'avais ton âge... Ah, bon Dieu !... Tous ces rôles-là, je les ai joués aussi ! »

De ce jour, il me prit en amitié et ce n'est pas rien de devenir l'ami d'un vieux cabot qui a créé plus de vingt pièces et recueilli les applaudissements du monde entier. Il me prenait par le bras et nous passions la nuit à errer dans les rues calmes de la ville en parlant théâtre. Il se nommait Jean-Baptiste Vicardo. C'était un vieux libre penseur dont le scepticisme donnait plus de valeur à ses étonnantes charités. Il distribuait son argent sans compter, recueillait chez lui quiconque, encourageait ses élèves à profiter sans compter de leur inappréciable jeunesse, soutenait des familles d'artistes pauvres, faisait régner dans sa classe de comédie une atmosphère curieuse de dépravation et de générosité. Bref, il préparait sa damnation éternelle avec une grande persévérance.

Le concours eut lieu par une chaleur étouffante, mais la certitude de triompher et l'excitation, qui a toujours précédé mes entrées en scène, arrivèrent à annuler les effets de cette température accablante. Je jouai à la perfection. Le jury m'accorda un second prix à l'unanimité et la salle me fit une ovation prolongée.

Ces succès eurent pour résultat de me fermer le cœur de Marie-Louise de Longemain. J'en fus blessé secrètement et, rompant définitivement avec Mme Rennepout, j'entrai dans une crise de sincérité qui me poussa aux pires extrémités. J'eus une altercation avec M. de Longemain au cours de laquelle je le priai d'attendre quelques années sans oublier d'observer secrètement la courbe vertigineuse de ma future ascension.

Je recherchai Marie-Louise, la tant aimée, pour lui expliquer très posément que je me proposais de la reconquérir à force de travail et de succès et que je ne désespérais pas qu'un jour elle se rendrait à l'évidence et deviendrait ma femme. Cette scène fut déchirante car Marie-Louise me supplia de l'oublier alors qu'au contraire je proclamais mon intention de lui rester fidèle jusqu'au dernier soupir. Après quoi, je la quittai et me mis à l'œuvre. Je n'avais plus besoin du contact féminin pour enrichir mon talent. Ma connaissance de l'âme humaine me semblait désormais plus que suffisante pour étoffer tous mes rôles de ces traits de génie qui devaient me valoir la célébrité.

Pour mon plus grand bien, la Providence me fit faire la connaissance, à ce moment, d'un père dominicain de grande éloquence qui voulut bien me dévoiler, sans la moindre réticence, les plans et les projets du Créateur. C'était merveille de l'entendre prendre un par un tous les rouages de la vie, les isoler pour les décrire, les étudier séparément, et les intégrer ensuite dans le système extrêmement complexe où ils devenaient un simple élément qui pouvait, suivant l'usage qu'on en faisait et l'excellence du lubrifiant choisi, déclencher le salut de l'âme ou, au contraire, son éternelle punition. On tremblait devant la splendeur ingénieuse de cette machine, on redoutait, en l'aimant, le divin mécanicien qui guettait la défaillance, l'enregistrait pour en tenir compte en fin d'exercice et, finalement, vous punir ou vous récompenser.

L'exemple qu'affectionnait le père Bounhaire était celui-ci : « Je prends un jeune homme qui cède à la tentation de la chair. Pour quelques minutes de plaisir, il perd son âme et se voit infliger l'enfer pour l'éternité ! » La disproportion qui existe entre la faute commise et la punition encourue lui tirait du cœur un cantique de louanges qu'il adressait au Dieu de Justice, et l'on ne pouvait que s'amender au contact de telles vérités exprimées avec une telle éloquence.

Le péché de la chair était, de bien loin, son principal souci. C'était contre lui qu'il manifestait le plus de crainte et de prudence. Certains jours, même, à l'entendre, on aurait pu croire que celui-là seul existait et que le Christ était descendu sur terre dans le seul but de fustiger les impurs et les luxurieux, pour être finalement crucifié par eux.

Il préconisait, afin d'échapper à la tentation, un dispositif très ingénieux de prières, de lectures, de bonnes fréquentations et d'activités inoffensives comme la collection de timbres ou la pêche à la truite, quoique la solitude qu'imposait l'un ou l'autre de ces exercices favorisait encore trop, à son avis, la fermentation des pensées.

Il m'encouragea à persévérer dans l'étude de nos bons auteurs dramatiques mais sans chercher, dans l'exercice de ce que je pouvais considérer comme mon talent, la satisfaction ou l'excitation de ma vanité. Il me rappela que cela pouvait également me conduire au péché mais il admit qu'il était encore préférable, à tout prendre, que je manquasse mon salut par orgueil que par luxure.

J'avais, depuis longtemps, le désir d'acheter les œuvres de Molière en entier, mais les douze volumes représentaient une somme importante et je ne pouvais me permettre une telle dépense. Je pensai que la Providence avait placé sur mon chemin le révérend père Bounhaire pour m'aider dans ce sens. Je lui demandai donc s'il lui serait possible de me prêter quatre cents francs et lui en indiquai l'utilisation. Il parut soucieux, s'abîma dans une méditation dont il ressortit qu'il était douteux que cet achat fût bien indispensable pour la poursuite de mon salut.

En définitive, ce fut Vicardo, le professeur de déclamation, qui me prêta les cinq cents francs nécessaires et j'en profitai pour admirer les voies de Dieu qui sait se servir des pécheurs pour la sanctification des élus. J'achetai mon Molière et me mis sur-le-champ à le parcourir et à m'en délecter.

Chaque soir, je me rendais chez le vieil artiste. Je le trouvais occupé à donner la pâtée aux chiens, aux chats qu'il recueillait avec ferveur, au même titre que le mendiant le plus honorable. Il me priait de partager son repas, qui était frugal à l'excès, puis, lorsqu'il était restauré, s'étendait sur son sofa et, fumant une cigarette, me donnait la réplique dans une scène de mon choix, relevant les moindres fautes, et me coupant à tout instant pour intercaler une anecdote ou me donner les indications les plus précieuses.

Parfois, quelqu'un frappait à la porte. C'était une femme du quartier qui venait gémir sur ses malheurs. Il me priait de continuer cependant, alors que la femme, intimidée, attendait en quelque coin de la pièce. Lorsque la scène était terminée, il se levait en mâchant son fume-cigarette, ouvrait le tiroir où il avait coutume de placer son argent, parmi les couverts et les mégots, et disait : « Combien vous faut-il ? » Il donnait alors la somme demandée et nous reprenions notre travail. Vers les minuit, il se coiffait et m'accompagnait jusqu'à mon domicile mais il était rare que je le quitte aussi promptement. A mon tour, je le reconduisais jusqu'à sa porte. Nous parlions théâtre et musique, puis il s'inquiétait :

« Et les amours ?

– Finies ! Je travaille. »

Il me frappait sur l'épaule en disant : « Erreur, mon petit, erreur ! L'amour est une glande exigeante et active, qui sécrète toujours le même suc, dont il importe de débarrasser l'organisme. Retenir cette substance, c'est courir le risque d'une auto-intoxication. Lui donner libre cours, c'est se préparer une journée, une semaine d'activité lumineuse et de totale liberté d'esprit. »

Il professait que l'amour du prochain, la charité, la loyauté, et toutes les vertus ne sont d'une pratique sainement possible que lorsque la chair a reçu la plus effrénée, la plus insolente, la plus banale des satisfactions. Il soutenait qu'un homme ne peut être pleinement bon que lorsqu'il acquiert, chaque fois qu'il le peut, la certitude de l'efficacité de sa virilité. De même qu'il ne peut avoir le cœur gai qu'après avoir constaté le bon fonctionnement de sa musculature et de ses fonctions digestives. Ainsi, d'après lui, la vertu plongeait ses racines dans la satisfaction la plus naturelle des sens et il atteignait, mais par des voies différentes, le même but que le père Bounhaire.

Entre ces deux éducateurs, je flottai un instant, car ils étaient également éloquents et sincères. Je compris que la vérité pouvait parfois être flottante.

Je fis au père Bounhaire le récit des charités de mon vieux maître. Il sut me mettre en garde contre ces moyens détournés que prend le vice afin de s'implanter en nous sous l'aspect d'habitudes inoffensives ou même sous les apparences de la vertu. Il sut aussi m'apprendre à me défier de l'expression de la pitié éveillée à l'improviste dans une âme très sensible et y déclenchant une charité néfaste et désordonnée tant qu'elle ne s'intègre pas dans le cadre tracé par l'Eglise catholique.

Pour moi, je ne sentais pas encore la nécessité de prendre position à ce sujet. Je jugeais que c'était se compliquer la vie que de faire autre chose qu'en jouir. Toutefois, je n'omettais pas d'envisager une époque, plus ou moins lointaine, où j'adopterais une façon de voir plus rassie.

Soit qu'Irma Rennepout eût été froissée de ma froideur subite, soit que mon assiduité à étudier mes rôles pendant mes heures de présence au bureau eussent lassé l'architecte, je fus remercié fin septembre et je dus chercher ailleurs un gagne-pain. Naturellement, je n'avais pas un sou devant moi et j'en aurais été réduit à coucher sous les ponts et à mendier ma soupe aux portes des casernes si le vieux Vicardo ne m'eut offert le gîte et le couvert. A cette époque, il était très difficile de trouver un patron. On appelle cet état de choses une « crise » et le trouble qui en découle peut se nommer « chômage », « agitation sociale » et même « révolution », suivant l'ampleur que prennent les événements. Les causes en sont très diverses ; en général, l'ouvrier a une grande responsabilité dans ces regrettables errements, aussi est-il normal qu'il en subisse les conséquences. En ce qui me concerne, il me fut impossible de trouver un employeur. C'est alors que le vieux Vicardo eut l'idée de créer une troupe théâtrale qui voyagerait dans la province et irait distraire jusqu'aux habitants des campagnes les plus retirées. En quelques semaines, les interprètes furent trouvés, les accessoires réunis et les premières représentations eurent lieu.

La troupe se composait de cinq jeunes gens et de quatre jeunes filles, lauréats ou élèves du Conservatoire, pour lesquels la licence fut obtenue. Enfin, un professionnel sans engagement, que Vicardo avait secouru, se joignit à nous et la troupe commença ses randonnées. Nous jouâmes à Semur, Nuits-Saint-Georges, Besançon, Troyes, Auxerre, Avallon. Le répertoire était varié, allant des *Fourberies de Scapin* à *Blanchette de Brieux* et des farces médiévales à celles de Marcel Achard.

Nous formions, au bout de quelques semaines, une troupe homogène, une association fraternelle, animée par le grand Vicardo, toujours jeune, toujours optimiste, qui nous communiqua son feu et son humour.

Une de mes jeunes collègues parut s'éprendre de lui. Elle avait dix-neuf ans, il en avait cinquante-neuf. Elle jouait les ingénues et les coquettes. Elle fut sa maîtresse pendant les quelques semaines indispensables aux formalités et démarches légales, et nous les mariâmes joyeusement.

En ce qui me concerne, on peut bien dire que ma joie fut factice car je n'étais pas sans avoir espéré me faire aimer de la jeune fille. Ainsi, je fus évincé par un sexagénaire, mais Vicardo n'était pas un rival que l'on conteste. Il était le plus séduisant, le plus grand, le plus admirable de tous les hommes que j'aie jamais connus et l'amour que lui avait voué ma jeune camarade était parfaitement admissible. Cette cérémonie ne troubla d'ailleurs en rien le fonctionnement de la troupe et je ne trompai mon vieux maître que dans certaines scènes où je devais donner un baiser à la toute blonde Mme Vicardo.

Lui, rajeuni par cette idylle, souffrait de ne pas pouvoir monter avec nous sur les tréteaux et de rester dans l'ombre de la coulisse, haletant d'émotion à chacune de nos entrées, car le contrat qui le liait avec l'administration des Beaux-Arts en tant que professeur lui interdisait de jouer. Il se contenta donc de nous mettre en scène et de nous tancer vertement chaque fois que nous négligions la « prononciation ». Ainsi, nous allâmes à Chalon, au Creusot, à Lons-le-Saunier, à Lure, à Gray, puis de nouveau à Semur et, enfin, à Beaune.

C'est là que je créai le personnage de *Fantasio* de Musset, dans une adaptation extraordinaire de Vicardo lui-même. Ma ville natale me fit un succès mais aucune de mes connaissances ne parut me reconnaître et mes parents s'abstinrent d'assister à la représentation. Seule, ma sœur Yvonne vint me voir après le rideau et m'informa que mon père avait une forte crise d'asthme et que ma mère partageait sa vie entre la méditation et la prière. « Tu leur diras, répondis-je, que je partage la mienne entre le travail et le succès. »

A la suite de cette représentation, Vicardo qui, pendant près de deux heures, avait rongé son frein dans les coulisses, nous annonça qu'il ne pouvait résister à la tentation de s'incorporer à la troupe et de rentrer dans le jeu. Il donna, sur-le-champ, sa démission de professeur, fit des « débuts » dans *L'Avare* et se sentit rajeuni de vingt ans. La troupe y perdit les honoraires de professeur que Vicardo mettait dans la communauté mais elle y gagna un acteur de choix. Du point de vue artistique, ce fut tout à notre avantage mais, du point de vue financier, ce fut désastreux. Nous y perdîmes tous quelques kilos car il fallut multiplier les représentations et la province était saturée de théâtre. Le cinéma attirait les foules et deux de nos compagnons nous quittèrent pour rejoindre un studio. Ils furent remplacés par deux jeunes. La troupe se débattit courageusement dans ce qu'il est convenu de nommer une « purée noire » avant de connaître une « poisse de tous les diables ». Vicardo crut apporter le remède en achetant deux roulottes traînées par un mauvais tracteur et une grande baraque démontable avec scène. Il avait l'intention de parcourir la France avec cet attirail. « La baraque ? disait-il. Il n'y a rien de tel pour vous faire des comédiens ! » car il se plaçait toujours du point de vue de l'art.

La tournée fut organisée et la caravane partit sur les routes de France. Cette formule avait l'avantage de supprimer les frais de logement ; nous possédions chacun une couchette, les garçons à une extrémité de la roulotte, les filles à l'autre, sous la haute surveillance du père Vicardo.

Lorsque je rapportai ces détails au père Bounhaire, il s'empressa de me mettre en garde contre les périls que présentait cette scabreuse équipée, sans toutefois me proposer une solution plus satisfaisante ni m'offrir une situation. Comme je lui reprochai son inertie, il me fit comprendre que son rôle ne pouvait être que spirituel.

Nous partîmes donc.

La caravane traversa les villes d'Avallon, Clamecy, Sancerre, Cosne, puis se dirigea vers l'Orléanais, l'Anjou. Nous nous proposions de faire le tour de France par le Poitou, l'Angonnais, la Saintonge, la Gascogne. Mais notre répertoire de pièces classiques et de comédies modernes ne convenait pas au public de la baraque. Afin d'attirer les foules, nous dûmes jouer des mélodrames. Nous le fîmes à regret mais, immédiatement, les recettes augmentèrent.

Annie Vicardo, à ce moment, devint grosse et nous attendîmes tous avec joie l'heureux événement. Vicardo espérait un fils. Il eut une fille et, pour se venger, se mit à la chérir passionnément. Nous l'appelâmes Christine. Il y eut grande fête à la baraque.

L'accouchement eut lieu à la maternité de Bordeaux. La baraque était montée sur une placette située Faubourg Saint-Augustin, dans la rue de Pessac, et le public était assez fidèle. Pendant un mois, nous jouâmes notre répertoire puis, les recettes diminuant, nous projetions de gagner Arcachon ou de parcourir la populeuse banlieue bordelaise lorsque Vicardo, ayant pris froid en montant la scène, s'alita, atteint d'une pneumonie. Annie, sa jeune femme, le soigna avec tout le dévouement dont elle était capable. Nous étions accablés.

Vicardo eut une agonie édifiante et sereine. « J'ai joué, j'ai aimé, avec la même intensité. Tout est bien qui finit bien. » Il me fit appeler et me confia sa femme et sa fille.

« Lorsque je serai mort, dit-il, tu épouseras Annie.

– Cher maître, lui répondis-je, vous savez que j'ai toujours souhaité être aimé d'elle, mais je n'ai aucun moyen pour y parvenir. Annie vous aime trop. Lorsque vous disparaîtrez, elle ne voudra épouser personne, vous avez marqué trop profondément votre empreinte en elle.

– Elle t'épousera, dit-il avec force, elle t'épousera parce qu'elle t'aime.

– Pourtant...

– Tu es un enfant, tu ne sais rien, et moi je suis un vieil homme qui sait beaucoup de choses. »

Il mourut avec cent dix mille francs de dettes.

Après sa mort, nous reprîmes les représentations mais le feu était éteint. Les recettes baissèrent sans qu'on sût pourquoi ; le rideau se déchira un jour au milieu de la représentation. Le nouveau directeur fit tout pour sauver l'équipe. Je peignis des décors neufs et les femmes reconstituèrent une garde-robe assez brillante. La mise en scène fut soignée, le moindre mélo nous prit autant de soin que la plus sévère tragédie. Nous essayâmes du vaudeville, de la comédie légère ; un jeune Bordelais, qui nous admirait, quitta sa famille pour nous suivre. Faire naître des vocations désintéressées et impérieuses donne une inestimable fierté mais c'est le signe précurseur de la ruine. Il fit partie de notre troupe et, comme il avait de l'esprit, écrivit avec moi des comédies et des farces, voire même des revues locales. Rien n'y fit. Je demandai un dernier effort à la petite troupe et, retournant à nos premières amours, nous préparâmes une série de représentations des *Femmes savantes,* de *Tartuffe* et, enfin, du *Misanthrope.* La réussite fut parfaite du point de vue technique, mais nous jouâmes devant des salles quasiment vides.

Jusqu'à ce jour, je n'avais jamais connu l'angoisse. Mais, ayant charge d'âmes je pris mon rôle à cœur et je priai mes collègues de continuer la tournée car la stagnation dans une même ville épuisait totalement notre public. Il fallait repartir, remonter la vallée de la Garonne, visiter Toulouse, puis gagner le riche Languedoc et Marseille, la basse Provence aux populations si avides de spectacles forains. Mes amis furent découragés par cette perspective et refusèrent de me suivre. Je perdis confiance en moi et, après avoir vendu la baraque et ses accessoires, nous nous quittâmes.

*

J'avais vingt ans, je pesais cinquante-trois kilos et j'avais la charge d'une femme et d'un enfant. C'est à ce moment que l'Etat se souvint de moi et m'envoya les gendarmes m'informer que je devais me présenter au centre mobilisateur de Bordeaux pour y passer le conseil de révision.

Je fus ajourné et je trouvai, trois jours après, une place dans une ferme de la région de Bergerac. Lorsque le délai de viduité fut écoulé, j'épousai Annie Vicardo qui me donna le maximum de satisfactions qu'on est en droit d'attendre d'une jeune veuve de vingt et un ans.

Le fermier chez qui je travaillais était un de ces très braves hommes de la classe épargnante qui affectionnent les commis travailleurs, sobres, tempérants, honnêtes, sérieux, soumis et peu exigeants sous le rapport du logement, du salaire et de la nourriture. Après avoir connu l'admirable classe moyenne qui a donné tant de bons serviteurs à la France, je devais donc étudier de près cette sublime classe paysanne qui forme l'ossature du pays et se spécialise dans la formation des conscrits généreux de leur sang, braves jusqu'à l'héroïsme, et généralement mécontents de leur sort. Mon patron était un de ces hommes qui préféreraient mourir de faim plutôt que de ne pas « mettre quelque chose de côté ». Au demeurant bon vivant, hâbleur comme un Gascon et très attaché aux institutions républicaines, sa principale fierté était d'avoir fait la guerre, bien qu'il n'admît pas cette cruelle activité de l'homme. Ses fiertés secondaires étaient les suivantes : payer scrupuleusement ses impôts après avoir fraudé dans ses déclarations, n'avoir jamais ni tué ni volé, être chrétien. Il tirait également vanité d'avoir eu quinze jours de salle de police au régiment, de n'avoir jamais été malade et, enfin, d'être français, ce qui ne l'empêchait nullement de vouer le percepteur, le curé et le gouvernement aux géhennes du feu. Le salaire qu'il m'octroya suffit à peine à sustenter la petite Christine Vicardo. Annie, ma femme, dut s'employer à la ferme pour manger.

Les repas étaient maigres, bien que très animés, mais il était possible de pénétrer, au cours de la journée, dans la laiterie, d'y boire en cachette du lait ou d'y manger du fromage. On pouvait aussi se glisser dans le poulailler et y gober subrepticement un œuf. Ces exercices constituaient des attractions très agréables qui rompaient la monotonie de cette vie sédentaire à laquelle nous n'étions pas accoutumés. Au bout de six mois, Annie fut experte à traire les vaches et cela lui permit de remplir en fraude une casserole de lait qui venait corser notre ordinaire.

Elle se plut dans ce milieu où, malgré tout et grâce à des stratagèmes de ce genre, elle mangeait à sa faim. A la baraque, nous n'avions pas toujours ce bonheur et, quoi qu'on en dise, l'amour de l'Art ne suffit pas à un organisme de vingt ans.

Contrairement à ce qu'on pourrait croire, nous ne parlions jamais de théâtre et, au début, ma femme ne fit jamais allusion à son premier mari. Pour le jour anniversaire de sa mort, ce fut moi qui proposai un voyage à Bordeaux où il était enterré. Annie se réjouissait à l'avance de la séance de cinéma que je lui avais promise, mais le patron ne nous accorda pas la journée de liberté que nous lui réclamions, prétendant qu'il ne pouvait pas faire ce sacrifice. Ce même jour, il plut et nous restâmes enfermés à la maison. J'étais triste car je pensais continuellement à mon maître bien-aimé. Annie vint vers moi et me dit : « Console-toi, mon pauvre chéri, nous irons au cinéma un autre jour. »

Je m'efforçai de lui faire comprendre que ma peine était plus profonde et que je regrettais de ne pouvoir me recueillir sur la tombe de cet homme inimitable que nous avions eu l'honneur de côtoyer pendant ces quelques années. « Oh, tu sais, répondit Annie, c'était un homme comme les autres. » Au lieu de flatter mon orgueil de mâle, cette réponse m'indisposa franchement à l'égard de cette fille sensuelle et sans esprit.

Elle professait d'ailleurs que « tous les hommes sont les mêmes », ce qui m'a toujours blessé au plus profond de moi. Elle était plutôt belle et fort aguichante. Ses formes étaient félines ainsi que son allure. Ses yeux verts, sa lèvre parcimonieuse et humide, sa langue rose et gourmande, quoique timide, tout l'assimilait à une jeune chatte avide de révolutionner les toits du village. Elle ne pouvait rien faire qui ne fût suspect et équivoque. Regardait-elle une volaille ? buvait-elle du lait ? chantait-elle une chanson ? s'asseyait-elle sur une chaise ? se grattait-elle le cuir chevelu ? Aussitôt les prudes rougissaient et les hardis se rengorgeaient. Elle avait travaillé sa voix de telle sorte que, lorsqu'elle disait : « Il pleut », tous les mâles frémissaient inconsciemment. Son rire tenait l'intermédiaire entre le râle voluptueux et la voix des cailles qui appellent au moment de la pariade. Il fallait la voir tendre la gorge, rejeter la tête en arrière et rire, rire à outrance lorsqu'un homme parlait. Ayant abandonné progressivement sa mise un peu voyante de cabotine au contact des plus durs travaux, elle avait néanmoins conservé de charmantes habitudes et des lambeaux d'élégance qui transparaissaient sous le sarrau entrouvert. Rien n'est plus attirant pour l'homme qu'une parure de dentelle de luxe sur une peau jeune, entrevue par l'échancrure d'une blouse crasseuse. Je me demandais avec angoisse ce qui avait pu inciter mon vieux maître à épouser cette jeunesse. Et, surtout, je le jugeais un peu sévèrement de m'avoir contraint à l'épouser à mon tour. Je goûtais modérément la plaisanterie mais je pris patience en répétant avec un entêtement qui me tint lieu de consolation : « Lorsque le vin est tiré, il faut le boire. »

Ce fut un vin amer, quoique piquant et fort en alcool, et le souvenir de Marie-Louise de Longemain, à jamais perdue, fut un sirop délicieux qui vint en faire ressortir l'âpreté.

Petit à petit, elle prit l'habitude de rire avec moi de notre passé mais elle alla un peu loin le jour où, parlant de son premier mariage, elle prétendit que « le vieux l'avait fait suer ». Cet irrespect pour un homme qui, dans mon esprit, portait une auréole, contribua à me détacher d'elle et je me mis à chercher un moyen de reprendre ma liberté. En attendant, je pris la défense de Vicardo, l'absent. J'aurais été mieux inspiré d'en rire avec elle car mon attitude chevaleresque allait m'amener les pires scènes de ménage qu'on puisse imaginer, des scènes muettes et imperceptibles où l'ironie joue le plus grand rôle et où le moindre mot devient allusion blessante sans toutefois motiver une explosion bienfaisante.

Chaque jour, Annie trouvait une occasion de me rappeler le temps où Vicardo était parmi nous. « A propos, disait-elle, lorsque ce vieux dingo me faisait la cour... »

Elle ne pouvait continuer car je l'interrompais. Avec dignité, je la priais de se taire.

« Tu es jaloux ? ricanait-elle.

– Est-il bien question de jalousie ? Voilà un homme qui t'a aimée, choyée, un homme admirable, un saint que nous avons eu le malheur de perdre il n'y a pas deux ans et...

– Alors tu le défends ? coupait-elle en riant.

– Je veux que tu le respectes.

– Un vieux maboule qui croyait à tout ce qu'il disait !

– Annie ! »

Ainsi lancée, la conversation courait sur des sujets brûlants et nous côtoyions sans cesse le cataclysme. Pourtant, elle venait près de moi, de guerre lasse, et me disait ou plutôt me chantait, de sa voix de volupté : « Mais tu sais bien que si je ris de lui, c'est parce que je t'aime. »

Je répondais : « Je préférerais que tu me haïsses, entends-tu, et que tu me le craches à la face, plutôt que de salir la mémoire de cet homme-là ! »

Elle riait à gorge déployée : « Les hommes, c'est formidable ! » disait-elle en guise de conclusion.

Le soir, alors que ma fureur vengeresse s'était apaisée, elle revenait à moi et, passant son bras autour de mon cou, me tenait un langage brûlant qui ne pouvait me laisser aucun doute sur la sincérité de ses sentiments. Mais je ne pouvais admettre que Vicardo eût été si peu aimé, et cela me gâtait mes plus belles heures.

Au début, cette sensation me fut supportable mais, à la longue, je ne pus admettre même la tendresse de cette insolente car elle ne fit rien pour m'épargner les pires humiliations. Bien que je lui eusse interdit de faire de telles réflexions, elle ne se gênait pas pour me dire, à tout propos : « Cela me rappelle la première fois que ce vieux macaque m'embrassa. »

Ou bien : « Il fallait le voir en chemise de nuit ! »

Ces images venaient déflorer le souvenir du seul homme qui se fût révélé à moi sous un aspect quelque peu honorable et ma foi en lui en souffrait cruellement. Cette situation était terrible. Le premier homme admirable que j'eusse connu était bafoué par une pécore, une coquette. Un à un, tous les traits de mon maître bien-aimé se précisaient, ses gestes, sa voix, ses attitudes dans ses grands rôles, enfin ses leçons de haute sagesse et de souriante bonhomie.

Lorsque Annie disait en riant : « Ce qu'il a pu m'amuser le soir de notre mariage ! » Vicardo m'apparaissait dans son meilleur rôle : Arnolphe, de *L'Ecole des femmes,* et j'entendais, dominant le rire insultant de ma femme, le crépitement des applaudissements, et le cher grand homme saluait avec cet air si suave d'humilité et de profond respect.

Elle se mettait à broder sur ce thème scabreux et me faisait rarement grâce du moindre détail de sa nuit de noces. Et moi, je le voyais, courbé sous les rappels des applaudissements, la mèche sur l'œil, superbe et doux, doux comme les forts savent l'être.

D'autres fois, à l'occasion d'un de ces instants de tendresse passionnée que nous suggérait notre jeunesse, elle se mettait à rire et évoquait de quelle grotesque façon Vicardo était épuisé après de tels exercices qu'impose la vie conjugale. Dès lors, il m'était impossible de rester dans les bras de ma femme comme je l'eusse souhaité. Je me dégageais de son étreinte et je parcourais la chambre à grands pas, le courroux à fleur de peau ; le génial artiste m'apparaissait alors, debout au milieu de la salle de répétition du conservatoire de Dijon, réglant avec une maîtrise stupéfiante les moindres détails des scènes répétées, reprenant chacun, se substituant tantôt à l'ingénue, tantôt au jeune premier, tantôt à quelque autre interprète, et lançant la réplique défaillante avec une justesse de ton qui confondait l'élève.

Lorsque Annie me rappelait avec quelle confusion il lui avait fait sa demande en mariage, je le voyais, au contraire, superbe et imperturbable, débitant avec cette articulation si parfaite les tirades de *Figaro :* « Amoureux par folles bouffées... laborieux par nécessité et paresseux avec délices. » et je criais : « Non, Annie, non ! Tu n'arriveras pas à l'amoindrir, il était sublime, tu m'entends ? Sublime ;

que dis-je ? Génial ! Tais-toi, tais-toi, tais-toi ! Tu n'arrives qu'à te ridiculiser en voulant saper ce géant, comprends-tu ? Tais-toi ! »

En m'enlaçant, elle hurlait délicieusement : « Mais tu sais bien que je t'aime ! »

Dérouté, je répondais : « Aussi bien, n'est-ce pas ton amour qui me désole !

– Alors ? » disait-elle en s'affalant et m'offrant son jeune corps.

Mais je fuyais cette femme sans conscience, j'allais respirer l'air frais du dehors et reconstituer, dans la campagne, l'effigie intacte de mon idole. Lorsque je rentrais, conscient d'avoir retrouvé la pureté et la grandeur de mon souvenir, je trouvais Annie sanglotant et je lui en demandais vainement la raison.

Pour réagir contre cette atmosphère délétère qui risquait de détruire ma ferveur et de me priver aussi du seul recours moral que j'avais pu obtenir de mes semblables, j'établis une sorte d'autel consacré au grand Vicardo. Sur une étagère, j'installai sa photographie encadrée entre deux vases, un peu ridicules je l'avoue, dans lesquels j'entretenais des fleurs. Je dessinai, de mémoire, deux attitudes du grand acteur, l'une dans le costume de Shylock, l'autre dans celui de Monsieur Jourdain. Puis je réunis tous les documents qu'il m'avait légués. J'exposai deux photographies représentant des tableaux du *Misanthrope* et d'*Hamlet,* plusieurs autographes et, enfin, le nez qu'il portait dans *Cyrano.*

Annie assista silencieuse et ahurie à ces pieux préparatifs. La vue des photographies, très réussies d'ailleurs, lui donna un instant de gravité qui dévoila son émotion mais, lorsqu'elle vit le nez en carton, oblongue capsule rose surgissant d'une touffe de moustache, elle ne put retenir son hilarité. Elle s'écria : « Cela me rappelle... »

Elle n'eut pas le loisir d'en dire plus long car je lui administrai une gifle retentissante. Cette gifle lui redonna l'attitude respectueuse dont elle n'eût pas dû se départir depuis son veuvage.

Grâce à ce petit reposoir fervent où des fleurs fraîches faisaient régner un agréable parfum, Annie parvint à respecter son premier mari ou, tout au moins, le culte que je lui vouais, et ce fut avec une grande joie que je la vis un jour remplacer par des bouquets fraîchement coupés ceux que j'avais laissés se flétrir dans les vases ; ce geste me la rendit plus aimable et je ne doutai pas qu'un jour je lui consacrerais toute ma tendresse si elle persévérait dans ces pieuses pratiques.

Hélas, elle ne sembla pas comprendre parfaitement son action car le lendemain, alors que la petite Christine demandait un jouet, elle prit sur l'étagère le vénérable nez de notre maître et le lui donna. Je rentrais précisément des champs où pendant quatre heures j'avais pioché les tabacs en récitant les stances de *Polyeucte,* les plus beaux passages d'*Hernani* puis le célèbre « C'est pour ce soir, je crois, ma bien-aimée ! » de *Cyrano,* et il m'avait semblé que la voix de mon mentor s'était peu à peu substituée à la mienne. Enivrante illusion ! J'étais donc sous le coup d'une émotion précieuse lorsque je vis la jeune Christine jonglant avec le « navet géant », le spirituel « melon nain », l'inoubliable « boîte à ciseaux » qui, sur la figure de Vicardo, prenait la désinvolture d'une épée, la légèreté d'un panache, et valait à lui seul un sommet.

Furieux, j'arrachai l'objet des mains de l'enfant qui fondit en larmes, ce qui me désola. Mais j'étais allé trop loin sur le chemin de l'indignation pour m'arrêter, comme je l'eusse souhaité, auprès de notre petite fille afin de la consoler. Piétinant sans scrupules, j'entrai dans la maison en brandissant la tarlatane sacrée. Il y eut une scène que je me refuse à dépeindre, n'ayant aucune sorte de talent pour décrire les visions apocalyptiques.

Le soir, Annie me supplia de lui expliquer enfin mon attitude. « Tu sais bien pourtant que je t'aime ! dit-elle en sanglotant.

– Je n'en ai jamais douté, m'écriai-je, mais respecte au moins la mémoire de cet homme que tu as aimé avant moi !

– Je ne l'ai jamais aimé », s'écria-t-elle.

Cela m'arriva en pleine figure et je me sentis flagellé en lieu et place de mon illustre prédécesseur.

« Tu ne l'as jamais aimé ? repris-je en demi-teinte, sur le ton de l'étonnement scandalisé.

– Jamais ! » larmoya ma femme.

Je fus sur le point de me lever, de me composer un léger balluchon et de quitter à jamais cette femme sans scrupules, de l'abandonner à son triste sort. Ce fut Christine qui me retint. « Mon enfant ! » pensai-je et je me tus.

Mon silence fut mal interprété. Annie resurgit de sa couche inondée de larmes, se pendit à mon cou et me dit : « Je te jure que je ne l'ai jamais aimé ; tu me crois, dis, tu me crois ? »

Je ne répondis rien. Je restai sous le coup de cet aveu brutal.

« Tu me jures que tu ne l'as jamais aimé ? répétai-je.

– Je te le jure », répondit la malheureuse avec un cynisme déroutant.

L'infortune de Vicardo m'accabla. Je perdis l'appétit, le sommeil et, ne pouvant vraiment aimer cette péronnelle, je me réfugiai dans les champs de pommes de terre où je me mis à piocher, même lorsque le patron ne m'en donnait pas l'ordre. Les jours de pluie, c'était un supplice pour moi de rester à la maison et, si Annie et Christine ne m'eussent été confiées par Vicardo mourant, je fusse parti au hasard sur la route.

J'arrivai, à force d'application, à m'intéresser aux travaux agricoles et aux distractions campagnardes, comme la cueillette des champignons, les libations, la pêche aux écrevisses et le braconnage. J'obtins, dans cet ordre d'idées, d'assez beaux résultats et je ne fus jamais surpris par les gendarmes, ce qui me permit de conserver à mon casier judiciaire une virginité très recherchée par les amateurs. De plus, ces divers exercices me procurèrent la solitude, loin d'Annie et de son odieux caquet. Ainsi, je me rapprochais de Vicardo, mon maître, et de Marie-Louise de Longemain, mon amour. A cet égard, je dois dire que je n'osais jamais évoquer dans sa totalité la personne de Mlle de Longemain car il me semblait que ma pensée, trop longtemps la caressant, dût la salir ou l'incommoder. Alors, je me contentais d'entrevoir son regard ou ses cheveux ou bien ses mains.

Un jour, je réalisai qu'elle devait avoir atteint sa vingtième année et cette douce pensée me poursuivit pendant longtemps. Mais ces heures de rêveries m'étaient néfastes, elles dissolvaient le cynisme indispensable et auraient contribué à me donner des mœurs d'enfant de chœur. Enfin, je m'habituai à l'idée qu'elle devait être mariée maintenant à quelque fringant lieutenant et donnait des réceptions dans son salon Louis XVI. Au début, j'en fus jaloux terriblement mais, à la longue, j'en pris mon parti et je me bornai à penser à la petite Marie-Louise, en bandeaux blonds, que j'avais aimée.

La situation eût donc été sans issue si, aux environs de Noël, je n'avais pris une fièvre persistante. Le médecin du village, consulté, me pria de me rendre à Bordeaux afin d'être radiographié, et le radiologue m'apprit que j'étais bel et bien poitrinaire et qu'il fallait me faire soigner au plus tôt.

Cette nouvelle me fit grand bien car l'annonce d'une maladie grave ou incurable vous amène à envisager la vie sous un angle nouveau. Quel est l'homme sain qui, lorsque sa femme le trompe ou lorsqu'il se voit mobilisé pour une juste guerre, ne pense : « Si j'étais seulement poitrinaire ! » Il semble que la tuberculose ou les autres maladies de ce genre donnent au patient une plus grande indépendance d'esprit et d'action. On peut tout penser et tout faire puisqu'on est en somme un condamné à mort. On peut se permettre mille folies, manquer de respect aux femmes de ses amis, voyager sans billet, se livrer à des exhibitions obscènes, tenir les discours les plus effarants, se montrer, à l'égard de ses supérieurs, d'une insolence déplorable, prendre la parole en tous lieux et critiquer les plus nobles institutions d'une façon sanglante sans pour cela perdre l'estime des contemporains. Au contraire, tout le monde s'apitoie sur le sort du pauvre malade que le désespoir conduit à ces extrémités.

Ma consomption me fut une nouvelle force et, du jour où le praticien m'en informa, je me sentis non seulement plus léger, mais plus sûr de moi et tout à fait capable de tenter n'importe quoi.

Un séjour dans un sanatorium s'imposait. Annie, en gémissant, me conseilla de sacrifier le temps qu'il faudrait pour obtenir la guérison la plus parfaite. J'eus la faiblesse d'adopter cette façon de voir.

Mais n'anticipons pas et, surtout, ne regrettons jamais une décision prise ni un geste accompli. Si j'acceptai, à l'époque, de me rendre en un sanatorium, ce fut uniquement pour jouir d'un instant de repos et prendre, dans un site remarquable et parmi des gars dont l'immobilité rend la compagnie agréable, des vacances idéales.

Mon départ pour la montagne eut lieu le 1er janvier. Le temps était radieux. Je sifflais comme un merle, tout heureux de penser que, pendant de longs mois, j'allais faire de bonnes siestes au soleil et profiter d'une oisiveté à laquelle je n'avais jamais pu prétendre par les moyens les plus honnêtes et les plus licites.

Ma bonne humeur fut mise sur le compte d'une rare force de caractère et Annie m'en sut gré tout particulièrement. Elle m'accompagna jusqu'à Bordeaux avec Christine et reprit le train pour Bergerac, me laissant en gare Saint-Jean, emmitouflé d'écharpes, de lainages, et matelassé des conseils les plus maternels. Je commençais à jouir des prérogatives qui sont attachées à la condition de poitrinaire. Puisque je me rendais en un lieu de retraite fort agréable, certes, mais dépourvu des distractions bruyantes, violentes et collectives qu'on rencontre en ville, je pensai qu'il était bien pardonnable que je profitasse de mon séjour dans le grand port gascon pour faire une rapide mais mémorable visite aux divers établissements de plaisir qu'on peut trouver à Bordeaux.

Ayant laissé mes bagages à la consigne, je sortis en ville dans le but d'y passer une demi-journée ou même une journée (le temps ne manque pas à un poitrinaire). J'eus le plaisir de rencontrer, dans l'avenue, un ancien comédien de la troupe Vicardo qui avait trouvé, à Bordeaux même, une place de clerc d'huissier. C'était un grand diable d'homme à la voix caverneuse, qui jouait les traîtres ou les faux confidents. Il portait une jaquette trop courte et un col blanc remarquablement crasseux. Lorsque je lui demandai la raison pour laquelle son col était si sale, il me fit comprendre qu'avec un cou long comme le sien, un col propre eût été mal indiqué, sa blancheur eût attiré tous les regards. Puis nous entrâmes dans un café où nous consommâmes un café crème accompagné de nombreux croissants.

Après une promenade sur les Quinquonces et le long des quais où des cargos étaient en chargement, il m'emmena près de quatre autres camarades de la troupe qui travaillaient dans le vignoble sur la route de Cubzac. L'air était doux, un ciel vert donnait aux arbres dénudés une rousseur harmonieuse. La Garonne filait entre ses berges et un petit nuage jaune s'étirait dans le ciel, long et pointu comme une flèche, nous indiquant le chemin qu'il fallait suivre.

Nos amis nous reçurent avec chaleur et proposèrent une tournée de dégustation dans les caves. Dans ce but, nous allâmes trouver le propriétaire. Il nous reçut avec la joviale hospitalité gasconne et se montra fort amusé de nos reparties et de nos mines de baladins. Il nous fit donc goûter ses vins et, ceci fait, prit plaisir à nous entendre conter nos anecdotes. Comme tous les Méridionaux, il avait le goût du spectacle et il s'écria :

« Té ! Mais si vous jouiez une petite pièce au village, je suis sûr que vous auriez du succès. »

La proposition nous plut et, le soir même, la scène de la salle des fêtes était remise en état, les affiches rédigées ; le lendemain, le tambour de ville annonçait qu'une célèbre troupe parisienne allait donner une grande représentation.

Comme nous n'étions, en tout, que six interprètes, deux femmes et quatre hommes, nous jouâmes en lever de rideau, un acte en vers de Lemercier, *Le Sauveteur*, et ensuite *Jean de la Lune* de Marcel Achard. J'y tins mon rôle habituel, celui de Clotaire, avec une véritable joie, celle que donne l'accomplissement d'une tâche agréable. En vérité, j'étais ravi de retrouver cette ambiance de troupe en tournée et, tout en jouant, nous nous confiâmes mutuellement notre contentement de nous produire devant une salle comble. Nous avions refusé du monde à l'entrée et le succès fut tel qu'il fallut redonner la pièce le lendemain puis le surlendemain.

Cela me fit faire, dans la bourgade hospitalière, un séjour imprévu qui retardait d'autant mon entrée au sanatorium ; mais comme je savais qu'une longue villégiature dans la montagne m'était promise, je jugeai que ce retard de quelques jours n'avait qu'une importance relative.

Une bourgade voisine, avide de spectacles, nous soudoya pour nous décider à donner, dans son propre théâtre, une ou deux de ces représentations qui faisaient la joie de sa rivale. Nous acceptâmes et ainsi, de scène en scène, de tréteaux en tréteaux, il se trouva qu'un mois passa sans que je trouve l'opportunité de rejoindre le sanatorium de Sainte-Belle où l'on m'attendait.

Au total, nous fîmes un bénéfice honorable et, tous les frais étant payés, les bouteilles bues et les discours prononcés, il nous resta douze mille francs dont on fit deux parts, l'une affectée aux œuvres de bienfaisance des communes, l'autre, la plus large, à la rémunération légitime de nos talents. Mes camarades eurent le beau geste de se cotiser pour offrir une certaine somme aux plus nécessiteux d'entre nous. J'allais souscrire à cette collecte lorsqu'on m'en dissuada, pour l'excellente raison que j'étais le bénéficiaire de cette initiative. C'est ainsi que j'appris que j'étais nécessiteux et digne de la charité privée. Nouveau privilège que je devais encore à la terrible maladie dont je jouissais. Je reçus ainsi la somme de quatre mille francs. Et, comme il est dit quelque part que ce qui entre par le fifre s'en retourne par le tambour, j'entraînai avec moi mes camarades afin de fêter comme il se doit cet heureux événement.

Nous arrivâmes à Bordeaux par un fin matin de février, froid, sec et clair à souhait et, de ce fait, propice aux libations et autres abus de la table. Ce fut une fête très digne qui dura deux jours pleins, au terme de laquelle je repris conscience de ma situation de malade et de père de famille. Accompagné de mes plus fidèles mousquetaires, je me rendis à la gare Saint-Jean où j'eus tout d'abord la désagréable surprise d'apprendre que je devais cent vingt-quatre francs à la consigne, pour le dépôt, pendant trente-cinq jours, de plusieurs valises. Puis nous passâmes sur les quais où nous provoquâmes un léger scandale, dont je fus le principal acteur, ce qui est bien pardonnable lorsqu'on pense que je faisais mes adieux à la vie normale pour gagner un de ces établissements où de pauvres malades tentent de retrouver une santé perdue. C'est ce que je sus fort bien expliquer au commissaire spécial de la gare devant lequel nous emmena un sergent de ville. Le brave homme avait le cœur dur pour le vice mais il savait comprendre le désespoir et me fit reconduire au train sans autrement instrumenter. En revanche, il fit dresser procès-verbal à l'encontre de mes fidèles amis.

Ce fut dans cette atmosphère de cordiale commisération et de chaude sympathie que je pris le rapide Bordeaux-Luchon qui devait m'emmener au pays de la santé, mais je me promis bien, sans rien en avouer, de profiter de la situation et, au cas où je guérirais, de toujours me faire passer pour malade. Ainsi l'expérience vient aux hommes.

*

J'arrivai à Luchon par une belle soirée. J'eus beaucoup de peine à trouver un moyen de transport pour me rendre à Sainte-Belle car le courrier ne venait à la gare que lorsqu'un malade était annoncé. Comme j'étais en retard de trente-cinq jours, on conçoit aisément que le chauffeur ne m'attendait plus.

L'établissement était situé à vingt kilomètres dans la montagne et j'envisageais de faire ce trajet à pied, dans la neige, lorsque je fus mis en présence d'un charretier qui devait passer, avec son traîneau, non loin du sanatorium. Je pris place près de lui sous les fourrures et c'est ainsi que j'arrivai, à la nuit, au bureau des entrées de l'établissement. Tout d'abord, je fus pris pour un imposteur, puis on voulut bien me prendre au sérieux, on me donna un lit, des draps et une vingtaine de lettres reçues en mon absence. Elles émanaient toutes d'Annie, ma femme, qui me prouvait, une fois de plus, son amour indéfectible. Je pris le parti de n'ouvrir que la dernière lettre reçue, qui devait fatalement résumer toutes les autres et exprimer les mêmes sentiments mais poussés au paroxysme. En effet, en quelques pages, ma chère Annie avait réussi à me faire connaître son amour, ses inquiétudes passées, son angoisse actuelle et son projet de quitter Bergerac et de me venir rendre visite à Sainte-Belle. Lorsque j'en eus fini la lecture, je remarquai que cette missive remontait à la semaine précédente.

« N'avez-vous rien reçu à mon adresse depuis cette dernière lettre ? demandai-je au concierge.

– Pas précisément, me dit-il, mais la dame est venue elle-même avant-hier avec la petite fille ; elle est repartie lorsqu'elle a vu que vous n'étiez pas là. »

Je me promis d'écrire dès le lendemain afin de remettre les choses au point et, sans plus me faire prier, je me laissai soigner avec une grande joie et une délicieuse tranquillité d'esprit.

Je n'ai jamais connu qu'un sanatorium, grâce à Dieu (c'est une façon de parler), mais je suppose que le régime doit être le même dans toutes les maisons identiques. L'emploi du temps est réglé de telle sorte qu'on s'y trouve entraîné dans une atmosphère de farniente vigilant dont on s'accommode au début mais qui ne tarde pas à peser comme le labeur le plus écrasant ; puisque j'aurai l'occasion de décrire la vie que j'y menais, je me garderai bien d'analyser, même avec subtilité, les états d'âme successifs que j'observai chez les malades, mes voisins.

Voisins, ils l'étaient matériellement par leur présence à mes côtés. Pourtant je sentais que leurs sentiments étaient bien différents des miens et que, sous ce rapport, ils étaient très éloignés de moi. Je fus placé entre un jeune ouvrier et un jeune abbé dont la conversation pouvait paraître une faveur tant il l'accordait avec parcimonie. Tous deux, arrivés quelques jours avant moi, tentaient de prendre le ton de l'établissement et d'étudier leur voisinage. Pour l'un comme pour l'autre, leur présence dans ce sanatorium était un malheur. L'ouvrier pensait à sa femme et à son enfant, le prêtre passait de longues heures en oraisons.

Le lendemain, à la visite matinale, le médecin-chef se tailla un beau succès oratoire en déplorant ma négligence et en me reprochant, d'une façon très pathétique, de n'être arrivé à Sainte-Belle qu'un mois après la date fixée, causant ainsi un grand souci à ma famille et rendant plus difficile la tâche des praticiens chargés de me sauver. Visiblement, Annie était allée pleurer dans le giron de cet homme qui, de son côté, prenait toutes les précautions oratoires utiles pour se réserver une sortie honorable, au cas où mon cas viendrait à s'aggraver. Pendant son petit sermon, je l'entendais déjà dire à ma famille éplorée :

« Que voulez-vous, je n'y suis pour rien. Ce jeune homme n'est arrivé chez moi que trente jours après que la cure lui a été ordonnée. Pendant ces trente jours, il a couru tous les bouges de Bordeaux, commis tous les abus, toutes les imprudences. Il m'est arrivé épuisé, à demi mort ! »

Lorsqu'il eut fini, je ne pus m'empêcher de lui dire qu'il ressemblait à mon père, non pas qu'il eût le visage fait comme lui mais par la façon grandiloquente qu'il avait d'outrer ses sentiments et de faire un éléphant d'une puce lorsqu'il était question des bêtises des autres. Il goûta mal cette plaisanterie et, pendant plusieurs jours, m'empêcha de jouir de la tranquillité à laquelle j'aspirais en venant à Sainte-Belle. Il me passa devant ou derrière des instruments énormes et astiqués comme des meubles de timonerie et me fit subir des interrogatoires qui, joints à des contorsions invraisemblables, eussent eu raison d'organismes moins résistants que le mien. Enfin, je repris ma place entre l'ouvrier et le curé qui, un peu dégelés, accueillirent avec le sourire les différentes plaisanteries que m'inspiraient la beauté du site, la limpidité de l'air et l'oisiveté si douce. Depuis le berceau, je n'avais certainement jamais connu de bonheur plus complet. J'étais, en outre, mieux équipé que dans les langes pour apprécier sainement ce bonheur, et ces heures de sieste qui au berceau me paraissaient de plus en plus insupportables me devinrent, grâce à un système philosophique assez rudimentaire, des instants paradisiaques.

Le soir surtout, lorsqu'à huit heures et demie les stores se baissaient, les veilleuses s'allumaient, je me blottissais dans un lit tiède, sous de bonnes couvertures, en pensant à mes frères qui, sains de corps, moins favorisés que moi, sortaient de leur travail et, dans la pluie ou le brouillard, regagnaient leur logis trop exigu avec la perspective de reprendre leur travail le lendemain matin. Je frissonnais à la pensée de cette vie obscure de l'ouvrier, du bureaucrate, du fonctionnaire, et je tâchais de bien me pénétrer du charme de l'heure présente.

Le matin aussi, alors que le soleil se levait derrière la chaîne aiguë des monts et que le soleil faisait éclater, dans l'air si pur à cette altitude, sa lumière reflétée par la neige, je me gardais bien de découvrir une main ou une épaule ; je restais immobile, au chaud, me gavant de cette joie qu'apportent l'inaction et la sécurité du lendemain. Je m'amusais à comparer le sanatorium à un palace dont les grooms étaient les infirmiers, infirmières et menu personnel de l'établissement. Comme eux, ils prenaient soin de moi et me servaient avec grâce.

Comme l'abbé priait sans cesse, j'avais entrepris de faire la connaissance de l'ouvrier dont j'ai parlé. Il était l'aîné d'une famille de six enfants. Son père était paveur de rue ; un bon métier les années où il ne pleut guère et où il ne gèle pas. Les autres années, le salaire se trouvait diminué naturellement, en raison du chômage imposé au père. Le régime alimentaire des enfants suivait, avec fidélité, ces fluctuations des conditions atmosphériques. Pour pallier cette précarité du salaire paternel, il était normal que les enfants fussent placés dès leur dixième année, le certificat d'études étant un luxe ; et, pour eux, une vie de labeur commençait à l'âge où les autres enfants s'occupent des problèmes de robinets, font des gammes et rêvent aux vacances.

Il se trouvait, en outre, que le père, sevré de plaisirs confortables, n'hésitait pas à s'enivrer fort régulièrement et, ainsi mis en verve, aimait à distribuer des horions en rentrant au taudis. Robert Janiot, c'était le nom de mon voisin, préférait donc courir les rues et fréquenter les bas cinémas plutôt que de rentrer à la maison. Tout cela est d'une telle banalité et s'inscrit avec tant de naturel dans le cadre de l'ordre établi que je m'en voudrais d'insister d'une façon indiscrète sur le sort de ces voyous qui, en outre, étaient des extrémistes dangereux. Le miracle, c'est que le genre de vie imposée à cette famille, par la pratique impardonnable des vices les plus honteux, n'avait fait que deux poitrinaires, jusqu'à ce jour, dans cette tribu en haillons. C'était une véritable réussite, tout à l'honneur de cette vitalité arrogante dont font preuve les plus basses classes de la société.

Donc, une fille était morte de phtisie galopante après avoir mis au monde deux enfants et Robert, mon ami, s'était laissé gagner par cette sotte maladie qu'est la tuberculose, après un an de mariage qui lui avait suffi pour réussir, avec l'aide de sa femme, un petit bébé fragile et gracieux.

Contrairement à ce qu'on pourrait croire, Robert Janiot montrait une grande prudence dans les jugements qu'il portait sur ses semblables, n'était nullement aigri et ne pensait qu'à sa femme et à son fils, qu'il craignait d'avoir contaminés. Son grand bon sens lui faisait admettre les vérités premières que l'on doit entériner si l'on veut vivre en paix avec son prochain et avec soi-même. Il acceptait sans difficulté, par exemple, qu'une majorité d'hommes doit travailler pour permettre à une minorité de ne rien faire, et qu'il est sot de vouloir appartenir à cette minorité parce que la compétition, pour y accéder, est très sévère en raison du grand nombre des candidats. De telle sorte qu'il faut se résigner à rester dans sa sphère si l'on ne dispose pas de moyens puissants pour réussir.

Armé de cette patience et de cette résignation, il réussissait à vivre en paix avec la société, ce qui lui procurait une grande satisfaction. Pour le reste, il savait qu'il ne pouvait compter que sur lui-même, aussi s'appliquait-il à guérir avec une persévérance et un sens très aigu de ses responsabilités. Il ne se pardonnait pas d'avoir commis la faute d'être malade après avoir fondé une famille, ce qui était évidemment une grave maladresse qu'il cherchait à se faire pardonner par une gentillesse, une humilité, un courage d'autant plus méritoires que son désespoir était vif. Il ne pouvait commencer une phrase sans dire : « Nous autres, pauvres gens... » ou bien « Moi, qui ne suis qu'un manœuvre... » et autres propos destinés à bien le persuader lui-même de l'humilité de sa condition. Je ne suis d'ailleurs pas capable de savoir si tout cela était vraiment sincère et s'il ne simulait pas quelque peu ces vertus d'obligation et cet esprit de sacrifice dans le but d'attendrir son entourage et l'inciter à des charités substantielles. Le médecin ne lui avait pas caché qu'il devait sa maladie à son enfance déshéritée et, surtout, à un travail trop rude et trop soutenu. Il avait accepté cela avec le sourire car c'est un honneur de tomber au champ du labeur.

En ce qui me concerne, le médecin, qui était un pince-sans-rire, ne me cacha pas que la cause de mon mal était assez différente et devait plutôt s'apparenter aux désordres et abus sensuels et à la vie déréglée que j'avais menée depuis mon évasion de la maison paternelle.

Quant à l'abbé, il était arrivé à ce point de consomption par un excès de privation et une trop grande chasteté.

Ainsi, les trois voisins se trouvaient réunis en cette même maison pour avoir suivi des chemins divergents, ce qui me permit de conclure que tout cela présentait bel et bien l'incohérence qui préside à la marche des mondes et, ainsi, faisait perdre aux faits toute espèce de signification.

A ce sujet, j'étais en conflit permanent avec l'abbé qui prétendait voir, au contraire, dans notre présence en ce lieu, une grande leçon et un encouragement. Le plus curieux, ce fut lorsqu'il entreprit de me prêcher la résignation et de m'exhorter à la patience, alors même que je n'avais jamais eu la moindre parole de révolte ou de désespoir. Mais il voulait absolument voir en moi une âme en train de se perdre, pour avoir le mérite de la sauver. Si on a prononcé le mot de déformation professionnelle, ce ne fut jamais plus à propos et sans la moindre arrière-pensée ni la plus petite méchanceté. Je m'appliquai à lui faire comprendre que ses sermons se perdaient dans l'éther serein puisque non seulement je ne désespérais pas mais je me félicitais d'avoir eu la chance d'être malade, ce qui me permettait de vivre ces heures inoubliables de farniente dans ce site admirable. Je n'hésitai pas, pour le convaincre, à lui avouer qu'en outre cette cure d'altitude me séparait heureusement d'une femme, jolie certes et agréable à regarder, mais insupportable sous le rapport de la coquetterie.

Il fut vexé de me voir échapper au désespoir ou à la neurasthénie si fréquente chez les malades de ma sorte et ne put admettre que Dieu, qui dirige tout, lui eût envoyé comme voisin de lit un être chez qui les mots de consolation, qu'il avait la vocation de dispenser, fussent inutiles. Il fut surtout choqué de voir qu'on pouvait accepter la douleur, s'accommoder des vicissitudes de l'existence, sans utiliser ses propres recettes.

Nous n'en restâmes pas moins bons amis car je m'excusai auprès de ce jeune clerc de ne pas prêter le flanc à ses onctueuses critiques.

« Mon cher abbé, lui dis-je, mon cas ne relève pas de votre ministère et j'en suis confus. »

La cure se poursuivit, assez sévère mais délicieuse grâce à cette immobilité, ces ensoleillements perpétuels, ces longues extases devant une nature particulièrement merveilleuse, loin de toute critique et de toute précipitation, au milieu d'un collège de gens charmants. Pourtant, tout ce qui, au début, avait fait le charme de ma villégiature me devint bientôt assez désagréable en attendant de me devenir odieux, car la principale occupation de mes camarades consistait à prendre leur vie comme on prend un sac plein pour le vider de son contenu ; puis, ayant mis à jour les haillons de leur passé, ils les prenaient un à un, les analysaient, les classaient, les pesaient, les jugeaient, en fonction de la société, en fonction de la famille, en fonction d'eux-mêmes, tâche débilitante et inutile qui m'a toujours paru être à l'opposé de celle qu'un homme intelligent doit se tracer, savoir tenter d'oublier le plus rapidement possible les gestes et les actes antérieurs auxquels on est visiblement étranger, aussitôt qu'ils sont accomplis et qui, en aucun cas, ne doivent engager la liberté d'action, l'esprit critique et le clair jugement d'un homme sensé.

On comprend aisément que le long séjour dans ces zones de silencieuse altitude, l'immobilité totale, l'inaction intégrale conduisent fatalement l'être qui y est soumis à un travail quelconque de méditation. Je ne devais pas échapper à cette règle car, au bout de quatre mois de ce régime, je me sentis attiré par ces rêveries solitaires ou ces controverses passionnées qui mettent aux prises, aux heures libres, les pensionnaires des sanatoriums et les poussent à disséquer en casuiste les moindres actions de leur vie passée et à défendre une cause, choisie au préalable : celle de l'idéalisme, celle du matérialisme, celle du rationalisme, celle du spiritualisme, que sais-je encore ? Ma robuste constitution, la perfection de mon système nerveux et la simplicité du mécanisme de mon intellect me permirent de passer ce mauvais moment dans des conditions relativement satisfaisantes.

Je sus prendre du plaisir dans les conversations entendues, sans m'y mêler pour y perdre mon équilibre, et j'eus des joies vraiment inégalables en admirant comme chacun, dans l'exposé de ses théories, savait mettre en valeur les arguments « pour » et escamoter habilement les arguments « contre ». Enfin, et surtout, ce fut pour moi un régal de constater que tous avaient raison, sans aucune exception, et que c'est un bonheur que la vie soit à ce point incompréhensible puisqu'ainsi elle permet à chacun de la concevoir à sa façon et de construire son propre petit roman avec un maximum de crédibilité. Mais je bornai là mes rapports avec tous ces psychanalystes distingués qu'étaient devenus mes camarades. Je pris le parti de rompre périodiquement l'immobilité et d'enfreindre la règle de l'établissement en quittant Sainte-Belle de temps en temps, à la faveur de la nuit, et en me rendant au village voisin où je pouvais voir des visages nouveaux, parler de la pluie, du beau temps, de la chasse, de l'élevage ou de femmes, jouer aux cartes et boire autre chose que l'eau et les tisanes du sana.

La première fois que je fis cette escapade, je m'aperçus que je n'étais pas le seul à « faire le mur » car nous étions, au café du village, une demi-douzaine de malades, occupés à retrouver cette atmosphère de santé et de plaisir qui manquait totalement au solarium. L'alcool me parut délectable et la franche jovialité qui régnait dans la salle de l'auberge me reporta au temps où je dansais au *Caveau bourguignon* à Dijon, et cela me fit du bien.

Evoqués sous l'angle des plaisirs et des premiers émois, mes débuts dans la vie me parurent, à distance, émouvants et délicieux. Nous bûmes abondamment, quoique sans abus, au son d'un phonographe assez nasillard qui nous parut plus agréable à entendre que l'orchestre de l'opéra.

Je pris bientôt l'habitude de me rendre à cette auberge tous les samedis soir et il m'arriva de ne rentrer qu'au petit jour. L'abbé s'aperçut de ces écarts et eut l'amabilité de me rappeler que j'étais un imprudent et que je mettais sottement mes jours en péril pour la satisfaction passagère de mes sens. Sur ma foi, ce brave abbé s'imaginait que je dépensais dans un bouge immonde ce qui me restait de santé, en vicieuse compagnie avec des femmes, au cours d'orgies innommables. Il m'exhorta gentiment à me ménager sous ce rapport et me supplia, si je ne voulais pas prendre soin de mon corps, de penser au moins à mon âme et de la sauver.

C'est à ce moment qu'Annie, lassée de me bouder, m'écrivit à nouveau des lettres pleines d'un lyrisme facile où, sans faire allusion à mon escapade, elle parlait de mon retour après la guérison et me promettait une vie douce et agréable, dans un foyer chaud, aimable, sans d'ailleurs s'inquiéter de quelle façon les subsides nécessaires nous parviendraient.

A leur lecture, je fis de telles grimaces que l'abbé fut intrigué. Par la suite, je lui fis des réflexions sur la coquetterie et la sottise féminine si bien qu'il prit le parti de me sermonner à ce sujet. Il s'imagina que je reprochais à ma femme d'être légère et de ne pas se consacrer entièrement à moi et, sans me consulter, se mit à me prêcher l'indulgence. J'eus toutes les peines du monde à lui expliquer qu'au contraire je reprochais à ma femme de n'avoir pas su chérir Vicardo de son vivant et de ne pas respecter sa mémoire, maintenant qu'il était mort.

« De quoi vous plaignez-vous ? » me dit-il.

Il ne comprit pas mon noble courroux et ne réussit jamais à saisir tout ce qu'il y avait de cornélien dans la situation d'un mari bafoué par les infortunes conjugales du premier mari de sa femme. Il est vrai qu'il n'avait pas connu Vicardo. Aussi, je m'empressai de lui dépeindre mon maître adoré, de le faire revivre devant ses yeux, de lui conter la façon dont ce grand vieil homme charmait ; je lui en parlai avec une telle éloquence qu'il parut se hisser péniblement au niveau de mon impérissable et admirative gratitude. Quant à Annie, il n'y fit plus jamais allusion, craignant sans doute, dans sa grande inexpérience de la jeunesse et de l'amour, de me froisser en voulant me complaire.

« Vous êtes curieux ! disait-il fréquemment.

– Vous aussi ! » lui répondais-je.

Cette réponse l'interloquait.

*

J'entretenais une correspondance suivie et cordiale avec mes amis de Bordeaux. A la suite de nos représentations improvisées, ils avaient été sollicités par de nombreuses sociétés pour donner des matinées et des soirées, le samedi et le dimanche, dans le Bordelais. Ils avaient accepté en principe mais, en fait, se heurtaient à des difficultés nombreuses car ils manquaient de personnel. Aussi ne purent-ils monter que quelques pièces, choisies dans un répertoire très limité. Dans leurs lettres, ils ne cachaient pas que ma guérison, attendue avec impatience, leur rendrait un interprète et permettrait à la « troupe Vicardo », ainsi la nommaient-ils, de repartir à la conquête du succès.

Comme moi, ils avaient conservé l'amour du théâtre et le culte de notre maître. Ces nouvelles me mirent dans un état d'agitation très préjudiciable et tout à fait incompatible avec les nécessités de la cure en cours, mais cela me redonna une verve et une ardeur qui s'identifièrent à un regain de santé.

Je mis l'abbé au courant de nos projets. Je lui parlai du théâtre, de notre art si subtil et si passionnant, de notre camaraderie de baraque, et à chaque refrain revenait le souvenir de notre vieil et cher Vicardo. De ce jour, je ne tins plus aucun compte des recommandations du médecin traitant. Je lus, j'écrivis, j'échafaudai des projets brillants, je préparai notre future campagne, élaborai un répertoire nouveau et rédigeai des notes sur chacune des pièces adaptées. Mes camarades, tenus au courant, m'entretinrent dans ces bonnes dispositions, bien que plusieurs controverses nous séparassent sur des questions de détails. Enfin mes amis, en mon absence, montèrent cette troupe dont ils me nommèrent directeur et se mirent en devoir de préparer l'avenir.

Leur premier travail fut de recueillir Annie et Christine qui, inutiles à la ferme, avaient été jetées à la rue et, sans soutien, vivaient à Bordeaux. Annie m'en informa alors que, fille de salle en un restaurant populaire, elle avait mis Christine à la crèche municipale. Ces nouvelles me suggérèrent de profondes mais rapides réflexions. Dans la nuit, je fis mon balluchon et, au petit jour, je me glissai hors de l'enceinte du sanatorium de Sainte-Belle. Je me dirigeai, par une belle aube d'été, du côté du village où passait l'autobus pour Argelès et, pour gagner du temps, je pris un raccourci qui m'emmena exactement à l'opposé de l'endroit où je pensais aboutir. J'eus grand mal à ne pas me fourvoyer davantage grâce à une charmante jeune fille qui portait des provisions à un fromager, dans un chalet des pâturages. Avec elle, je fis l'ascension de la montagne puis, avec elle, je redescendis dans la vallée où je devais prendre le courrier.

Or, il se trouva que la sœur de mon guide s'éprit de moi. Probablement parce que, de mon côté, je la trouvais fort belle. Je fis des efforts surhumains pour trouver une place au village afin de prolonger mon séjour auprès de cette délicieuse enfant; mais, au cours d'une sieste sous un châtaignier, un après-midi, j'eus une vision, exactement comme les personnages bibliques et les saints : je vis Vicardo tentant de sauver son enfant, la petite Christine, qui se débattait dans un odieux marécage. Le pauvre homme avait beau tendre les bras, il ne parvenait pas à atteindre sa petite fille qui s'enlisait progressivement.

Je me réveillai, la poitrine pleine de sanglots, et je n'eus pas de peine à comprendre le sens de ce cauchemar. Me levant d'un bond, je courus faire ma valise et je pris l'autobus du soir. Sur la route, j'entrevis la belle jeune fille qui me regardait partir. Comme je nageais en plein surréalisme mystique, je vis en elle l'image de la tentation, du Démon placé sur mon chemin pour me retenir dans l'accomplissement de mon devoir.

En me confiant sa femme, le vieux Vicardo m'avait certes fait un cadeau d'une valeur toute relative et j'avais eu tort de croire que, par ce geste, il tentait d'assurer l'avenir matrimonial de sa jeune femme car, en réalité, il voulait donner un père à son enfant. Toutes ces vérités, qui m'avaient échappé jusqu'à ce jour, m'apparaissaient maintenant clairement. Je ne pus que louer la sagesse de cet homme et confesser une fois de plus mon indignité.

Le rapide que je pris à Lourdes m'amena à Bordeaux où je rejoignis mes amis. Annie, en me voyant, pensa défaillir car, aussi invraisemblable que cela puisse paraître, elle m'aimait et paraissait ne pas m'avoir trompé au cours de toute notre séparation. Je n'en ressentis d'ailleurs ni joie ni peine mais je fondis en larmes en retrouvant ma petite Christine en bonne santé. Après les quelques minutes d'attendrissement réglementaire, auquel personne n'échappe en ces occasions, nous parlâmes de la « troupe Vicardo ».

Annie était inquiète au sujet de ma santé. Contrairement à ce que j'avais décidé, j'affirmai que ma guérison était complète et je travaillai activement à la confection de la garde-robe et des décors de la future tournée. Ces différents travaux engloutirent ce qui restait de nos économies et nous nous endettâmes fort proprement de dix-huit mille francs. Ce résultat nous remplit d'admiration et de courage. En effet, jamais nous n'avions cru trouver des gens assez naïfs pour nous prêter cette somme. Enfin, tout en daubant sur l'imprévoyance et la naïveté de nos prêteurs, nous décidâmes que tout cela était du meilleur augure et les représentations commencèrent dans une atmosphère d'enthousiasme indescriptible. Cet enthousiasme fut d'ailleurs partagé par le public auquel nous offrîmes un spectacle aussi varié qu'ahurissant. La presse locale fut d'autant plus laudative que nous écrivions nous-mêmes les comptes rendus des représentations ; ce fut un franc succès.

*

On me reprochera peut-être de faire partie de ces gens qui, laissant choir une tartine, ont le déplaisir de la voir toujours s'aplatir au sol du côté des confitures. On pourra aussi me classer parmi ceux qui prétendent que, lorsque le baromètre monte, la pluie descend, et qu'on peut invariablement sortir en costume d'été lorsque les augures locaux annoncent une vague de froid. Je sais que le scepticisme railleur du Bourguignon fait de moi un être assez enclin à généraliser les cas qui prouvent surabondamment que le monde va au petit bonheur et que tout ce qui se passe sous la calotte des cieux donne le spectacle du plus incohérent désordre.

Pourtant, on avouera qu'il est curieux que ce ne fut que lorsque ma santé fut réputée perdue et ma vie dangereusement compromise que je commençai à faire recette.

Lorsque la troupe Vicardo bénéficiait des conseils du vieux professionnel et de l'expérience d'un acteur hors pair, elle périclitait. Au contraire, lorsqu'elle ne compta plus que de jeunes fous d'une inexpérience notoire, elle se mit à prospérer. Enfin, il ne devait pas m'échapper que, lorsque nous présentions des spectacles soignés et d'une haute tenue artistique, nous jouions devant des salles vides. Dès l'instant où notre répertoire se borna aux fadaises immorales et niaises des vaudevilles des années 1920 et suivantes, les bancs furent garnis à craquer.

Là ne s'arrêtent pas les invraisemblances que nous offrit la fatalité puisque, poussé par mes camarades, je consultai le professeur Lacouillerie de Bordeaux ; cet éminent spécialiste du poumon, après avoir minutieusement scruté le moindre repli de ma maigre personne, m'affirma que je n'étais pas et que je n'avais probablement jamais été poitrinaire. Accoutumé à ces coups du hasard, j'eus cependant assez de peine à prendre le professeur Lacouillerie au sérieux. C'est pourquoi, choisissant comme tiers arbitre le professeur Pomaile, autre sommité médicale, sans rien lui divulguer de mon passé, je le priai de me dire s'il était vrai que je pouvais me considérer comme perdu, ainsi que me l'avait laissé entendre un de ses collègues. Il m'ausculta avec un soin minutieux et, au bout d'une demi-heure, déclara :

« En effet, malgré que vous soyez absolument sain par ailleurs, vous avez une grave affection cardiaque qui peut vous enlever d'un moment à l'autre... »

Il tenta de rédiger une ordonnance mais, à ce moment, je pris la porte, et le professeur Pomaile ne me revit jamais. J'acquis ainsi gratuitement, car je me gardai bien de payer le praticien, la certitude que je me portais à merveille. J'en informai par lettre mes amis du sanatorium. L'abbé me répondit au nom de tous et voulut bien voir dans cette guérison le résultat des prières ferventes qu'il avait faites à mon intention, et émit la supposition que je devais cette guérison spontanée à mon passage à Lourdes. Dans la même lettre, il m'annonçait la mort de Robert Janiot, le brave ouvrier, disant que Dieu avait bien voulu le rappeler à lui. Il était mort très pieusement.

Comme on le voit, tout était pour le mieux dans le meilleur des mondes possibles et, ainsi, ma véritable vie théâtrale put, dès lors, commencer sans plus attendre.

II

La tournée Vicardo, la deuxième du nom, se composait au début de neuf interprètes qui pouvaient tenir tour à tour chacun des rôles, y compris ceux de costumier, décorateur, caissier, souffleur ou machiniste. On évitait de jouer deux fois la même pièce avec la même distribution et, dans un esprit communautaire, personne ne tenait la vedette à l'affiche ni sur le programme, les noms des artistes étant inscrits dans l'ordre des entrées en scène.

L'esprit de l'équipe était assez complexe et échappe à toute analyse car, si certains d'entre nous jouaient pour se distraire, d'autres y apportaient une véritable foi et, enfin, d'autres encore se livraient à cette occupation dans le but de se procurer de l'argent. Ces derniers n'étaient pas les moins bien doués et leur sordide matérialisme ne les empêchait nullement de recueillir une part importante des applaudissements.

En ce qui concerne le salaire, nous procédions au partage le plus égalitaire, chacun recevant la même rétribution que son voisin, rétribution qui correspondait exactement à la neuvième partie des bénéfices nets, quel que soit l'emploi tenu dans la pièce. Ces règles avaient été imposées jadis par Vicardo ; j'aurais préféré être coupé en petits morceaux d'une égale grosseur plutôt que d'y transgresser. Nous travaillions tous pour une part égale, selon nos propres moyens, à la réussite de la communauté.

A défaut de vie familiale, cette existence me procura une vie de camaraderie dans un milieu qui put me tenir lieu de foyer. Bien qu'Annie fût incapable de faire cuire un œuf dur, de préparer une sauce de salade ou de coudre un bouton, j'étais heureux de sentir près de moi la veuve de Vicardo, devenue ma femme. A vrai dire, je ne l'aimais pas. Jadis, elle avait pu exercer sur moi un attrait physique certain ; à l'usage (qu'on me permette cette expression), elle était devenue parfaitement insupportable et sa coquetterie de jeune chatte n'arrivait même pas à me rendre jaloux, car les hommes qui l'approchaient ne cachaient à personne qu'ils la tenaient pour une sotte dont le dangereux appétit mettait en péril leur honneur de mâle. Mais c'est en pensant que j'accomplissais un pieux devoir envers Vicardo, mon maître, que je sentais monter en moi des bouffées de fierté. Lorsque je l'entendais caqueter et rire d'une façon si impudique, je me disais : « C'est un sacrifice permanent que d'être le mari de cette femme-là. Cependant j'ai un devoir impérieux de l'être parce que, sans moi, la petite Christine Vicardo serait condamnée à la misère. »

Pratiquant quotidiennement et gratuitement la grandeur d'âme, je connaissais une grande joie de vivre. Ainsi, Vicardo, en me donnant sa femme, m'avait préparé le bonheur limpide du juste. J'en pris mon parti lorsque je me rendis compte que tout cela me donnait une attitude. Il me fut agréable de constater que chacun me tenait en haute estime et appréciait mon dévouement. Je fus prisonnier, jusqu'à un certain point, de cette attitude mais cet ostracisme me fit goûter de nobles instants.

Soit que la présomptueuse insouciance de ma jeunesse eût disparu petit à petit et que, lentement, vînt la sottise satisfaite de l'âge mûr, je pris plaisir à passer pour un brave homme. J'aimais prendre la petite Christine sur mes genoux, le soir, devant la cuisinière où mijotait la marmite collective. Je faisais sauter l'enfant sur mes cuisses et lui contais des histoires charmantes dans le but de compléter le tableau. Je sentais alors que tous mes camarades en étaient attendris et j'aimais à penser que mon empire sur eux était de plus en plus grand. C'est ainsi qu'après ma vingt-quatrième année je me complus à cultiver l'admiration des artistes de ma troupe et de tous ceux qui m'approchaient, après avoir professé la plus grande indifférence à l'égard du jugement des autres. Cette manie me prouva qu'il était temps que j'abandonne les emplois de gavroche ou de jeune premier. Ainsi va la vie.

Pour compléter mon personnage, je me procurai un chien. Je ne le choisis par car je le trouvai un soir, blessé par une automobile, sur la route de Cubzac. Je le recueillis, le soignai et le sauvai. Il était grand et gros. Dieu avait compris que j'avais besoin d'un gros chien. En effet, de quoi aurais-je eu l'air avec un animal de manchon ? Le soir donc, lorsque je jouais avec Christine, Pataud, mon ami, s'asseyait gravement auprès de nous, nous regardant de ses bons gros yeux. J'insiste sur ce point : *ses bons gros yeux.* Oui, Dieu avait bien fait les choses.

Ce nouveau personnage introduit dans ma vie me permit d'étudier des attitudes et d'accentuer mes effets. On me reprocha d'amener à la communauté une bouche à nourrir. Annie haussa les épaules et je l'entendis soupirer, alors que je soignais le blessé :

« J'ai été mariée deux fois ; j'ai eu la malchance de tomber sur deux saint Vincent de Paul des chiens ! »

Cette réflexion m'encouragea plus qu'on ne pense dans cette voie et, bientôt, un chat vint s'ajouter à la maisonnée.

Ainsi entouré, je sentis que je prenais une importance nouvelle et que ma figure se précisait, prenait plus de netteté et, afin de forcer l'admiration, je pris le parti de sourire sans cesse, surtout dans les moments pénibles. En un an, j'arrivai à un résultat potable.

Engagé dans cette voie, j'appris qu'il était impossible d'en sortir en revenant sur mes pas. Ma patience avec ma femme, mon amour pour les enfants des autres, ma compassion pour les animaux inconnus m'attirèrent la clientèle des pauvres et des tapeurs qui surent exploiter mon amour de l'attitude. Annie ne sut pas profiter de l'occasion que je lui donnais de devenir une sainte femme. Elle tenta de décourager les mendiants et quémandeurs de tous ordres et je la soupçonne fort d'avoir noyé de ses propres mains trois chats errants que je me proposais de sauver. Cela ne me découragea pas et je remplaçai ces trois chats par une chatte.

La petite Christine se plaisait au milieu de cette charmante ménagerie et, lorsque ma femme donnait libre cours à son infernal caractère, c'était à l'enfant que je souriais bonnement. Ce sourire mettait mon épouse dans des rages folles autant qu'impuissantes, qui avaient pour seul résultat de la rendre parfaitement insupportable à nos camarades, car ils étaient mêlés aux moindres scènes de ménage et se trouvaient d'accord pour la blâmer et pour louer ma patience et ma bonté.

Tout cela mit un peu de diversité dans ma vie qui devenait trop monotone à mon goût. Christine, les chiens, les chats et les mendiants me donnaient peut-être aussi cette occasion d'aimer qu'Annie ne m'offrait que rarement.

En revanche, si elle laissait à désirer comme mère et comme épouse, ma femme me donnait les plus vives satisfactions du point de vue professionnel. Elle était de ces femmes qui donnent, sur les planches, une impression étonnante d'équilibre. Elle paraissait contrôler le moindre soupir et le plus faible tressaillement de son auriculaire. Elle excellait à maîtriser ses nerfs et à atteindre le sommet de l'art, ce qui lui permettait de dominer ses personnages et d'en réaliser une composition magistrale. A aucun moment elle ne se laissait aller à l'impardonnable naïveté qui consiste à pleurer de vraies larmes, à hoqueter des vrais sanglots. Au moment le plus pathétique d'une scène à deux, elle profitait d'un silence pour me dire : « Si seulement je savais quoi faire à manger pour demain ! »

Lorsqu'elle prenait la parole à son tour, je lui répondais : « Pourquoi t'entêtes-tu à faire la cuisine ? Tu devrais laisser faire Christine. »

Ces soirs-là, elle avait un triomphe.

On conçoit qu'avec de tels moyens elle prît rapidement la tête de notre petite troupe et tentât de jouer les vedettes.

C'est elle qui, la première, déclencha la « cabale des cachets ». Elle prétendit que, ayant tenu triomphalement le rôle de Célimène, elle avait droit à une rémunération bien supérieure à sa rivale qui n'avait paru que dans le rôle d'Arsinoé. Elle réclama un cachet en proportion avec ses dons et son succès. Je refusai brutalement de lui donner satisfaction car cette façon de faire devait détruire le bel esprit de solidarité qui nous unissait. Elle fit beau tapage et je crus bon de lui faire valoir que je jouais Arnolphe au même tarif que le camarade qui jouait le prévôt. Elle osa répondre que, si j'étais une nouille, ce n'était pas une raison pour qu'elle pensât m'imiter.

La troupe aussitôt se divisa en deux camps. Les uns, avec Annie, voulaient que l'on tînt compte, dans l'attribution des cachets ainsi que dans la rédaction des affiches, de l'importance du rôle et de la valeur de l'interprète. Les autres, à ma suite, entendaient que nous continuassions à répartir également les recettes et les succès. Il y eut des discussions mémorables au cours desquelles j'eus l'occasion de développer mes théories les plus chères.

Annie s'entêta et réclama la vedette de la troupe. Je tins bon et je continuai à rédiger mes affiches sans tenir compte de la valeur des interprètes mais seulement de l'ordre des entrées en scène.

Ces affiches furent lacérées par les trois membres du clan opposé.

Plusieurs moyens similaires de vexation furent employés pour nous combattre, ce qui mit en péril le succès de la troupe Vicardo, sans parvenir à me faire revenir sur ma décision. C'est alors que les factieux firent grève.

Tant que je n'avais été qu'un modeste salarié, j'avais toujours considéré la grève non seulement comme le seul moyen donné à la classe ouvrière de défendre ses droits, mais comme une noble et respectable manifestation. Du jour où je fus directeur, je considérai la grève comme une lâcheté.

Un soir, alors que la salle était pleine de spectateurs impatients de nous applaudir, j'allais frapper les trois coups lorsque je m'aperçus que ma femme n'était pas en scène. Cela se passait au grand théâtre de la ville et, comme le quartier des artistes est à l'étage supérieur, j'envoyai un collègue qui revint en me disant :

« Elle est encore chez elle. »

Je montai moi-même et, ouvrant la porte de la loge, je vis la veuve Vicardo, épouse Queuillot, nonchalamment étendue sur son lit de repos. « En scène, Bibiche ! » dis-je.

Elle ne bougea pas.

« Allez ! En scène, répétai-je. Tu termineras ta cigarette à ta sortie du un, que diable ! »

Elle ne fit pas un mouvement.

« Allons, Bibiche, repris-je en usant et abusant de ce petit nom d'amitié. En scène ! Le public s'impatiente.

– Il s'impatiente ? demanda-t-elle avec calme.

– Bien sûr, voyons, il est presque huit heures quarante et le rideau devait se lever à la demie. Allons, allons, sois sérieuse !

– Tu dis bien que le public s'impatiente ? reprit-elle avec lenteur.

– Evidemment, répondis-je vivement. Ne fais pas la bête.

– Il est possible que ton public s'impatiente, mais moi je refuse de jouer. »

Je compris sur-le-champ que cette décision était une mesure de chantage pour me contraindre à accepter les conditions qu'elle prétendait imposer. Je fus sur le point de céder mais, me ravisant, je donnai l'ordre à une camarade de tenir le rôle d'Annie et d'aller se vêtir rapidement. Pendant qu'elle changeait de robe, je donnai des ordres au souffleur et, en une brillante improvisation, j'allai prier le public de prendre patience en l'informant du changement de distribution.

Cinq minutes plus tard la représentation commençait. Elle se déroula normalement et le rideau tomba, au cinquième acte, sans qu'Annie ait paru sur le plateau.

Elle me fit une scène affreuse et me promit de quitter cette troupe de bolcheviks où le prestige du talent ne comptait pas, où la valeur individuelle était sacrifiée pour la mise en œuvre de principes égalitaires qui ne peuvent germer que dans l'esprit de fous.

« Annie, criai-je, c'est Vicardo qui est l'instigateur de ces méthodes admirables et je te prie...

– Il était encore plus fou que toi, hurla-t-elle et il manquait de talent ! Oui, voilà pourquoi il n'acceptait pas la compétition. Il manquait de talent ! »

Cette phrase, odieusement sacrilège, m'atteignit en pleine poitrine, un peu au-dessous du téton gauche, et je tombai roide sur le plancher même de la scène d'où s'éleva, en guise de protestation, un épais nuage de poussière.

Lorsque je revins à moi, Annie avait disparu ainsi que ses deux valises, sa malle de tournée et la trousse de fards que je partageais avec elle. Elle me laissait seul avec Christine, sa fille, mes chats, mon chien et mes bons collègues qui me donnèrent toutes espèces de consolations.

Le départ d'Annie mettait un terme à une sorte de martyre conjugal d'autant plus pénible qu'il était muet, mais il me priva de la collaboration de la plus intelligente de mes interprètes. Et avec elle, c'était une partie de notre répertoire qui partait. La perte, envisagée sous cet angle, était sensible. Aussi, je n'eus qu'un seul recours : trouver sur-le-champ une jeune femme, douée sous tous les rapports, pour l'incorporer à la troupe en lui faisant prendre la place de ma femme.

La chose, on le voit, n'était pas facile, car Annie avait ajouté à ses dons naturels une technique supérieure, une aisance remarquable, une grande souplesse et un répertoire immense.

J'avais trop de respect pour mon métier et pour le nom de Vicardo pour faire paraître une annonce dans le journal : « ON DEMANDE, POUR LA TROUPE VICARDO, UNE ACTRICE... » On n'engage pas une actrice comme une femme de chambre. Aussi, je me mis à la recherche de cette perle qui, tout en présentant à peu près les mêmes avantages qu'Annie, n'aurait pas le tort d'être irascible et encore moins celui d'être ma femme.

Je fus un peu choqué lorsque j'appris qu'Annie avait trouvé un protecteur mais je continuai mes recherches. Les candidates ne manquèrent point, certes, mais aucune ne me paraissait capable de remplacer l'absente. Il me fallut peu de temps pour comprendre que je ne trouverais pas mon affaire parmi les actrices mais qu'il me faudrait, tôt ou tard, me résoudre à embaucher une débutante bien douée que je modèlerais à ma guise, à la longue. Au total, cette solution ne me déplut pas trop, car elle impliquait la formation d'un élément jeune auquel nous insufflerions, avec l'amour de l'art, « l'esprit Vicardo ».

Dès lors, on me vit m'entretenir longuement avec des jeunes filles que je priais de réciter devant moi une scène de leur choix. Il se trouva que, sur la population bordelaise, cinquante-huit jeunes filles se sentaient irrésistiblement appelées au métier de baladin. Sur ces cinquante-huit candidates, cinquante-sept pensaient apprendre près de nous un métier qu'elles préjugeaient facile et nous quitter ensuite pour faire du cinéma. Au contraire, la cinquante-huitième avait la foi, mais elle mesurait un mètre cinquante et, vu son âge, ne promettait pas de grandir désormais. C'était regrettable car elle avait un organe remarquable et des dons certains.

Je désespérais de combler jamais le vide immense laissé dans la troupe, sinon dans mon cœur, par le départ d'Annie, lorsque la Providence, il faut le dire, me conduisit à la *Brasserie bordelaise*, un de ces grands établissements de consommation où les provinciaux vont se donner, le samedi soir, l'illusion de vivre à Paris.

Je m'assis devant une table de faux marbre vert et, ayant commandé un demi, je laissai planer sur l'assistance un regard las et désabusé. L'orchestre, une dizaine de jeunes godelureaux vêtus de smokings blancs, dispensait à la clientèle une musique délassante. Des femmes seules, attablées devant un café crème, regardaient, impassibles, le tambour de la porte d'entrée. Des étudiants et des vieux ménages complétaient ce public que je connaissais bien.

Je venais là chaque semaine depuis mon arrivée à Bordeaux, autant pour faire une étude de mœurs et de caractère que pour soigner ma publicité. J'y étais reconnu et salué. Je serrais des mains inconnues et j'entendais chuchoter : « C'est le directeur de la troupe Vicardo ! »

Je ressentais une vive satisfaction d'entendre prononcer ainsi le nom de mon cher et vénéré maître. Par ricochet, j'étais flatté de cette notoriété de bon aloi.

Ce jour-là, je gagnai ma banquette habituelle et j'attendis. Un nouvel orchestre faisait justement ses débuts. Je pris plaisir à voir les musiciens s'évertuer à créer cette atmosphère d'excitation qui pousse la clientèle à la consommation et l'incite à beaucoup d'indulgence pour la qualité des produits et de la musique. C'est ainsi que je fis successivement connaissance de tous les artistes qu'une maigreur caractéristique assimilait à mes propres camarades et à moi-même. Au début, je pris plaisir à leur musique puis, petit à petit, un engourdissement très apprécié m'envahit délicieusement. C'était l'heure tant recherchée où, à force de lumière et de bruit, seul dans la foule, je retrouvais les fantômes de ma jeunesse. J'étais déjà dans un demi-sommeil voisin de la stupeur, lorsque, à travers le brouillard qui flottait entre toutes choses et moi, je vis deux yeux qui me regardaient fixement. Ces yeux m'étaient connus ; bien plus, ils m'avaient souvent fait rêver depuis l'année de ma première communion et ils m'avaient troublé jadis si fort qu'ils éveillèrent encore en moi une telle tempête de souvenirs que j'eus comme un éblouissement.

Marie-Louise de Longemain, mon premier amour, la fille de Longemain, était assise en face de moi, non loin de l'orchestre, mais une Marie-Louise de Longemain sophistiquée, aux lèvres rouges, aux joues fardées. Nous passâmes au moins dix minutes à nous dévisager mutuellement et à acquérir la certitude que nous ne nous étions pas trompés.

Je me levai et j'allai me présenter à celle que je n'osais même plus évoquer. Elle ne cacha pas sa joie de me revoir. Je lui posai les questions réglementaires et obligatoires par lesquelles on s'enquiert habituellement de l'état de santé de son interlocuteur. Ces paroles banales me semblaient ridicules mais je n'osai marquer trop vivement mon émoi. D'ailleurs, cet émoi se tempéra aussitôt que je repris mon sang-froid. En quelques mots, je lui expliquai ma situation.

« Ainsi, dit-elle, vous êtes acteur ? J'en suis heureuse pour vous car c'est toujours consolant de voir quelqu'un réaliser ses rêves de jeunesse. »

Elle ne put me donner de nouvelles de ma famille ou de la sienne. « Vous savez, nous voyageons tellement ! dit-elle en guise d'excuse.

– Bien sûr, répondis-je, dans l'armée... »

Elle me regarda puis, en riant gauchement, me dit .

« Mais je ne suis pas dans l'armée.

– Je le sais, chère amie, répliquai-je avec à-propos, mais votre mari... »

Elle éclata de rire.

« Vous avez bien épousé un lieutenant ? hasardai-je.

– Mais je n'ai épousé personne », répliqua-t-elle.

Je ne dissimulai pas ma satisfaction de la savoir encore libre et un grand espoir naquit en moi.

Bientôt, elle me fit des confidences plus précises et m'avoua : « François, je suis bien malheureuse ! »

Comme elle souriait en disant cela, je ne pus la prendre au sérieux. « Vraiment ? lui dis-je en plaisantant.

– Ne vous moquez pas, mon cher François. Si je souris, c'est que je dois sourire. »

Puis, me poussant du coude, elle ajouta à voix basse : « Sans en avoir l'air, regardez le musicien brun, légèrement chauve, qui souffle dans son saxophone. »

Lentement, avec circonspection, je regardai d'abord le plafond puis mes voisins, puis jetai négligemment un coup d'œil du côté du pianiste, après quoi, enhardi par le regard débonnaire de ce virtuose, je n'hésitai pas à dévisager le musicien que me désignait Marie-Louise. C'était un beau brun, type sud-américain, qui semblait assez habile dans son métier. Une calvitie naissante lui donnait un air grave.

« Je l'ai vu », dis-je à Marie-Louise.

Il y eut un silence entre nous, que le saxophone mit à propos pour faire entendre ses trilles sarcastiques.

« Vous l'avez vu ? Eh bien, c'est mon amant.

– Vous, Marie-Louise ? Vous si sage, si pure, si fière ?

– Oui », répondit-elle en baissant les yeux.

Elle entreprit, en souriant stoïquement, de me raconter sa déplorable histoire. Jusqu'à l'âge de dix-neuf ans, elle avait fréquenté l'excellent pensionnat où toutes les jeunes filles de la haute société dijonnaise poursuivaient pieusement leurs études, loin de toute souillure et de toute corruption. Elle ne recevait à la maison que de bons exemples et d'excellents conseils et déjà des démarches avaient été faites par d'avisés pères de famille dans le but de marier leur fils avec une jeune fille qui devait fatalement se révéler une épouse parfaite et une maîtresse de maison accomplie. Ma chère Marie-Louise avait conservé pour moi un sentiment d'une telle ferveur qu'elle refusa systématiquement de se marier. On crut un moment qu'elle visait le cloître. Naturellement, personne ne pensa mettre ces refus sur le compte d'une passion contrariée.

Elle fit alors connaissance de Mario, le musicien, et ne sut m'expliquer pourquoi elle le suivit. A y bien réfléchir, on pouvait aisément trouver dans ces faits la volonté divine de nous rapprocher tous deux puisqu'en définitive, après des fortunes diverses et des aventures incroyables, nous étions assis côte à côte sur la même banquette, à la *Brasserie bordelaise*.

A ce moment Mario, qui avait momentanément cessé de souffler dans son mélodieux instrument, s'approcha de nous, s'assit près de Marie-Louise et, sans plus s'occuper de moi, reprit avec ma fidèle amie une conversation interrompue un instant auparavant par nécessité professionnelle.

« Tu passeras chez Georgette ce soir, lui dit-il, et tu lui diras de se préparer pour après-demain. »

Marie-Louise parut inquiète. « Et où mangerons-nous ? demanda-t-elle d'un air craintif.

– Tu ouvriras une boîte de conserve en m'attendant dans la chambre. Inutile d'aller à la gare, j'irai seul. Tu t'occuperas aussi du chien. »

Je crus bon d'intervenir gaiement : « Vous avez un chien, vous aussi ? »

Marie-Louise, heureuse de cette digression, allait me répondre lorsque Mario me dévisagea et me dit :

« Nous parlons sérieusement, madame et moi, je vous serais reconnaissant de ne pas nous interrompre. »

Marie-Louise tenta une diversion en disant :

« A propos, Mario, je te présente M. François Queuillot, le directeur de la troupe Vicardo, un ami d'enfance. »

Mario fit un petit signe de tête et dit : « Enchanté, monsieur. »

Il s'était déjà retourné vers Marie-Louise et lui disait, d'un ton sec : « Ce n'est pas le moment de me présenter des cousins ou des amis de ton père. Nous parlons de choses sérieuses et j'entends que tu t'y intéresses. »

Je compris que ma présence importunait le « merveilleux chanteur Mario » ainsi que disait l'affiche. Je m'excusai et regagnai ma table. De là, j'assistai à une discussion assez vive dans laquelle Mario prit nettement l'avantage. Lorsque le concert reprit, Mario remonta sur l'estrade où il retrouva son instrument et son radieux sourire. Marie-Louise paraissait atterrée et me regardait avec insistance. Il était visible qu'elle désirait attirer mon attention mais je lui répondis d'un sourire attristé, puis je me mis à penser à nos amours contrariées. Pourtant, Marie-Louise me fit signe de la rejoindre. Le scandale était imminent. Je ne fis rien pour l'éviter. Après tout, elle était une amie d'enfance et je n'avais pas le droit de la laisser dans l'ennui.

Je m'assis cette fois à côté d'elle. Tout en souriant, de l'air le plus naturel du monde, elle me raconta sa vie avec cette brute de musicien qui la rudoyait lâchement et la contraignait à des besognes assez répugnantes. Elle voyait même avec épouvante venir le jour où il allait lui demander de se prostituer.

« Vous ? Marie-Louise de Longemain ? m'exclamai-je. Vous ? La fille du colonel de Longemain ? La jeune fille blonde que j'entrevoyais, si sage, au cours des visites que nous faisions à vos parents ? Vous qui fûtes, pendant des années, ma pensée la plus chère, vous en êtes là ?

– J'en suis là, François. Mais, de grâce, ne faites pas de scandale, n'ayez pas l'air courroucé, paraissez souriant au contraire », murmura-t-elle en buvant une gorgée de tilleul.

Je ne pus me résoudre à lui obéir. Je conservai un regard terrible. J'allai chercher mon verre et je vins m'installer auprès de la jeune femme en grommelant des paroles confuses comme : « Scélérat ! Bandit ! Triste individu ! » dans le but de conserver une attitude avantageuse.

« Marie-Louise, lui dis-je, si vous ne l'aimez pas, quittez cet homme !

– Je le déteste ! » s'écria-t-elle en souriant et en serrant ses petits poings potelés.

J'admirai au passage l'illogisme féminin qui avait poussé Annie à épouser Vicardo qu'elle n'avait jamais aimé, comme Marie-Louise qui suivait Mario qu'elle détestait. Mais l'heure n'était pas à la psychologie féminine. Il fallait agir.

« Si vous le détestez, n'attendez pas plus longtemps. Quittez-le, affirmai-je avec force.

– Taisez-vous, parlez plus bas ! S'il nous entendait. »

Cette éventualité ne me fit pas peur et c'est presque à haute voix que je déclarai : « Quittez cet ignoble individu ! »

Nous bûmes ensemble une gorgée, puis Marie-Louise, d'une voix mourante, chuchota : « Je ne peux pas. Il me tuerait. »

L'heure était venue pour moi de faire le geste inévitable :

« N'avez-vous donc pas confiance en moi ? » questionnais-je en mettant en valeur mes pectoraux que j'ai toujours eu très proéminents.

Cette phrase et cette attitude eurent, sur la pauvre enfant, un effet inattendu. Elle se mit à pleurer. C'est-à-dire qu'en éclatant de rire pour tromper son amant qui ne nous quittait pas des yeux elle laissa couler deux larmes, deux vraies larmes, les plus belles larmes de ma vie, en disant : « Oh, François, mon ami ! »

Puis, après avoir bu : « Si vous saviez ! »

Immédiatement je lui donnai la marche à suivre : j'allais me lever et sortir. A sept heures très précises elle quitterait l'établissement. Je l'attendrais sur le trottoir d'en face et nous partirions ensemble vers une destinée nouvelle qui ne pouvait manquer d'être merveilleuse.

Elle acceptait, délirante de joie, lorsque Mario, quittant son affreux saxophone, descendit de l'estrade et vint à moi d'un air féroce. Je l'attendis le plus tranquillement du monde.

Il se pencha sur le marbre de la table : « Monsieur, je vous ordonne de ne plus importuner mademoiselle. »

Très sportivement, je lui fis remarquer que deux amis d'enfance pouvaient avoir du plaisir à se retrouver sans que ni l'un ni l'autre ne fût importuné.

« Pas d'histoire, reprit-il. Sortez de là ! »

Je me crus obligé de protester mais, fort heureusement, Marie-Louise me fit signe de n'en rien faire. C'est donc très poliment que je répondis :

« Vous allez au-devant de mes désirs, monsieur, car j'allais justement prendre congé de mademoiselle. »

Puis, me tournant vers Marie-Louise, je lui présentai mes hommages et je partis, non sans avoir payé ma consommation avec tout le calme et la lenteur qui devaient, à eux seuls, sauvegarder l'honorabilité de ma retraite.

Lorsque je fus sur le trottoir, je pensai que j'aurais dû faire preuve de plus d'irascibilité et me montrer moins accommodant. J'en arrivai même à envisager une bagarre avec Mario car, en somme, il était de ma taille et paraissait être du même gabarit que moi, les pectoraux mis à part. C'est ainsi que la certitude de sortir vainqueur de la lutte me fit hésiter un instant sur le parti à prendre ; pourtant, sur le point de rentrer dans la brasserie et de provoquer poliment ce vulgaire baladin, je tournai bride et me mis en faction à l'endroit indiqué où, le cœur battant, l'œil fixé sur l'horloge monumentale de la bijouterie Lajaunie, j'attendis qu'il fut sept heures.

A sept heures et une minute, Marie-Louise parut sur le seuil de la *Brasserie bordelaise* et, m'ayant aperçu, traversa la rue en courant, au risque de se faire écraser cent fois, et tomba dans mes bras en disant :

« François, François, emmenez-moi loin de cet homme. Emmenez-moi ! »

Je pris un taxi et, bientôt, nous roulions à toute allure dans la direction de mon domicile, le siège de la troupe Vicardo.

Pour simplifier la conversation, Marie-Louise se mit à sangloter sur mon épaule et, bien que je fusse fort habitué aux larmes féminines, celles-ci me laissèrent pantelant et singulièrement excité. De ma main droite, je tapotais l'épaule de la jeune fille et, dans ma main gauche, je retenais jalousement ses doigts.

*

C'est ainsi qu'entra chez moi la toute blonde, la toute pure Marie-Louise de Longemain. Elle y fit connaissance de mes camarades qui l'accueillirent avec toute la spontanéité dont je les savais capables.

« Mes amis, leur avais-je déclaré, je viens de trouver une jeune personne dont les qualités et l'amour de l'Art me paraissent suffisants pour nous permettre de l'incorporer à notre troupe. J'ajoute que cette nouvelle camarade se trouve être une amie d'enfance, retrouvée par hasard à Bordeaux. »

Elle fut assez surprise d'être considérée comme une débutante pleine de talent, elle qui n'avait jamais mis un pied sur une scène et, lorsqu'elle put me parler sans être entendue de mes collaborateurs, elle m'affirma qu'elle n'oserait jamais monter sur les planches ni dire un mot devant le public. Pour moi, j'attendis avec anxiété le moment où elle ferait ses débuts.

Il lui fut attribué d'abord le rôle d'Agnès, de *L'Ecole des femmes*, et, pour l'accoutumer peu à peu à sa nouvelle profession, nous travaillâmes ensemble l'inévitable *La Paix chez soi* où son inexpérience pouvait tenir lieu d'ingénuité. C'est ainsi que, cinq heures par jour, Marie-

Louise de Longemain, fille du colonel comte de Longemain, apprenait le métier de comédienne. Je savourais cette situation délicieuse, d'abord parce qu'elle me vengeait des injures du colonel, et ensuite parce que, même dans des rôles de mari bougon, j'avais l'occasion d'approcher, de caresser cette chère enfant si longtemps désirée.

Lorsque, après avoir reçu les conseils élémentaires indispensables et étudié son rôle, Marie-Louise monta enfin sur notre scène d'étude pour la mise au point de *La Paix chez soi* et de la scène « Le petit chat est mort », je sentis battre mon cœur et, pour la première fois de ma vie, le trac me saisit à la gorge. Ce fut en vain. Son ignorance décuplant son aisance avec une vivacité et une ingénuité vraiment géniales, Marie-Louise fit de la jeune femme de Courteline une composition si subtilement naïve, si savamment perverse, si coquettement conjugale, qu'elle dépassa de bien loin celle d'Annie qui, cependant, était arrivée à la perfection dans le registre aigu qui lui réussissait aussi bien à la ville qu'à la scène.

J'en fus émerveillé, ébloui, et j'eusse voulu en féliciter Marie-Louise plus chaudement si l'occasion m'en eût été donnée. Mais je dois dire que Marie-Louise se montra d'une grande froideur dès que je lui présentai la petite Christine Vicardo. Le lendemain de son arrivée, en effet, j'avais dit à Marie-Louise : « Et maintenant, chère amie, permettez-moi de vous présenter ma fille, Christine. »

On ne pouvait être plus correct, on le voit, et il était fort rare que je me misse à ce point en frais de politesse. Pourtant Marie-Louise avait perdu son délicieux sourire et m'avait dit : « Votre fille ?

– Je veux dire la fille de ma femme.

– Votre femme ? Vous êtes marié ? »

Avec une certaine gêne, je lui expliquai qu'en effet j'avais épousé la veuve de Vicardo à laquelle ce dernier m'avait en quelque sorte fiancé malgré moi sur son lit de mort. Cette façon d'expliquer les faits ne parut pas satisfaire Marie-Louise de Longemain et la joie, pour deux amis d'enfance de se retrouver réunis, fut ainsi troublée par l'apparition de la petite Christine, qui fut jugée charmante néanmoins.

Je fus donc un peu gêné, par la suite, pour reconquérir la chaude amitié de Marie-Louise. Seules les heures d'étude nous rapprochaient. En dehors de ces rapports de maître à élève, la jeune femme ne m'accordait pas un sourire et je crus un instant qu'elle allait fuir notre équipe. Pourtant ses premiers pas sur la scène lui révélèrent un métier captivant qui la retint parmi nous. C'est ainsi du moins que j'expliquai sa conduite.

Je mis à profit la présence de Marie-Louise pour qu'aucun détail de ma vie conjugale ne manquât d'être évoqué. Petit à petit, l'ombrageuse enfant se rendit compte, au moyen des récits que lui faisaient mes camarades, qu'Annie ne pouvait en aucune manière lui porter ombrage et je la vis alors redevenir plus aimable, voire plus affectueuse. On ne fut pas sans lui dire la façon vraiment touchante dont je supportais les criailleries de la veuve Vicardo, que je n'aimais pas, à seule fin de veiller sur la jeune Christine que mon maître m'avait confiée. En outre, mon amour pour les bêtes, ma charité un peu désordonnée, contribuèrent à attendrir ma fière amie. Enfin, j'allais recueillir le fruit de deux années de grimaces sincères et de cinq ans de ménage.

Lorsque Mario se présenta à mon domicile pour réclamer Marie-Louise, j'eus la chance de trouver les mots qu'il fallait pour le mettre hors de lui. Dès lors, je n'avais plus qu'à le laisser faire pour prendre rapidement l'attitude d'un boxeur sur la défensive puis, enfin, la figure d'un défenseur plein de bonne volonté. Cette courte et mémorable bagarre se déroula fort heureusement loin des yeux de l'intéressée. Mes camarades, qui répétaient alors *La Peur des coups,* arrivèrent fort à point pour m'aider à mettre cet ignoble cabotin à la porte du siège de la troupe.

Il fut fort endommagé par l'excès de zèle de ces messieurs qui eurent le tact de me dire, lorsque Marie-Louise accourut : « Ben mon vieux ! Tu l'as bien arrangé ! »

Cette phrase eut pour effet de calmer instantanément la douleur que je ressentais en différents points de ma personne, notamment à la mâchoire et à l'œil. Je pus prendre un air avantageusement modeste pour dire : « Il méritait dix fois mieux encore ! »

J'esquissai un mouvement rageur qui pouvait fort bien passer pour une tentative de poursuite. Ma science de la scène me permit de jouer avec une telle sincérité que Marie-Louise dut s'interposer.

Le soir même, ah, j'y pense avec un certain émoi ! je réalisais un rêve vieux de dix ans : je donnais à Marie-Louise un baiser d'amour.

Je fus très soulagé lorsque j'appris que le merveilleux chanteur Mario n'était plus à l'affiche à la *Brasserie bordelaise*. Je n'eus le cœur net que, m'étant adressé à la direction de ce brillant établissement, j'y appris qu'il avait gagné Nantes où il jouait à la *Brasserie nantaise.*

Nous reprîmes en paix notre travail et bientôt Marie-Louise fut capable d'affronter le public, non seulement avec des chances de succès mais avec la certitude d'un triomphe.

Il est curieux, en effet, de constater à quel point certains êtres obscurs, apparemment normaux, possèdent des infirmités, particularités, dons artistiques et autres anomalies gratuites qui les désignent à l'admiration du monde.

Marie-Louise de Longemain, fille du colonel comte, petite-fille du comte de Longemain, ambassadeur de

France en Turquie, dernier rejeton d'une famille de haute bourgeoisie, n'était en réalité qu'une actrice de génie, et le colonel comte, qui n'eût jamais voulu que sa fille épousât un cabotin, devait la voir monter en personne sur les tréteaux et y remporter des succès éclatants. C'était le comble du déshonneur et je savourais une fois de plus ces admirables quiproquos que la Providence nous offre en si grande abondance, dans le but de nous signaler la précarité des rêves humains.

Le père Bounhaire n'eût pas manqué d'en tirer les leçons qui s'imposaient en disant : « Bien fol serait celui qui mettrait cela sur le compte de la fatalité. »

*

Le printemps gascon s'annonça dès la fin février. Les ciels verts, balayés par les vents de mer, virent passer d'innombrables oiseaux migrateurs et les amoureux s'embarquèrent pour Soulac, Royan ou Arcachon. Ce mouvement des êtres et ce renouveau des choses m'incitèrent à faire à Marie-Louise une cour assidue. Cette tâche me fut facilitée par celle qui en était l'objet. Elle prétendit que mon enseignement était un enchantement et qu'avec moi un garçon vacher fût devenu un comédien convenable. Je ne sais quelle est la part de vérité mais je dois avouer que mon élève fit de tels progrès qu'elle en conçut une vive admiration pour moi. Chacun sait que l'admiration peut être une excellente fondation, chez une femme, pour l'édification de l'amour. En outre, l'homme qui se sait admiré par celle qu'il convoite sent ses moyens se décupler comme par enchantement. Il ose, il agit, il se trompe parfois mais ne se lasse jamais. Enfin, il arrive à triompher parce que son orgueil s'abreuve sans cesse aux sources les plus fécondes : les nécessités sexuelles.

Je vérifiais ainsi, en quelque sorte, les théories de Vicardo. Le père Bounhaire, lorsque j'y pensais, provoquait chez moi une douce hilarité parfaitement irrespectueuse.

Au cours de notre vie commune, Annie n'avait pu que stimuler mon indifférence et fortifier ma patience. Marie-Louise, en quelques semaines, me donna l'audace et la soif d'action. Tout s'éclairait d'un jour nouveau dès lors que la compagne était plus désirée, mieux aimée. Ce passé m'apparut, sous le règne de la veuve Vicardo, comme une chose grise et morne ; l'avenir devint, dès que je retrouvai Marie-Louise, une lice immense où je devais jouter et tournoyer pour obtenir et mériter le tendre émoi et l'admirative ferveur d'une femme choisie et convoitée.

Aussitôt, je jugeai mon père avec moins de sévérité, voire avec une grande indulgence. Je revis, d'une part, ma mère, assez laide, sans élégance, sans charme, sans sourire, sans gaieté et, d'autre part, la brillante maîtresse que maître Queuillot s'était choisie dans la haute société beaunoise. Certes, l'adultère couvrait tout cela de son nuage noir et pestilentiel et mon père eût dû résister à la tentation, mais quelles circonstances atténuantes !

D'ailleurs toutes ces observations devaient s'affirmer par la suite, se préciser, prendre un relief étonnant pour en arriver à me faire dire : « Il n'y a, ici-bas, ni méchants, ni vicieux, ni pêcheurs, ni ratés, ni adultères, ni proxénètes, ni ivrognes, il n'y a que des gens mal accouplés. »

A l'issue de ces profondes rêveries où me plongeaient les moindres événements de la vie, je disais, en guise de conclusion : « Heureux l'homme qui trouve *sa* femme », phrase profonde qui pourrait aussi bien servir de titre à cet ouvrage pour lui donner une gravité insoupçonnée.

Quoi qu'il en soit, on m'affirma si chaudement que j'avais un grand talent de professeur que l'idée me vint de monter, à côté de la troupe Vicardo qui ne me fournissait que la moitié du pain dont j'avais besoin, un cours de diction, déclamation et art dramatique qui, en principe, devait me permettre de me refaire et de nourrir plus convenablement ma petite Christine. Car les lourdes phrases, que je viens d'écrire plus haut, tendant à expliquer philosophiquement l'indescriptible paysage qui règne dans le jeu des accouplements humains, étaient lettre morte pour cette délicieuse petite fille encore analphabète, irresponsable et innocente mais cependant victime de ce désordre grandiose. Il était normal que mon père courût la gueuse parce que ma mère était frigide, il n'était pas étonnant que Vicardo s'éprît d'une de ses élèves et en fît sa maîtresse, puis son épouse, il était heureux que Christine vînt au monde par la suite, il était enfin équitable et salutaire que Vicardo mourût avant sa jeune femme, que celle-ci devînt ma femme et, sous prétexte de divorce entre nos conceptions artistiques, s'en fût avec un homme qui lui avait plu ; mais, ce qui était inadmissible, c'est que Christine Vicardo, fillette de six ans à peine, souffrît de la faim et manquât de tendresse et de soins.

Je n'ignore pas la gravité du problème social qui est tout entier contenu dans cet ouvrage. Vicardo m'avait jadis brutalement mis en face de la question sexuelle. Avec un cynisme bon enfant et une générosité inégalable, il l'avait résolue d'une façon toute personnelle. Aujourd'hui, par sa fille qui continuait sa présence près de moi, il me faisait connaître impitoyablement les conséquences de la mise en œuvre de ses principes. On peut voir dans ce thème, comme dans le fatum de la tragédie grecque, une certaine incohérence dont la persévérance tient lieu d'esprit de suite, et je comprends que certains puissent y trouver la manifestation d'une volonté supérieure et clairvoyante. En effet, tout peut se dire, se soutenir, s'expliquer, se prouver, et c'est ce qui nous vaut, en somme, l'admirable floraison d'écrits de toutes sortes que l'on désigne globalement par le mot « littérature ».

En résumé, comme dans les ouvrages de M. Audiberti, on n'y comprend rien et c'est passionnant.

J'ouvris donc une « Ecole normale de Comédie » qui comprenait un cours de diction et déclamation, un cours de littérature, un cours d'histoire du théâtre et un cours supérieur d'art dramatique. Ainsi combiné, mon enseignement pouvait me rapporter ce qui me manquait pour nourrir convenablement Christine ; il était susceptible également de me valoir, vers la soixantaine, les palmes académiques, à condition que, périodiquement, je fasse donner à mes élèves des représentations de charité au bénéfice des œuvres du département.

L'avenir s'ouvrait donc immense devant moi, riche en satisfactions de tous ordres. Marie-Louise s'occupa elle-même de faire ajouter, sur mes cartes de visite, la mention : « DIRECTEUR DE L'ECOLE NORMALE DE COMÉDIE ».

De mon côté, je réunis la documentation suffisante pour tenir avec un maximum d'efficacité les chaires de professeur d'histoire du théâtre et d'art dramatique. Mon camarade, le comédien Jacques de Mainjour, de son vrai nom Jules Mangemal, voulut bien accepter le professorat de littérature et de diction. Marie-Louise de Longemain, qui avait pris le nom de Jeanne Martel, voulut tenir le secrétariat de l'institution et nous pûmes ainsi accueillir, dès le début, une quinzaine d'élèves qu'une publicité fort habile avait attirés.

Soutenu par l'admiration de Marie-Louise et le désir d'améliorer l'ordinaire de Christine, je commençai une série de cours dont le premier résultat fut une immense fatigue. En effet, je ne pouvais rien faire en présence de celle que j'aimais, sans me passionner et me dépenser à outrance afin de mériter son admiration.

Au milieu de mes élèves, je retrouvais l'atmosphère du conservatoire de Dijon, et le souvenir des classes de Vicardo venait réchauffer mon zèle lorsque Marie-Louise me décourageait par sa grande réserve. En effet, elle refusait catégoriquement, depuis un certain temps, d'accepter mes déclarations. En réalité, elle était excédée par la présence de Christine qui lui rappelait une époque où elle-même ne comptait pas dans ma vie. Cette jalousie rétrospective me flattait mais je m'aperçus avec effroi qu'elle déclenchait, chez la douce Marie-Louise, de l'aversion pour la petite fille.

Cela m'inspira une de mes plus violentes colères dans laquelle je m'écriai : « Que les vieux professeurs épousent leurs jeunes élèves, que les colonels-comtes maudissent leurs filles, que les notaires de province bannissent leurs fils, que les mères abandonnent leurs enfants, soit ! Mais que Christine en reçoive des gifles imméritées ou qu'un paisible acteur perde l'occasion d'épouser celle qu'il aime, voilà ce que je ne puis admettre. » Ces fortes paroles ne changèrent, hélas ! en rien la marche des événements. Marie-Louise rudoya l'enfant qui lui tendit les pièges les plus sournois. La guerre, entre les êtres que j'aimais le plus au monde, fut déclarée le jour où Marie-Louise eut l'indélicatesse de dire devant l'enfant : « C'est tout le portrait de sa mère ! »

Or, d'une part ma douce amie ne connaissait pas Annie Vicardo, d'autre part Christine aimait beaucoup sa mère et souffrait d'être abandonnée par elle. Cette phrase malencontreuse eut pour effet de jeter la pauvre fillette dans un désespoir qui vint alimenter sa haine contre Jeanne Martel, la délicieuse vedette.

J'ai toujours fui les complications, surtout celles qui naissent de détails futiles amplifiés par les imaginations trop fertiles ; j'ai toujours obtenu ainsi, on l'a vu, une quiétude relative malgré les vicissitudes de la vie de comédien. On conçoit donc que la situation nouvelle n'eût rien pour m'enchanter, tant s'en faut. Je pris la petite Christine sur mes genoux et tentai de lui faire un sermon sur la politesse que les enfants doivent aux grandes personnes. Elle me prit par le cou en me disant : « Mon papa ! »

Puis, comme je tenais à rester ferme et à la gronder un peu, elle s'écria : « Je veux ma maman. Je veux retourner vers ma maman ! »

Son chagrin, ses cris me mirent la mort dans l'âme. C'était déchirant d'entendre cette petite fille réclamer avec tendresse une mère qui l'avait abandonnée si alertement.

D'autre part, je fis des reproches assez durs à mon amie d'enfance. Celle-ci me fit front avec la certitude que l'amour que j'avais pour elle consolidait sa position. Enfin, je ne pus empêcher l'explosion quotidienne de l'aversion mutuelle de Christine et de Marie-Louise. La situation empira à tel point qu'elle ne tarda pas à se présenter pour moi de la façon suivante : choisir l'une ou l'autre. J'en rêvai la nuit et j'eus deux visions successives qui ne contribuèrent pas peu à jeter la confusion dans mon esprit : je vis Vicardo, mon bon et vénéré maître, qui caressait son enfant et me disait : « François, prends toutes les libertés que tu voudras pourvu que tu ne nuises jamais à un innocent. » Puis sa figure mua lentement pour devenir celle du père Bounhaire qui disait : « Mon fils, craignez Dieu et pensez à la vie éternelle. »

En m'éveillant, j'avais envie de sangloter jusqu'à en mourir de rire. Je ne fis ni l'un ni l'autre et je décidai de prendre un parti. Je me renseignai sur le prix de la pension dans le collège le plus chic de la région. Les chiffres qu'on me fournit m'obligèrent à envisager d'ajouter à mes occupations celles de comptable dans une maison de commerce de la ville et je fis des démarches dans ce sens. Lorsque j'eus réuni une certaine documentation sur ces questions, j'en parlai à Marie-Louise qui me prit la main et me récompensa en la tenant longtemps serrée dans les siennes. Son regard se mouilla et elle me dit :

« François, vous m'aimez donc beaucoup.

– Plus que vous ne pensez », devais-je fatalement répondre.

Dès lors, Marie-Louise s'occupa très activement et avec dévouement du trousseau de ma Christine ; je dois lui rendre cette justice. Ma décision de mettre la fillette en pension me rendit une Marie-Louise au sourire humide, aux yeux de velours, aux contacts affolants. Elle eut des attitudes qui pouvaient équivaloir à un passage devant le maire et le curé et tout cela, en vérité, me tourna un peu la tête, de sorte que je pus un moment me prendre pour un homme remarquable. Marie-Louise fit tout pour m'encourager dans ce sens et, pendant quelques jours, je crus être devenu un psychologue averti.

L'enfant n'était pas encore prévenue car, en réalité, je n'étais pas pressé de porter ma décision à sa connaissance. J'attendais même un caprice ou une sottise de sa part afin de lui présenter son internement (littéralement, c'était cela) comme une punition. Hélas, Christine Vicardo était d'une sagesse remarquable. C'était à croire que le Ciel, si soucieux par ailleurs de se révéler à moi, se refusait à m'aider.

Je me montrai sévère à l'extrême, brutal, injuste, révoltant, afin de contraindre Christine à une insolence, une désobéissance, une irrévérence, qui m'eût permis de la punir de pension à temps. Quelle affreuse histoire ! Le désir de plaire à la femme m'inspira des ruses étranges et inexplicables, comme le fait de ne pas saler l'assiettée de soupe destinée à Christine. L'enfant paraissait comprendre la terrible sanction qui la menaçait. Elle mangea sa soupe sans sourciller, reçut les remontrances, obéit aux ordres et se montra si caressante et si affectueuse que, quelques jours avant son entrée à Sainte-Clotilde, je ne lui en avais pas encore parlé.

En moi un homme livrait un combat à son ombre. Vicardo s'affrontait en personne. Vicardo contre Vicardo.

Le premier disait : « L'amour est une glande exigeante qui sécrète toujours le même suc dont il importe de débarrasser l'organisme. Retenir cette substance, c'est courir le risque d'une auto-intoxication... Lui donner libre cours, c'est se préparer une journée, une semaine d'activité lumineuse et de totale liberté d'esprit... L'amour du prochain, la loyauté, l'honnêteté, toutes les vertus ne sont d'une pratique sainement possible que lorsque la chair a reçu la plus effrénée, la plus insolente des satisfactions... Prends la femme quand tu la trouves, mais cherche les services à rendre. »

L'autre disait, au contraire : « François, je te confie ma femme et ma petite Christine... Annie est légère mais Christine est faible... »

Et mon supplice continuait.

Parfois, je pensais au père Bounhaire. L'immobilité de ses traits, l'onction de son regard me réconfortaient jusqu'au moment où je pensais qu'il ne pouvait en aucune façon prendre la parole car il n'avait ni femme ni petite Christine. Il n'avait fait qu'éluder la question sans la trancher.

Ainsi, l'heure du départ de Christine arrivait sans que j'aie pris une décision. Marie-Louise, me reprochant ma mollesse, parla de s'occuper elle-même de l'affaire. Je la suppliai de n'en rien faire et de laisser l'enfant profiter de ses dernières heures de liberté près de moi. Marie-Louise en fut piquée : « Tu l'aimes d'une façon étrange, la fille de ta femme », dit-elle en pinçant les lèvres.

J'allumai une cigarette et me mis à chantonner, regardant par la fenêtre pour ne point avoir à fournir de réponse.

Enfin il fallut prendre une décision ferme et choisir entre la promesse faite à Vicardo et l'attrait, l'impérieux attrait, d'une femme aimée en secret sans la moindre espèce d'interruption depuis quinze ans.

La chair vainquit l'esprit, ainsi qu'il se doit.

Christine Vicardo fut informée qu'elle allait entrer au collège Sainte-Clotilde où elle aurait toutes sortes de distractions parmi de gracieuses petites camarades. J'avais tenu à ce que ce fût Marie-Louise qui lui annonçât cette bonne nouvelle ; ainsi, je pouvais échapper au ressentiment de l'enfant. En effet, lorsqu'elle connut son sort, elle ne pleura pas. Elle entra dans la pièce où je m'étais réfugié pour faire mine de lire *La Petite Gironde*. Elle vint à moi et, sans un mot, se mit à sangloter. Je lui tendis les bras, elle vint s'y réfugier. « Elle me chasse », dit-elle simplement.

J'eus un mouvement d'horreur et je me mis à haïr l'odieuse femme qui avait fait cela.

Le lendemain Christine nous quittait et, le soir même, la fière et noble Marie-Louise était ma maîtresse.

*

Pour me récompenser de ce double geste, je reçus un jour une lettre du clerc de mon père, un vieux serviteur de la famille, par laquelle ce brave homme m'annonçait la mort de ma mère : « On n'a pas pu trouver votre adresse pour vous prévenir en temps voulu, de sorte que vous n'avez pu assister aux obsèques. Mais je pense vous être utile en vous informant que Madame votre sœur et votre frère l'abbé se réunissent dimanche 28 courant pour le règlement de la succession de votre maman. Comme aucune disposition testamentaire ne vous écarte de la succession, il serait préférable que vous fussiez présent. »

Je réglai mes affaires pour être libre ces jours-là et, ayant pris deux billets pour Beaune, nous fîmes le voyage par le Bordeaux-Strasbourg et arrivâmes le samedi 27 dans ma ville natale.

Je vis d'abord ma sœur qui, tant que nous fûmes seuls, se montra discrètement affectueuse. Lorsqu'elle apprit que Marie-Louise de Longemain était avec moi, elle exprima le désir de la voir et les deux jeunes femmes bavardèrent ensemble, de sorte que je fus mis au courant de tout sans avoir à poser une question. Ma sœur était mariée depuis deux ans à un marchand de vin de la ville. Elle attendait un bébé pour le mois suivant. Ma mère était morte de sa maladie de cœur ; elle avait prononcé mon nom avant sa mort et avait exprimé le désir de me voir. Mon père était en bonne santé mais on m'avertit qu'il avait beaucoup changé.

Je passai le reste de la journée à me promener dans les rues de la ville où je croisai des inconnus dans des ruelles familières.

Lorsque je rentrai de ma promenade, ma sœur me sauta au cou pour me féliciter de mon prochain mariage en remerciant Dieu de l'avoir permis. « Avant de parler mariage, il faudrait pouvoir parler divorce ! » dis-je.

Ma sœur sursauta : « Divorcer ? Explique-toi ! »

J'eus ainsi l'occasion de répéter l'histoire de la mort de Vicardo et de mon mariage avec sa veuve. On ne me crut pas. Je parlai ensuite de Christine. Je ne pus m'empêcher de dire : « Lorsque Christine sera grande... »

Ma sœur m'interrompit : « Christine ?... Qui est Christine ?

– Eh, ma fille.

– Tu as... Vous avez une fille ?

– C'est la fille de ma femme.

– Vous aviez eu une fille ?

– Non, c'est la fille de Vicardo ! »

Ma sœur s'assit, près de s'évanouir. Mon beau-frère, qui en tant que marchand de vin était mieux au courant qu'elle des complications sentimentales, lui expliqua fort intelligemment la chose.

« Ainsi, dit ma sœur, tu nourris la fille d'un étranger.

– Il me l'a confiée.

– Mais sa mère devrait se charger...

– Certes, elle devrait... Mais, heureusement, elle est partie.

– Elle a abandonné son enfant ?

– Grâce à Dieu, oui !

– Comme tu dis cela ! Mais ce n'est pas normal que tu sois obligé de nourrir l'enfant des autres.

– Est-ce normal qu'une fillette de six ans soit sans famille ?

– Là n'est pas la question. Ce n'est pas ta fille.

– Et après ? Je nourris un chien trouvé et deux chats perdus. Ils ne sont pas davantage de mon sang.

– Il n'a pas changé ! Un chien, des chats, ça n'est pas la même chose !

– Justement. »

Un silence se fit pendant lequel, ayant ouvert le piano, je me mis à jouer le début du *Moment musical.* Ma sœur me prit au collet : « François !

– Hé, quoi ?

– Ne joue pas. Nous sommes en deuil.

– Maman aimait cet air-là. C'est pour elle que je joue. »

Puis tous se turent. Enfin ma sœurette, inquiète de ce qu'un enfant fût à ma charge sans être de ma race, jalouse déjà de cette étrangère, me dit en cherchant ses mots :

« Mais... Cette petite...

– Quelle petite ?

– Mathilde... Corinne... Christine... Cette petite Christine ?

– Ma fille ?

– Si tu veux, ta fille. Où est-elle ? »

Il ne me plut pas de raconter une de mes plus mauvaises actions aussi je répondis : « Marie-Louise t'expliquera ça en détail, ce soir à la veillée. »

Puis je sortis mon portefeuille et je fis circuler des photographies qui représentaient l'enfant à tous âges et enfin cinq portraits photographiques faits par moi, un mois auparavant, au cours d'une excursion à la pointe de Grave. On y voyait Christine debout, assise, couchée, en robe, en manteau, en maillot de bain. Ma sœur regarda distraitement ces images ; mon beau-frère les étudia longuement.

« Une belle gosse ! Quel âge a-t-elle ? »

En quelques heures, il connut Christine aussi bien que moi-même et s'en montra ravi. Je lui racontai ses mots d'enfant, ses chagrins, ses joies, sa façon de zézayer, si semblable à celle des autres enfants mais unique pour moi. Mon beau-frère, qui avait débouché une bonne bouteille, écoutait tout cela en souriant et paraissait y prendre un plaisir extrême.

Ma sœur m'interrompit à nouveau pour agiter des questions plus urgentes. Elle m'interrogea sur mes occupations, mes revenus. Je lui parlai succès, applaudissements, passion du théâtre ; elle me répondit bénéfices, gains, économies.

Enfin le dimanche vint. Je vis mon père qui m'embrassa très cordialement. Nous pleurâmes ensemble pendant quelques minutes. Je m'abstins de lui parler d'Annie et de Christine. Il se déclara très heureux de nous voir mariés, Marie-Louise et moi, et fit des vœux pour la fécondité de notre union et la prospérité de notre industrie.

Puis mon frère l'abbé parut, me donna l'accolade et la séance commença.

Ma mère était riche et possédait terres, vignes, bois, prés et bâtiments. Les parts avaient été préparées soigneusement en mon absence. On me demanda si ce partage m'agréait. Sans prendre connaissance des documents, je me déclarai satisfait. Nous tirâmes au sort. Il me revint la ferme des Bascheulots, le pré des Ouchottes, un bois de vingt-cinq hectares sur le territoire de la commune de Bessey-en-Montagne, plus cent mille soixante-dix francs de titres. Les droits étant payés, je me voyais à la tête d'une fortune de trois cent mille six cent vingt-deux francs.

Le soir, un charmant dîner nous réunit tous et j'y aurais pris un plaisir extrême, en raison de l'excellence des vins, si je n'eusse pas été contraint d'avaler ma langue car, toutes les cinq minutes, j'avais des velléités de dire : « Cela me rappelle lorsque Christine... » ou bien « Christine a dit... », « Christine a fait... » Néanmoins je renouai connaissance avec des crus si honorables que mes déboires me parurent être de simples mauvais rêves. Je n'omis pas d'envoyer à Christine une carte postale représentant un joli coin de la ville de Beaune.

Le lendemain, nous étions à Dijon et je revis la *Brasserie bourguignonne* où j'avais fait mes débuts dans la vie. Marie-Louise crut bien faire de se rendre au domicile de ses parents dans le but de jouer une scène de réconciliation. Elle échoua en ce sens que, s'étant présentée à la porte du petit hôtel particulier de la rue Buffon, elle apprit que son père, le colonel comte de Longemain, était à la prison départementale pour escroquerie depuis le mois d'octobre de l'année précédente. Mme de Longemain s'était retirée dans une maison religieuse où elle tricotait pour les petits Chinois. De Dijon, j'envoyai une autre carte postale illustrée à Christine. Enfin, le lendemain matin, à six heures, nous prenions le Strasbourg-Bordeaux.

*

A mon arrivée, ma première visite fut pour l'internat Sainte-Clotilde où je trouvai Christine à l'infirmerie. La chère enfant, bien que possédant une mine resplendissante, avait réussi à se faire passer pour malade après avoir jeté la perturbation dans le pensionnat.

Je la grondai et je lus dans son regard la décision qu'elle avait prise de se faire mettre à la porte par n'importe quel moyen ; je savourai alors cette phrase qui me vint aux lèvres : « C'est tout mon portrait. »

Je passai près d'elle un moment charmant et peu s'en fallut que je l'encourageasse à persévérer dans cette voie.

Dans les jours qui suivirent, la troupe Vicardo célébra sans réserve l'heureuse fortune de son directeur. En effet, j'organisai un banquet monstre suivi d'une sauterie puis, jugeant que je n'avais pas encore assez fait, j'organisai une réunion enfantine où je conviai tous les enfants du quartier. Il en vint beaucoup, beaucoup trop, mais ils y prirent tant de plaisir que je ne me repentis pas d'avoir si bien fait les choses.

Tout cela répandit dans la ville la nouvelle de mon enrichissement et mes créanciers vinrent tous m'en féliciter. Je payai donc mes dettes et je me préparais enfin à me consacrer à mon métier et à Marie-Louise lorsque les événements se précipitèrent impétueusement.

Un soir, vers les cinq heures, Annie, veuve Vicardo, femme Queuillot, se présenta à la porte, tenant dans ses bras un nourrisson vagissant. Elle était d'autant plus repentante que son amant venait de la quitter après lui avoir fait cadeau de ce beau bébé du sexe mâle qu'elle se proposait justement de prénommer François, par amour conjugal.

Elle m'implorait de lui pardonner et de la recevoir. L'homme qui recueillait des chats, des chiens hirsutes et faméliques, ne pouvait pas laisser une femme à l'abandon. Le moderne saint François d'Assise, émule du grand Vicardo, ne pouvait pas se venger de sa femme en la laissant traîner dans le ruisseau, enfin l'ami de toujours ne pouvait rester insensible à sa détresse.

J'écoutai ce discours avec un sourire sceptique au coin des lèvres mais je ne pus y demeurer indifférent ; cette jeune femme me fit pitié et, surtout, l'enfant, ce petit garçon qui, comme sa sœur Christine, allait souffrir de la dureté de mon cœur. J'hésitais encore lorsque Annie trouva le mot qu'il fallait pour me décider.

« Si tu me méprises, au moins pense à ton fils ! dit-elle en me désignant le bébé.

– Mon fils ? Tu as de ces expressions ! »

Elle rougit et baissa les yeux. Elle sourit alors au nouveau-né et me dit avec suavité : « Pourtant, il porte ton nom ! »

C'était vrai. C'était un Queuillot, indiscutablement. Je le regardai. Malgré la rougeur et la laideur qu'il partageait sans doute avec tous ses contemporains, il me plut. Il avait une bonne tête. Je lui caressai le menton de l'extrémité de l'index. Ce contact me le rendit très cher.

A ce moment, Annie se mit à pâlir ; elle chercha des yeux une chaise et s'y affala.

« Tu n'es pas bien ?

– Ce n'est rien. Attention au petit.

– Bien sûr... Quel âge a-t-il ?

– Il aura cinq jours demain matin, répondit ma femme.

– Cinq jours, m'écriai-je, mais tu es folle... La sage-femme est folle... Qui vous a laissés sortir tous les deux ? Ils sont fous ! »

Elle répondit : « J'étais seule à la maison sans un sou, plus rien à manger... »

Pendant que je lui faisais boire un cordial, les camarades arrivèrent et l'embrassèrent. « Mais ton mari... enfin ton... ton ami ? » lui demandai-je.

Elle fit un geste évasif : « Oh... lui ! » Puis elle se tut.

Je fis préparer une petite chambre où la mère fut installée avec son enfant. Je chassai tout le monde, lui donnai un bouillon chaud pendant que Mangemal, alias de Mainjour, allait quérir un médecin. Mon fils se mit à hurler d'une façon si sympathique que je l'adoptai séance tenante. Annie, que la fatigue rendait insupportable, ne put se retenir d'élever quelque peu la voix pour réclamer un oreiller ou une bouillotte. Puis, elle parut s'assoupir. C'est à ce moment que Marie-Louise entra dans la chambre. Elle crut bon de me dire :

« Alors, chéri ?

– Chut ! répondis-je. Elle est très fatiguée.

– Je m'en doute un peu. Mais nous allons téléphoner à l'hôpital. »

Il ne me fallut pas en entendre davantage pour comprendre qu'une bataille allait se livrer dans cette chambre si paisible où mon fils vagissait sourdement.

« Peut-être aurons-nous recours à l'hôpital, dis-je, mais en attendant, il lui faut du repos et l'enfant a besoin de tiédeur et de calme.

– Avec ta manie de recueillir n'importe qui...

– N'importe qui ?... C'est ma femme et son fils, tu l'oublies, mon petit.

– Tu la considères encore comme ta femme ? dit Marie-Louise en bleuissant.

– Diable ! Elle l'est. Nous ne sommes pas divorcés que je sache ? »

Marie-Louise allait faire un éclat lorsque Annie nous appela.

« Je te croyais endormie, lui dis-je.

– Non. J'ai bien entendu ce que mademoiselle a dit. »

Puis, s'adressant à Marie-Louise :

« Vous accepterez bien que je me repose un peu ici, dans cette maison où j'ai connu le bonheur ! Je ne vous gênerai pas beaucoup.

– Que n'y êtes-vous restée, si vous vous y plaisiez tant.

– J'ai fauté, je le sais bien, répondit l'accouchée, et j'en demande pardon à François, mais...

– Oui, oui, cria Marie-Louise, la scène du repentir ! Vous allez attendrir François en excitant sa pitié trop facile. Vous voulez tirer parti de votre situation et déjà vous l'avez enjôlé avec votre marmot. C'est un homme qui ne peut pas voir un bébé sans se sentir une âme de nourrice. Déjà il dit " mon fils " à qui veut l'entendre. Voilà votre plan : abuser de la manie paternelle de cet homme-là pour le reconquérir, parce que vous savez qu'il est riche maintenant.

– Mais, mademoiselle, je n'ai pas pris le parti d'accoucher parce que mon mari était devenu riche !

– Votre mari ? Ah, ah, laissez-moi rire ! Votre fille aussi, n'est-ce pas. Ces deux malheureux que j'ai dû soigner, câliner, gâter pour les tirer de l'état de dépression dans lequel votre départ les avait laissés ? Alors vous croyez qu'il vous suffit de revenir, après deux ans d'absence, pour reprendre votre place au foyer tandis que moi, qui aurai assuré l'intérim, je n'aurais qu'à partir après avoir veillé sur l'homme et sur l'enfant que vous avez quittés ! »

Je crus bon d'intervenir. « Marie-Louise, laisse cette femme. Un être sain ne lutte pas contre un malade. On n'accable pas un adversaire couché ! »

Marie-Louise haussa les épaules : « Oh ! Avec une morale comme la tienne ! »

Annie murmura avec une conviction touchante : « Elle est belle, sa morale, croyez-moi ! »

Je ne pus y tenir davantage : « Ah ! taisez-vous, toutes les deux ! Croyez bien que je devine et que j'apprécie à leur juste valeur les preuves que vous me donnez toutes deux de votre amour. Inutile de faire devant moi vos tours et vos jongleries. Je vois exactement la place que vous me faites dans votre cœur. J'en saurai profiter comme il se doit, avec toute l'indélicatesse et tout le brutal orgueil dont un mâle est capable. Déchirez-vous alors comme il vous plaira, aimez-moi ou ne m'aimez plus, disputez-vous l'honneur d'une nuit d'amour avec moi, comme au sein du sérail les odalisques oisives, fuyez toutes deux au contraire devant l'affreux égoïsme masculin, tout cela c'est compris dans le programme, c'est contenu implicitement dans l'aimable petite différence qui fait de deux êtres humains un homme et une femme, mais, de grâce, pensez aux petits êtres qui naissent de ce chassé-croisé. Je vous en prie, aidez-moi à diriger cette pouponnière qui pose le problème, le seul problème de l'homme. »

Après ce préambule, je tranchai successivement plusieurs questions. Christine reviendrait à la maison. C'est là qu'elle trouverait la chaude affection dont elle aurait besoin. Le petit François serait élevé près d'elle, au sein et dans l'esprit de la troupe Vicardo, dans le culte du grand homme qui l'avait fondée. J'en ferais mon fils par l'esprit, sinon par le sang, et je promis solennellement de les armer à ma façon pour le combat de la vie.

Annie resterait à la maison où elle retrouverait sa place d'actrice. Enfin, Marie-Louise conserverait la sienne. Elles seraient toutes deux soumises aux règles et statuts de l'association. Ma décision était irrévocable. Je leur demandai de me faire parvenir leur acceptation.

Marie-Louise se retira dans notre chambre afin de réfléchir. Elle dut juger qu'il était plus profitable de rester près de nous car elle revint une heure plus tard, souriante et vêtue de sa plus charmante robe d'intérieur.

Annie s'était endormie.

Je délivrai Christine en l'enlevant de force à l'infirmière de l'établissement scolaire. La scène qui eut lieu, lorsqu'elle fut mise en présence de sa mère, fut ahurissante : elles se jetèrent en sanglotant l'une sur l'autre. Annie, sans aucune pudeur, répétait en pleurant le nom de cette enfant qu'elle avait abandonnée deux ans plus tôt. Quant à Christine, elle perdit la respiration en répétant : « Maman, maman, maman, maman ! » Jamais je n'avais vu quelque chose de plus pathétiquement incohérent ni de plus théâtral. Il est vrai que tout cela se passait au sein d'une troupe dramatique de premier ordre.

La troupe Vicardo, enrichie d'une interprète, continua ses représentations. Lorsque Annie fut remise, elle reprit ses rôles de grande coquette et, dès lors, ce fut un duel à mort entre elle et sa rivale, Marie-Louise. Cette rivalité donna un lustre nouveau à nos représentations et les distractions ne manquèrent pas à la troupe Vicardo. Tantôt c'était à la maison que les deux femmes exprimaient leur jalousie, tantôt c'était devant le public où se terminaient des scènes commencées dans la chambre.

Malheureusement, avec l'été vint la morte-saison pour nous. Malgré quelques séances au théâtre de verdure et aux casinos de Royan ou d'Arcachon, nous n'eûmes plus d'engagements. Sans ma fortune personnelle, la troupe se fût désagrégée. J'écrivis alors plusieurs pièces, dans le but de me distraire, et nous préparâmes la future saison théâtrale. Nous fûmes gênés en cela par la naissance d'un nouveau bambin, fils de deux comédiens du clan. La troupe commençait à porter ses fruits.

Pour ma part, la présence de ma femme m'éloignait de Marie-Louise et la présence de Marie-Louise me faisait prendre ma femme en horreur. Mais je ne pouvais répudier l'une ou l'autre ni modifier la structure de la troupe sans détruire ce que Vicardo avait créé.

Tout cela eut pour effet de répandre dans la ville des bruits déplorables qui nuisirent à la bonne réputation de notre association. On nous accusa de polygamie et de sodomie ; et c'est pourquoi notre rentrée, au mois d'octobre, fut un véritable triomphe.

Notre renommée dépassa même les frontières de la Guyenne et de la Gascogne puisque nous fûmes demandés à Tours, Nantes et Biarritz et que, un jour, je reçus une lettre de Louis Queuillot. Mon frère abbé m'y confiait que des bruits alarmants couraient à Beaune et à Dijon sur la vie désordonnée que je menais à Bordeaux. On disait que je me partageais entre deux femmes vivant à mon foyer et que les douze interprètes de ma troupe, logés dans une seule et unique villa, menaient avec moi une vie communautaire hideuse. Me mettant en garde contre ces principes contraires aux bonnes mœurs, il tentait surtout de me faire comprendre à quel point ma petite fortune, qui me venait de notre chère mère, était mise en péril par ces pratiques aussi éloignées de la charité chrétienne, disait-il, que les grossières processions païennes le sont de l'admirable liturgie.

Avec une brièveté qui tentait de se faire sévère, mon cadet ne pouvait résister à la tentation de me faire un excellent sermon et me priait de revenir, aussi bien dans ma vie spirituelle que dans ma vie publique, aux traditions de la famille qui étaient : vertu, mesure, sagesse, méthode, attachement aux traditions. « Tu sais, m'écrivait l'abbé, que mon père ignore encore ton inconduite, ton mariage avec cette veuve intrigante et cette enfant qu'elle t'impose. Il croit, le cher vieil homme, que tu es marié avec Marie-Louise de Longemain dont la famille est honorable. C'est pourquoi il est bien disposé à ton égard et se montre résolu à renouer les relations avec toi. Quel courroux serait le sien, mon cher frère, s'il venait à apprendre que son fils se livre aux abus que l'on dit ! »

Plus loin, il précisait que, si mon père apprenait la façon dont je gaspillais mon héritage, il m'exclurait certainement de sa propre succession, ce qui serait navrant.

Je répondis à mon frère en lui faisant parvenir un exemplaire des statuts de notre association. J'y joignis une petite lettre ainsi conçue :

Mon bon petit frère,

Ma femme, Annie (la veuve de Vicardo), est revenue à la maison, à bout de forces, après deux ans d'absence. Elle a retrouvé avec joie sa fille Christine, que Vicardo m'avait confiée.

D'autre part, Marie-Louise de Longemain, dont le père est incarcéré pour escroquerie, n'a pas quitté la troupe, où son talent lui assure une vie honnête.

Mes autres camarades vivent également de leur art et partagent avec moi la maison que j'ai louée.

Voudrais-tu extraire du saint Evangile, à mon intention, une ou plusieurs phrases qui me donnent le droit ou me créent le devoir de modifier en quoi que ce soit ma vie privée ou l'organisation de ma troupe ?

Je reçus de mon frère, huit jours plus tard, un télégramme : « AFFAIRE URGENTE. VIENS AUSSITÔT QUE POSSIBLE. »

Comme j'étais libre, je pris le train pour Beaune et je trouvai mon frère qui abandonna sa paroisse et voulut bien m'accompagner à Dijon où nous avions rendez-vous avec le père Bounhaire. Nous trouvâmes ce dernier très amaigri, le teint jaune, les traits tirés. Son humeur était massacrante car il était au plus chaud d'un procès qu'il avait intenté à son éditeur ; celui-ci, en effet, une crapule parfaite, l'avait lésé de deux mille francs au cours de l'édition de deux de ses ouvrages : *L'Esprit de pauvreté* et *Le Détachement des biens de ce monde,* qui connaissaient un grand succès.

Le bon prêtre réclamait âprement justice d'abord, et ses deux mille francs ensuite. Il écouta d'une oreille distraite mon frère qui lui racontait notre malheureuse histoire. En vérité, deux prêtres n'étaient pas inutiles pour régler ce terrible cas de conscience. Le père Bounhaire hocha la tête et se mit à vitupérer contre les mœurs modernes, le laxisme et l'indélicatesse des éditeurs. Il importait, je le compris, de sauvegarder mon âme, certes, mais surtout de sauver l'héritage de ma mère qui se trouvait menacé par mes libéralités.

Les deux prêtres m'expliquèrent très éloquemment que ces libéralités étaient le résultat d'un manque d'ordre et de méthode mais, surtout, d'une pitié éveillée à l'improviste dans une âme très sensible, chez un être aux instincts débridés. J'eus un sermon remarquable, après quoi le père Bounhaire nous libéra en esquissant un large geste bénisseur.

Sur le trottoir, je demandai à mon frère : « Et cette affaire urgente ? »

Il se troubla et répondit : « Il était nécessaire que tu entendes de vive voix le père Bounhaire stigmatiser ta conduite.

– C'est pour me faire assister au sermon de ce cupide donneur de conseils que tu m'as fait venir de Bordeaux ?

– Oui, François. Mais c'est surtout pour te dire de prendre garde. Il ne faut pas, tu m'entends ? il ne faut pas que la ferme des Bascheulots, les bois et tout le patrimoine de notre mère se dispersent au vent. Or on m'a dit que tu voulais mettre en vente le pré des Ouchottes ?

– En effet, répondis-je. J'avais l'intention de vendre ce pré. »

Il protesta vivement mais semblait ravi.

Le lendemain matin, je regagnai Bordeaux et, quelque temps plus tard, je reçus une lettre de mon père. Cette lettre, je la possède encore, me traitait de fou et me déshéritait. A sa mort, l'abbé Louis Queuillot et ma sœur devaient se partager seuls sa fortune qui, disait-on, était grande.

III

Dès lors, je m'occupai d'écrire des pièces dans lesquelles, invariablement, un prêtre passait, bizarre figure de célibataire, fantôme sans sexe, privé d'une partie de ses viscères et doué d'une âme d'enfant malade. J'écrivais ces pièces pour me repaître d'une vengeance assez inoffensive qui consistait à mettre le prêtre en question en face de graves problèmes. Il s'entourait alors de toutes sortes de précautions, priait, interrogeait les Ecritures et les Pères de l'Eglise, demandait à Dieu des renforts sous forme de grâces spéciales et, finalement, prenait la décision la plus impropre à satisfaire la raison, la justice et même la plus humaine équité. L'effet obtenu était facile. Le comique de la situation se trouvait renforcé sans vergogne par la caricature systématique des mœurs cléricales. Au demeurant, mon ecclésiastique ne cessait pas d'être un saint prêtre, un pieux bonhomme imbu de la sainteté de sa profession et dirigeant les âmes vers la catastrophe avec la meilleure foi du monde.

Ces pièces furent jouées aussitôt qu'écrites, et j'interprétais le rôle du prêtre, me réservant de lui donner une physionomie étrange, bouleversante de vérité. Je n'obtins que de maigres applaudissements et ma salle se vida. Je n'hésitai pas à reprendre les vieux succès d'obscénité traditionnelle avec les tragédies classiques, d'une perversité plus conventionnelle et les vaudevilles libidineux et mondains de Bernstein [1], Bataille [2], etc. On m'applaudit alors à tout rompre, la conscience du public étant calmée par la notoriété des auteurs.

Avide de donner libre cours à ma vocation, j'entrepris, outre la création de mes comédies, la présentation de pièces d'auteurs oubliés ; je fis des incursions dans le théâtre espagnol en adaptant Calderón, Lope de Vega, les deux Rojas, le théâtre irlandais avec Synge, sans cesser de faire un grand effort pour suivre le mouvement théâtral français du moment. Cela me valut de précieux encouragements, des joies supérieures et des articles enivrants. On vint nous voir de Paris.

Mais, à ce jeu très attrayant, je mis très exactement quatre ans pour perdre mon bien. A trente ans, je comprenais, sans qu'on me fît le moindre petit croquis, que vivre est un plaisir coûteux.

J'avais vendu le pré des Ouchottes à mon frère abbé, la ferme des Bascheulots et les bois de Bessey à mon beau-frère. Le produit de ces ventes me servit aux expériences théâtrales dont j'ai parlé plus haut et à l'amélioration des conditions de vie de la troupe. Je me trouvais donc démuni, à la tête d'une troupe vieillissante qui avait, j'imagine, une certaine similitude avec les tribus primitives, car elle s'était singulièrement enrichie d'enfants de tous âges, fruits d'une collaboration de dix années entre les éléments mâles et femelles. Naturellement, nous avions été contraints de déménager deux fois en raison de l'exiguïté des locaux. Enfin, nous venions de trouver une maison qui donnait toute satisfaction à notre clan en permettant un accroissement notable de sa population.

---

1. Henry Bernstein (1876-1953), auteur dramatique français.
2. Henry Bataille (1872-1922), poète et auteur dramatique français.

C'est à ce moment que je m'aperçus de l'état déplorable de nos finances. Le désordre qui régnait dans mes affaires m'avait permis de vivre jusqu'au dernier jour sans connaître le souci précurseur de la ruine. Je méditai longuement sur la façon la plus élégante de sortir de cette impasse. Trois solutions s'offraient : persister à faire du théâtre mais en reprenant l'exploitation pure et simple des vieux succès et en évitant les innovations dispensatrices de gloire et de déceptions ; je pouvais également remercier mes collaborateurs, dissoudre la troupe et me lancer dans le notariat, au titre de clerc, ou dans la banque, au titre de gratte-papier ; enfin, je pouvais disparaître subrepticement, laisser là femmes et enfants, collègues et maison, et reprendre la vie aventureuse que j'avais connue après avoir quitté la maison paternelle.

Tels étaient les trois moyens qui me permettraient, avec plus ou moins d'élégance, de sortir de ce mauvais pas. J'en choisis un quatrième : rejoindre Beaune, éveiller la pitié de ma sœur, exciter la charité de mon frère et, qui sait ? reconquérir l'estime de mon père qui, gros mangeur, ne pouvait manquer de succomber à ses abus qui avaient fait de lui la première fourchette de France.

On sait que les excès de la chère, joints à ceux de la chair, vous ruinent un homme de la belle façon et lui interdisent de vivre vieux. Si ma mère, vivant exemple de toutes les vertus chrétiennes, était morte jeune, contrairement aux pronostics les plus sensés, ce n'était qu'une étonnante exception confirmant l'hermétisme des desseins de Dieu. Pourtant, le vieux maître Queuillot tenait bon. Peut-être était-ce grâce au régime d'anachorète qu'il avait adopté depuis sa conversion ? Quoi qu'il en soit, en comptant laborieusement sur mes doigts, je calculais qu'il devait être âgé de soixante-douze ans, ce qui est une impertinence de la part d'un champion gastronomique. Il était asthmatique, goutteux et hépatique et, selon toute probabilité, sa succession allait s'ouvrir incessamment. Je résolus d'aller à Beaune afin de me rendre compte si mon espoir était fondé.

Je réunis ma troupe et lui exposai mon projet, puis je partis pour la Bourgogne où je trouvai précisément mon père couché, pâle et grondant, masse informe et flasque, se mouvant à grand bruit dans un lit à baldaquin.

Je jugeai superflu de jouer les enfants prodigues.

« Mon père, lui dis-je, des lèvres étrangères m'ont appris votre maladie. Je suis venu aux renseignements.

– Tu voudrais bien rentrer en grâce, hein ? dit-il.

– Certes. »

Il me regarda avec étonnement. « C'est la première parole de franchise que j'entends depuis longtemps dans cette maison, grogna-t-il.

– Puissiez-vous m'en savoir gré ! »

Il ricana en sourdine. « Canaille, va ! »

Il fit un geste, comme pour m'envoyer une taloche du revers de la main. Son chapelet tomba sur le sol, entre le mur et le matelas, dans ce qu'il est convenu de nommer « la ruelle ». Il en parut navré. Je me mis aussitôt en devoir de déplacer le lit afin d'aller moi-même ramasser l'objet de piété dont le bruit familier m'avait rappelé ma sainte mère. Des papiers glissèrent sur le parquet aussitôt que j'eus ébranlé le meuble où gisait mon père. « Les titres ! » hurla-t-il.

En effet, à mes pieds s'étaient répandues de ces images richement imprimées, flanquées de feuilles de coupons, que l'on trouve dans les coffres de toutes les maisons bien tenues. Je les recueillis sous le regard soupçonneux du vieillard.

« Mets-les là ! » dit-il en soulevant un coin du matelas.

Je lui obéis. Il crut bon d'expliquer : « Là, je les ai sous la main. Lorsque je ne souffre pas trop, je m'en occupe.

– Vous vous fatiguez inutilement. Vous devriez laisser ce soin à mon frère.

– L'abbé ? gronda mon père. Je ne voudrais pas prendre le temps qu'il doit à ses paroissiens. »

Il se mit à rire puis, après un silence : « Comment vont tes femmes ?

– Pas mal. Merci.

– Et leurs enfants ?

– Ma fille est grande et mon fils...

– Ton fils ?

– Oui, mon fils.

– Tu as réussi à avoir un fils, toi ? Tu es plus adroit que ton beau-frère, dit-il avec amertume.

– En effet, repris-je, je sais que ma sœur n'est pas heureuse avec ses grossesses.

– Elle restera désormais stérile », affirma-t-il.

Le vieux réfléchit un instant puis : « Ainsi, tu es le seul de mes enfants à avoir une descendance.

– Vous le voyez », répondis-je.

Puis, sans perdre une parcelle de l'ironie de ma phrase, j'ajoutai : « Dieu a béni notre union ! »

Le silence provincial, ouaté de rideaux, matelassé de tapis poussiéreux, s'appesantit sur nous pendant un instant. Il était évident que mon père ignorait l'aventure qui avait valu un fils à ma femme. Peut-être ne s'en souvenait-il plus. Je considérai cette lacune comme une planche, comme un fétu de salut. Aussi frêle que me parut cet esquif, je ne voulus pas le laisser passer sans m'y accrocher désespérément.

Dans la pièce judicieusement close, flottaient des parfums dolents de vieux papier, de naphtaline et de sueur sénile, retenus dans les plis lourds du reps à fleurs. On entendait la respiration de mon père et le rythme de la vieille horloge également poussive. Le bonhomme, soudain, me demanda : « Quel âge a-t-il, ton fils ?

– Quatre ans.

– Quatre ans ?... Il doit être grand.

– On dit qu'il vous ressemble. »

Cette phrase, lourde de conséquence, s'en alla tomber dans une oreille poilue et singulièrement subtile ; elle s'y introduisit, parvint au cerveau notarial et, là, réveilla l'instinct paternel que l'amour de l'argent avait momentanément mis en catalepsie. Je vis alors le vieux visage purpurin se mettre à sourire, les yeux légèrement révulsés. Puis, d'une voix incroyablement douce, mon père murmura : « Je voudrais bien le voir.

– Rien de plus facile », dis-je en sortant de mon portefeuille une photographie représentant l'enfant. Il la prit et, un indescriptible sourire aux lèvres, il la regarda longuement.

« Il est beau... Comment s'appelle-t-il ?

– François.

– François ? Comme toi ?

– Oui. C'est ma femme qui...

– Ta femme ? demanda-t-il en ricanant. Sarah ou... »

Je ne me laissai pas démonter par cette saillie. Je ris avec lui et, lorsque les spasmes de l'hilarité nous eurent abandonnés, je m'écriai : « Comme je vous aime ainsi, mon père ! »

Il me regarda.

« Tu m'aimes comment ?

– Paillard.

– Vraiment ?

– Oui. Vous me rappelez les meilleurs moments de mon enfance alors que, sortant de chez Mme Dupin, votre maîtresse, débordant de joie, la figure décongestionnée, l'œil sain, vous m'emmeniez sur la montagne. »

Il resta interdit, ce qui me permit de continuer.

« Oui. Alors vous me donniez des conseils d'un scepticisme railleur et désabusé. Vous m'inculquiez une sagesse bonhomme, généreuse et fière. J'ai suivi vos conseils. Ils m'ont conduit là où je suis. Je m'en déclare satisfait. »

Mon père respirait plus vite.

Je continuai : « Je suis votre œuvre, père. »

Je regardai sa figure bouffie et matoise qui suait la bonne graisse par tous les pores de la peau. Ses lèvres, sans couleur, étaient entrouvertes, trou noir sous la petite moustache blanche. Je repris : « J'ai l'intention de suivre vos traces... Qu'en dites-vous ?

– Bah, râla-t-il, bah... Tu sais... On ne peut pas dire... Non, on ne peut pas dire. Peut-être, dans ma jeunesse ai-je exagéré un peu... »

Je repris : « Ainsi ai-je fait. Mais je sens que je commence à m'assagir. A septante ans, je dirai mon chapelet et je feuilletterai mes titres.

– Tes titres ? ricana-t-il. Tes titres ? Lesquels ? T'en restera-t-il ?

– Certes, puisque j'ai l'intention de suivre vos traces. Après la ripaille, un jeûne me fera du bien.

– Tu n'as pas changé. Toujours l'ironie aux lèvres.

– Je suis un vrai Queuillot, l'appétit en moins.

– Jaseur ! Cynique jaseur !

– J'aime surtout savourer les charmantes et multiples contradictions que l'on trouve dans la vie d'un homme...

– Baladin !

– ... Et dans la création.

– Guignol de grand chemin ! Gâcheur !

– Gâcheur ? Peut-être mais je ne suis pas encore champion gastronomique.

– ... Gamin ! »

L'effort fourni par mon père fut tel alors qu'il perdit le souffle et s'immobilisa ; je crus qu'il allait défaillir. Je restai près de lui un long moment avant qu'il pût reprendre ses sens. Puis il se calma et il put articuler : « Laisse-moi tranquille... »

Je gagnai la porte. Il me rappela puis, en souriant :
« Je voudrais bien le voir, mon petit François.
– Je vous l'amènerai mon père, aussitôt que je pourrai. »

*

Jamais je ne descendis l'escalier de pierre de la maison paternelle avec une telle agilité. C'est en courant que je traversai le vestibule puis la rue et la place qui séparaient la chambre de mon père de l'hôtel des Postes.

J'envoyai à ma femme un télégramme : « VENIR DE SUITE AVEC FRANÇOIS ! »

Et j'attendis. Deux jours s'écoulèrent que j'occupai en me rendant à la gare et en discutant avec mon père.

Mon frère abbé, prévenu sans doute par ma sœur de ma présence, arriva le soir du premier jour. Il me donna l'accolade en demandant de mes nouvelles. Il était très froid et jetait des regards inquiets sur toutes choses. Il eut avec la vieille bonne une longue conversation puis monta prestement dans la chambre du malade. Je l'y accompagnai.

« Je t'attendais, toi ! lui dit mon père.

– Mon père, dit Louis, je suis venu aussitôt que j'ai pu.

– Tu es un bon frère, tu ne voulais pas que François fût seul ici !

– Certainement, reprit l'abbé en souriant. Cela me rappelle notre jeunesse. »

Je restai silencieux. Mon père, en s'agitant sur la couche, me demanda : « Et à toi, ça ne te rappelle rien ? »

Je ne répondis pas.

« Diable ! Notre acteur n'est pas bavard aujourd'hui, dit-il. Moi qui m'attendais entre vous à un duo touchant !

Vous êtes là tous les deux, près de votre vieux père, et ça ne t'inspire pas une bonne phrase bien sentie ? Vrai, tu manques d'à-propos.

– Les idylles familiales de cette sorte ne sont pas dépourvues d'agrément, répondis-je.

– C'est bien tiède ! dit le vieux en ricanant. Tu serais autrement luron si je t'annonçais que je reviens sur ma décision et que, désormais, je te considère comme mon fils au même titre que notre abbé, hein ? »

Mon frère blêmit. Partagé entre ses aspirations chrétiennes et sa cupidité héréditaire, il hésita longuement puis il choisit le parti de se taire. Pour moi, je n'avais plus rien à perdre, aussi je pris une cigarette, l'allumai et, écartant les rideaux de la fenêtre, je regardai les passants qui traversaient prestement la petite place, fouettés par un grand vent du Nord.

« J'aimerais, répondis-je après un silence, que vous compreniez bien ma démarche. En venant ici, j'avais l'intention de fustiger une bande d'hypocrites sans m'occuper du lien qui nous unissait tous. Après tout, ce lien du sang est plus ridicule que celui de l'amitié. J'ai auprès de moi, à Bordeaux, des étrangers qui me sont plus chers que mon frère et ma sœur...

– François ! gémit mon frère.

– ... Aussi, continuai-je, m'étais-je proposé de faire un éclat, mais voici qu'hier j'ai eu avec vous, mon père, une conversation qui a modifié mon état d'esprit. Nous avons parlé des jours anciens où, jeune et fringant notaire de sous-préfecture bourgeoise, vous meniez grande vie, buviez sec, mangiez ferme et couriez la prétentaine avec des femmes de goût que vous préfériez, pour ces occasions, à ma mère...

– François ! François ! coupa l'abbé pendant que mon père ricanait.

– Je ne veux plus encourir le reproche de manquer de lyrisme ! Vous m'avez aiguillé sur les souvenirs, les réminiscences attendrissantes, les " Tu t'en souviens " et les " Tu te le rappelles ". Tant pis, me voilà lancé, j'irai jusqu'au bout.

« Nous avons donc parlé longuement de ce bon temps et la scène qui suivit fut très évocatrice de cette époque. Rien n'y manqua, pas même les taloches ni les mots affectueux. Mon père a ri et, reprenant les vieilles traditions de gauloiserie bourguignonne, il ne m'a épargné ni sarcasme ni paternelles injures. Alors, tout à coup, je me suis souvenu avec émotion de mon adolescence heureuse, de mon oisiveté et des bons gâteaux volés à la cuisine, et toute cette enfance paresseuse et repue m'a semblé délicieuse auprès des difficultés au milieu desquelles je me débats aujourd'hui pour nourrir mes enfants et fournir à ma troupe le pain quotidien. »

L'abbé me dit : « Voilà tout ce que tu regrettes de ta jeunesse passée près de nous, les pâtisseries et les vacances ?

– Oui.

– C'est du propre !

– Je n'ai de bons souvenirs que ceux de mes évasions.

– Vous l'entendez papa ! dit mon frère en se tournant du côté du notaire.

– Oui je l'entends, c'est une crapule, mon cher abbé. Ton frère est une crapule, une abjecte crapule et j'enrage de ne devoir une descendance qu'à cette crapule-là ! »

L'abbé prit la main du malade. « Une descendance ? dit-il en riant.

– Oui, une descendance, reprit le vieux. Voilà un homme qui m'a donné un petit-fils. »

Louis me regarda. « Quelle est encore cette histoire ? » interrogea-t-il.

Je lui répondis en souriant : « Ce n'est pas une histoire. Dieu m'a donné un fils.

– Tu as un fils ?
– J'ai poussé l'insolence jusque-là. »

*

Le soir, lorsque l'abbé fut parti, mon père évoqua cette scène avec une bonne humeur qui me donna quelque espoir. « Tu l'as vu, l'abbé ? Quelle tête il faisait ! Je suis content, cela va troubler son sommeil. » Il se mit à rire. « Tu n'as pas changé. Les gens comme toi me feraient prendre les saints en horreur ! »

Puis il me parla de mon petit François. « Je voudrais bien le voir ! dit-il.

– Vous le verrez. Sa mère doit l'amener ici ! »

Il en fut enchanté.

Trois jours après mon télégramme, Annie débarquait, fardée de frais, à la gare de Beaune, tenant François par la main. Christine était là aussi. Je ne leur laissai pas le temps de me communiquer leurs impressions et, bientôt, nous entrâmes tous quatre dans la maison paternelle. Annie et Christine restèrent à la cuisine où la vieille bonne leur fit boire un bol de bouillon et, François dans mes bras, je montai au premier étage.

François eut un peu peur de ce vieillard affalé dans un lit en désordre mais mon père le prit dans ses bras et le regarda longuement. Puis il l'embrassa, visiblement ému, et se mit à lui parler. Un quart d'heure plus tard ils étaient camarades et l'enfant lui dit : « Tu viens te promener, dis ? Faut pas rester dans ton lit.

– Qu'il est rigolo ! Hi, hi ! » dit mon père qui sortit péniblement ses jambes de son lit et tenta en vain de se lever pour plaire à son petit-fils.

Un instant plus tard, le vieux bonhomme me dit : « Pourrai-je voir ton actrice ?

– Je n'osais pas vous la présenter, lui répondis-je.

– Hé ! Pourquoi ? Tu sais bien que je n'ai pas peur des catins !

– Je sais que vous recherchiez jadis leur société lorsqu'elles pouvaient vous procurer quelques plaisirs mais je n'ignore pas qu'en vieillissant on devient quelquefois bien timoré et qu'on préfère une bru vertueuse.

– Quelle qu'elle soit, c'est ma fille ! » dit-il sévèrement.

Annie, mandée en toute hâte, monta au pas de gymnastique. Mon père l'accueillit d'une de ces phrases cinglantes dont il avait le secret :

« Je vous pardonne bien volontiers les infidélités que vous fîtes jadis à mon fils François puisque vous avez eu assez d'esprit pour me donner un petit-fils. »

Avec infiniment d'esprit, Annie répondit : « Si j'avais su que cela puisse vous faire plaisir, croyez bien que je ne vous aurais pas fait attendre si longtemps. »

Mon père lui serra la main, puis il dit : « Vous êtes deux coureurs de grands chemins et je n'attends rien de bon de vous, mais il n'en est pas moins vrai que sans vous je n'aurais pas eu de petit-fils, mes deux autres enfants étant incapables de me donner cette joie.

– Vous nous faites trop d'honneur, mon père ! répondis-je.

– As-tu fini de te moquer de moi ? Tu ne vois pas que je suis ému et que je passe un des plus beaux moments de ma vie ? Pourquoi viens-tu gâter tout cela de tes sarcasmes ? »

Il avait pris la main de mon fils et l'enfant, de la meilleure grâce du monde, monta s'asseoir sur le lit.

Ma sœur et mon frère entrèrent à cet instant.

« Que dites-vous de votre petit-fils, mon père ? » demandai-je.

Le vieux réfléchit un instant.

« C'est un Queuillot. C'est tout mon portrait à son âge. »

Nous échangeâmes, Annie et moi, un long regard goguenard.

*

Le lendemain, mon père me demanda. Il me pria d'ouvrir le secrétaire et de prendre le testament qui se trouvait dans un tiroir. Il le déchira et me donna une autre liasse.

« Voici mon testament définitif. Je t'institue mon légataire universel. Je ne voudrais pas que mes deux Tartuffe me doivent la fortune. Comme cela, mon petit François en profitera. »

Le jour suivant, par chance, mon père mourut en odeur de sainteté. Le plus peiné, dans la maison, fut le petit François. Lorsqu'elle connut les dispositions testamentaires, ma sœur eut une crise de nerfs et mon frère abbé sortit en claquant la porte.

Après que les frais furent payés et les formalités accomplies, je me vis à la tête d'une fortune de près de deux millions. Cette somme inespérée me poussa à réviser mes sentiments à l'égard d'Annie. C'était elle qui m'avait donné un fils et c'était à ce fils que je devais ma fortune. Elle ne manqua pas de me le faire sentir.

« Sans moi, tu ne serais qu'un clochard ! » disait-elle.

Nous rentrâmes à Bordeaux. La bonne entente régna désormais entre nous. Son escapade, que nous avions qualifiée prématurément de coup de tête, prit alors une signification profonde et, désormais, je m'abstins d'y voir une manifestation de son mauvais caractère et de son tempérament libidineux. De même, je pris la résolution de ne jamais juger trop promptement les actes les plus suspects car on prend souvent pour un caprice ou une vicieuse tournure d'esprit ce qui, en réalité, n'est qu'une inéluctable fatalité.

Marie-Louise prit le parti de réagir contre cette tendance que j'avais de favoriser Annie, ma femme. Elle fut rabrouée de la belle façon et en conçut un vif dépit et un chagrin visible. J'en fus navré mais je ne pus rien y changer. Annie n'était-elle pas l'instrument de la Providence et son adultère ne se haussait-il pas au rang d'action méritoire ? Dès lors, elle reprenait ses droits.

C'est à ce moment que je vis à quel point tout peut paraître minutieusement calculé dans les ouvrages de la vie. L'orchestre Mario se trouvait à passer à la *Brasserie bordelaise*. Par hasard, Marie-Louise entra dans cet établissement en compagnie de ma femme et de Jules Mangemal qui savait fort bien jouer les confidents, à la ville comme à la scène. Ils s'assirent non loin de l'orchestre. Mario posa son saxophone et descendit de l'estrade aussitôt qu'il reconnut ma blonde amie. Il s'approcha d'elle dans le but de la saluer gravement. Elle l'accueillit sans dissimuler sa joie.

J'arrivai sur ces entrefaites et j'invitai Mario à notre table. Il refusa. Le pauvre Mario avait fait comme moi, il avait vieilli. Ses lèvres étaient plus tombantes, de chaque côté du nez se creusait une ride préjudiciable à son sourire prothétique et, surtout, ses cheveux, ses beaux cheveux ibériques, n'étaient plus assez nombreux pour lui permettre de se risquer à toutes les bonnes fortunes qui, dans leur succession ininterrompue, tiennent lieu d'hymen à ces sortes d'artistes. Néanmoins, il dirigeait son orchestre avec une autorité qui lui conservait un peu de son charme d'antan. Tout cela lui donnait cette douce et sympathique amertume qui différencie l'homme mûr du jeune homme. On sentait qu'il n'était plus disposé à se battre à poings nus pour une femme. Au contraire, il semblait enclin à serrer la main de ses anciens ennemis et à boire avec eux une tasse de tilleul.

Nous passâmes la soirée ensemble. Il vint à la maison, admira notre installation et notre vie communautaire. Il mangea avec nous et eut avec Marie-Louise une conversation définitive. Le lendemain, ils reprenaient leur vie commune.

C'est avec plaisir que je dégageai Marie-Louise de ses obligations contractuelles car, à vrai dire, sa présence commençait à me peser. D'ailleurs, je me sentais petit à petit lassé par la fréquentation des gens nécessiteux qui m'entouraient de toutes parts et dont la rapacité n'avait d'égale que la jalousie. L'amour du théâtre ne subsista en moi qu'en tant que manifestation d'un dilettantisme de bon aloi. Je continuai néanmoins à dépenser quelque argent dans le but de soutenir ma réputation d'auteur, d'acteur et de directeur mais ces mesquineries me lassèrent à tel point que je ne tardai pas à ressentir un grand besoin de repos.

Petit à petit, je négligeai mes représentations, le public s'en aperçut et me bouda. Chaque séance me mangeait quelques milliers de francs. Alors mes interprètes trouvèrent les prétextes les plus variés pour quitter la troupe Vicardo. Je ne les retenais point car la vue de ces êtres généreux, quoique faméliques, leurs grands mots, leurs rodomontades, la richesse de leur verbe et le dénuement dans lequel ils se complaisaient, tout cela me blessait vraiment comme peut blesser un gentilhomme impeccable l'activité sordide de ses fermiers. Enfin, Annie, à qui je venais d'offrir un splendide manteau de petit-gris, prétendit que nous ne pouvions pas faire à Bordeaux bonne figure, attendu qu'on nous y avait vus gueux. De mon côté, je ressentis le besoin de me retirer sagement en ma ville natale afin de m'adonner à la lecture de la bibliothèque de mon père et d'écrire les pièces et les réflexions sur le théâtre que je méditais depuis longtemps. Il se trouva que la maison que nous habitions à Bordeaux fut vendue beaucoup plus cher que nous ne l'avions achetée. Ces sortes d'opérations ne réussissent qu'aux riches, je venais ainsi d'en avoir confirmation.

Enfin, chacun de nos vieux collaborateurs nous ayant quittés, nous restâmes, Annie, les deux enfants et moi, un peu gênés de cette oisiveté confortable qui contrastait si fort avec l'inconfort laborieux que nous avions jusqu'alors connu. Ainsi fûmes-nous tout heureux d'entreprendre un déménagement qui, en quinze jours, transporta notre mobilier, hétéroclite mais cher, à Beaune où notre arrivée fit sensation.

Nous nous installâmes dans la maison de mon père. Les panonceaux furent supprimés et une simple plaque de cuivre avertit le passant que là résidait : « FRANÇOIS QUEUILLOT – HOMME DE LETTRES ».

Le bruit courut aussitôt que je m'étais enrichi dans le commerce de l'esprit et Annie fut saluée dans la rue.

Je retrouvai les vieux meubles opulents, les rideaux, les tentures, les tableaux qui avaient étouffé mes cris d'enfant. Ils me parurent respectables et cossus et je n'aurais jamais voulu m'en séparer désormais. Je pris plaisir à m'installer dans le propre bureau de mon père ; une bibliothèque en garnissait les murs, au centre se dressait un secrétaire magnifique où je m'assis pour écrire. Les ouvrages de la bibliothèque me parurent agréables à lire, je les trouvai pleins d'enseignements et de cette sage bonhomie du vieux temps. Les chambres à coucher étaient un peu solennelles. Annie leur donna, au moyen de cretonnes, de satins et de bibelots transparents et futiles, cette atmosphère de luxe coquin et de luxurieuse élégance dont elle avait le secret. La salle à manger resta intacte, avec ses deux Aubusson, son mobilier rustique, ses rideaux à jalousie. Pourtant un jour, au cours d'un de nos voyages à Dijon, nous achetâmes deux tableaux qui vinrent rajeunir cet ensemble délicieusement désuet. Le salon, qui était indispensable à mes parents, s'endormit sous ses housses au profit d'un studio qui prit la place d'une chambre et devint l'antre de l'art moderne.

Je m'occupai des caves qui étaient larges, voûtées et splendidement garnies. En quelques mois, la maison nous transforma à son goût et commença pour nous une vie conjugale délicieusement perverse qui, chez les autres couples, prend place au début de la vie commune et s'intitule « lune de miel ».

Jamais je n'avais aimé Annie. Jamais non plus je ne l'avais admirée. L'idée m'en vint en regardant évoluer cette femme voluptueuse parmi ces vieux meubles respectables, au sein d'une riche et solide maison, dans des robes de choix, assez provocantes malgré cette couleur de deuil qui sied si bien aux blondes. Elle venait broder près de moi aux moments où Christine et François étaient absents et, comme mes écrits ne m'absorbaient pas d'une façon suivie, nous prîmes goût à de tendres tête-à-tête au cours desquels n'importe quel étranger eût pu nous prendre pour un de ces couples mariés jeunes et ignorants mais dont la tendresse exclusive a décuplé l'ingéniosité pour les conduire aussi loin qu'il soit possible dans la voie de la passion.

Christine fut mise en pension chez les Dames du Très-Sacré-Cœur où elle courait le risque de connaître des compagnes nanties de frères et de cousins, car le souci me vint de la préparer au mariage, bien qu'elle n'eût encore que treize ans. « On ne s'y prend jamais assez tôt », disais-je en riant.

Personne ne prenait cette phrase au sérieux car mes interlocuteurs étaient accoutumés à m'entendre plaisanter. En réalité, je craignais que Christine, fille d'un acteur et d'une actrice, manifestât des dons pour le théâtre et compromît ainsi l'avenir bourgeois que je lui préparais. C'est pourquoi je la confiai à ces braves Dames du Très-Sacré-Cœur qui avaient à leur actif l'éducation de l'élite féminine de la société beaunoise.

François fut l'élève d'un de ces collèges libres où des religieux défroqués dispensent leurs soins à l'âme et à l'esprit de leurs élèves. C'était précisément dans cet établissement que l'on avait si bien su me donner jadis le dégoût de la piété et l'horreur de la méthode. Le supérieur l'y accueillit paternellement en lui disant : « Nous ferons tout pour que vous suiviez les traces de votre cher papa.

– J'en suis persuadé, répondis-je. Dieu fera le reste. »

D'ailleurs, le nom de Dieu revenait naturellement sur mes lèvres en la circonstance. François, né d'un cabot et d'une femme légère, pouvait devenir lui-même une sinistre fripouille. J'étais bien décidé à en rendre Dieu responsable.

Dès le début, Christine se révéla timide et effacée, infiniment perméable à l'amour des bonnes manières et visiblement désireuse de contenter ses maîtresses et ses parents. Elle connut, en très peu de temps, un nombre étonnant de prières et d'invocations pieuses. Elle eut des petits missels, des manuels de piété, des paroissiens de poche et, lorsque je lui demandai quel était le cadeau qu'elle souhaitait que je lui fisse, elle me répondit : « Une *Imitation* comme celle de Marie de Blaincheville. »

Marie de Blaincheville, son amie, possédait en effet une *Imitation de Jésus-Christ* sur vélin superfin avec lettres ornées. J'offris donc à Christine cet ouvrage relié en chagrin noir.

Elle en lut un chapitre chaque soir avant de se coucher. De plus, elle introduisit à la maison une foule de petites pratiques inoffensives comme la récitation du bénédicité, les neuvaines à l'image miraculeuse et le « mois de Marie », autel puéril et charmant où trônait, parmi les bouquets de myosotis, une statue de la Vierge de Lourdes, délicatement ceinte de bleu pâle. Elle conviait son petit frère à de véritables séances de récollection méditatives et à des oraisons. Au demeurant, c'était une charmante fillette, portée à la dissimulation et à la pudibonderie, mais soigneuse, douce, idéalement douce, et soucieuse d'accompagner ses pratiques religieuses d'une conduite exemplaire.

Elle avait horreur de la tache, sur ses vêtements comme sur son âme, et portait le scrupule jusqu'à me demander pardon d'omissions bénignes. La charité, pour elle, était faite d'une infinité d'intentions mesquines qui la portait à disperser, en une pluie impalpable, les sommes qu'elle y affectait. Un geste large, quoique généreux, l'effrayait; une initiative hardie, quoique émouvante, la scandalisait. Elle eut préféré donner dix mille petits sous à autant de clochards que de faire parvenir les cinq mille francs à une famille nécessiteuse. Une profession de foi lui faisait l'effet d'un éclat de rire. Elle préférait le sourire voilé et la muette et discrète affirmation de sa fidélité aux principes reçus au Très-Sacré-Cœur.

Ses cadeaux étaient également fréquents mais infimes. Parfois, elle me remettait en grande cérémonie un papier plié en huit. Je le dépliais en feignant la surprise, j'y trouvais une médaille de la Vierge ou une image pieuse écornée. Je levais le regard sur elle pour la remercier; ses yeux brillaient de larmes et d'amour.

Elle dirigeait les cuisines où Annie jetait le désordre par sa seule présence. Elle s'occupait spécialement du rayon des provisions, aimant à le voir toujours plein et ne souffrant pas qu'on y prît quelque chose. Ouvrir un pot de confiture était pour elle un supplice, déboucher un bocal de conserve la scandalisait. Elle avait le sens de l'économie ; l'épargne était pour elle comme les conserves, une réserve à côté de quoi il était préférable de mourir de faim plutôt que d'y toucher. Enfin, elle détestait les lieux publics, le théâtre, les éclats de voix, le lyrisme et les fictions. En un mot, elle était l'antithèse vivante de son père Vicardo, et de sa mère, Annie. Les personnes qui ignoraient qu'elle n'était pas ma fille disaient : « C'est le portrait de sa grand-mère, la bonne Mme Queuillot. »

Au côté de cette fille, ma femme était savoureuse à force de fantaisie, d'espièglerie, de puérilité, de désordre, de légèreté, de prodigalité. Auprès d'Annie, Christine séduisait par sa douceur, sa pureté, sa gravité, ses fréquentes bonnes intentions, sa prudence et sa prévoyance. J'évoluais entre ces deux pôles, soumis tout à tour à l'attraction de l'un puis de l'autre, mais de plus en plus séduit par la majesté de l'ordre établi, la respectabilité des principes, la douceur de vivre, la légitimité des privilèges de la fortune, et imbu de ma dignité.

Je voulus passer pour un homme qui a la certitude d'avoir perdu quinze années de sa vie à apprendre ce qu'il savait déjà et je me mis à reprocher à mes parents de ne pas avoir su capter mon affection et m'attacher, par des liens bien doux, à cette vie de bourgeoisie provinciale qui aurait dû être la mienne. Aussi, je me mis à professer qu'un enfant doit une obéissance aveugle à ses parents, que la jeunesse est folle et imprudente, que c'est un grand malheur que de vouloir sortir de sa condition et autres vérités conformes à l'idéal bourgeois d'une riche bourgade.

Je tins des discours somnifères, je radotai avec bonhomie, je me servis dans ce but des clichés les plus élimés et je devins parfaitement insupportable, ce qui me valut l'estime générale des Beaunois qui, quelques mois plus tard, m'invitèrent dans leurs salons, car ils étaient désormais certains que je n'y ferais pas de scandale. Mon costume, qui se mua lentement pour s'en tenir à une formule définitive, leur plut également. En toute saison j'étais de noir vêtu, le cou hautement serré dans un grand col rigide, ceint lui-même d'une cravate noire. L'hiver, je recouvrais cette austère livrée d'une longue pelisse droite à col d'astrakan, aussi hermétiquement close que ma maison.

En réalité, je regrettais le débraillé de la troupe Vicardo, le mouvement et le désordre qui régnaient dans la ville bordelaise et la liberté de mœurs qui faisait de ma bruyante compagnie une grande et bizarre famille. Mais le souvenir des repas difficiles ou inexistants m'était insupportable. Je sus ne pas séparer dans ma mémoire les bons et les mauvais souvenirs et ainsi je pus me plaire dans ma nouvelle situation. D'ailleurs, la mise en pratique de mes chères conceptions de la vie communautaire était impossible depuis que j'étais riche.

La facilité avec laquelle je trouvai des arguments contre ces conceptions est inimaginable. Rien n'est tel que la pratique de la richesse pour constater l'ineptie du collectivisme. Plutôt que de continuer à écrire une pièce que j'avais commencée, je crus bon de rédiger une défense de la société capitaliste qui fut éditée chez un imprimeur du lieu. Cet ouvrage me valut d'entrer au sein de l'Académie des Sciences, Arts et Belles-Lettres de ma ville natale, et Annie fut sollicitée pour être dame de charité.

Cette charité, nous la fîmes traditionnellement en la hissant au rang de vertu chrétienne qui devait fatalement nous valoir le Paradis, et non en la considérant comme un devoir social, ce qui l'eût ravalée au rang de dangereuse pratique.

Cette parfaite hypocrisie, qui donne droit de cité dans la haute société des petites villes, m'amusa au début pour m'apparaître de plus en plus comme une respectable tradition dont l'observance classait parmi les « bonnes familles » du cru. A aucun moment je ne perdis de vue la rapidité de mon évolution, que je jugeais nécessaire pour le bien de mon âme, et je ne serais pas éloigné de croire que ce travail de conversion se fit grâce à la persévérance de Christine Vicardo.

Car c'était maintenant une belle fille de seize ans, dont la formation précoce avait développé la poitrine et les hanches. Lorsque je la promenais dans les rues grises, je surprenais de jeunes godelureaux qui s'arrêtaient et se retournaient sur son passage. Ces manifestations, qui eussent dû me toucher, m'irritaient plutôt et, plus d'une fois, je fus sur le point d'aller trouver l'insolent et de le rosser d'importance, mais la jeunesse de cette époque pratiquait intensivement le sport et je n'étais pas très certain de sortir vainqueur de cette affaire.

Christine croissait en âge et en sagesse. Toujours plus soucieuse de défendre les réserves et provisions contre les entreprises hardies de son frère ou de sa mère, elle se montrait également plus généreuse avec moi qu'avec toute autre personne. Elle m'offrait des coupe-papier, des liseuses, des signets, des cravates. Un jour, elle m'offrit une chemise. Je reçus ce cadeau avec des transports de joie naturellement, mais Annie en conçut une violente colère. Comme je lui racontais l'événement, ma femme devint rouge puis pâlit, se mordit les lèvres et dit enfin :

« Ne trouvez-vous pas, mon ami (c'était de cette façon qu'elle m'adressait la parole depuis qu'elle était dame patronnesse), ne trouvez-vous pas que cette petite exagère un peu ?

– Voulez-vous dire que Christine a manqué d'à-propos ? demandai-je.

– Vous ne m'entendez pas, François, coupa ma femme. Je veux dire que Christine vous fait trop souvent des cadeaux. Ne trouvez-vous pas ?

– Les cadeaux qu'on me fait ne sont jamais trop fréquents.

– ... Elle vous a offert en un an deux fume-cigarette, trois pipes, cinq boîtes de cigares, quatre cravates, un jeu de jacquet, deux coupe-papier et enfin cette chemise alors que, dans le même temps, elle ne m'offrait qu'une poignée isolante pour ma théière.

– Mon Dieu, que voulez-vous, ma fille est...

– Votre fille ?... N'oubliez pas que Christine ne vous est absolument rien. C'est la fille de votre femme. Et je trouve déplacé qu'une jeune fille offre une chemise à un étranger.

– Oh ! Un étranger ?

– Oui, un étranger. Pour elle, biologiquement parlant, vous êtes “ un étranger ”.

– Dame ! »

Désormais, je pris plaisir à fréquenter Christine. Il se dégageait d'elle un parfum de jeune fille, parfum qui est fait, comme chacun sait, d'un peu d'essence de fleurs et de beaucoup de mystère. J'avais grand plaisir à la voir évoluer car tous ses gestes étaient devenus gracieux.

Un jour je lui dis : « Christine, tu es pour moi la source de mes plus grandes joies et si j'ai eu quelquefois de la peine à jouer mon rôle de père nourricier, j'en suis bien récompensé aujourd'hui par la façon dont tu me prouves ta reconnaissance. »

Elle ne répondit rien. Elle se contenta de me dire : « Pourquoi ne joues-tu plus ? Tu laisses se perdre un beau talent. Je me souviens de tes entrées en scène à Bordeaux.

J'étais bien petite mais je frissonnais de plaisir lorsque la salle te faisait un succès. »

Je répondis : « Tant qu'on a besoin du théâtre pour vivre, il est pardonnable de monter sur les planches. Lorsqu'on est riche, il faut une dose peu ordinaire de vanité pour rechercher les applaudissements.

– Je serais si heureuse de te revoir jouer *Le Misanthrope* dans ton habit noir à rabat blanc !

– Vrai ? *Le Misanthrope ?*

– Oui. Cela t'allait si bien ! Tu es un grand acteur, tu sais.

– Ce que je suis, c'est à ton père que je le dois », répondis-je modestement.

Elle fit tant et si bien qu'un jour je lui fis la surprise de revêtir le costume d'Alceste. Je m'étais grimé avec grand soin, en cherchant à accuser cette ressemblance naturelle que j'avais avec Molière. Ainsi costumé, je frappai à la porte de sa chambre et, quand elle eut ouvert, elle pâlit à ma vue et pensa défaillir.

Lorsqu'elle fut remise de sa surprise, elle me dit :

« C'est merveilleux ! Tu n'as pas vieilli. Il me semble te revoir à Bordeaux, à l'époque où tu me tenais lieu de père et de mère.

– Tu sais, j'ai bien changé depuis ce temps-là.

– Pas tellement.

– Ainsi grimé et fardé, je peux encore faire illusion devant les feux de la rampe, mais en costume de ville...

– Je t'assure que tu te l'imagines.

– Mes tempes, cependant...

– Tes tempes sont adorables !

– Mes yeux...

– Tes yeux sont pétillants de cette malice bourguignonne qui frise le cynisme.

– Justement. Cette malice-là est bien loin de l'enthousiasme de la jeunesse. »

Nous étions assis l'un près de l'autre, sur son lit. Elle paraissait enchantée de cette mascarade. Pour moi, le goût du rouge à lèvres, le parfum fade des fards et celui, plus tenace, de la naphtaline qui protégeait mes vêtements, tout cela me rappela de nombreux et savoureux souvenirs.

Christine me regardait. Elle dit : « Lève-toi ! » (Je me levai). « Marche ! » (Je me mis à marcher de long en large en récitant la tirade du troisième acte).

Elle m'écoutait.

Je m'interrompis au milieu d'un vers. « Cela suffit ! Je suis ridicule. Qu'est-ce que l'insolente fiction du théâtre à tes yeux de petite fille sage ? Je dois te paraître idiot. »

Elle éclata de rire puis me dit : « Que tu es bête. Continue ! Pour l'amour de Dieu, continue ! »

Je m'exécutai de mauvaise grâce. Lorsque je fus arrivé au bout de ma tirade, j'entendis Christine me donner la réplique. Je la regardai.

« Tu connais le texte ? Par cœur ?

– Oui. Je connais ton *Misanthrope* du premier au dernier vers.

– Quelle idée d'apprendre ça ? Sont-ce les Dames du Très-Sacré-Cœur qui t'ont contrainte à l'apprendre ?

– Oh non, dit-elle en riant. Je l'ai appris pour mon plaisir.

– Alors, criai-je, en scène pour le trois ! »

Nous passâmes une demi-heure à répéter cette scène admirable qui met aux prises Alceste et Célimène. Christine n'avait ni l'organe ni l'abattage nécessaires pour jouer Célimène, mais elle disait le vers avec une telle grâce, sa voix était si pure, sa diction si prenante, que j'évoquai l'image de son père, l'illustre Vicardo, et j'en fus ému au point de ne pouvoir parler.

Lorsque nous eûmes fini, elle dit : « Comme c'est bon de jouer avec toi. Comme ce doit être simple ! On comprend tout, tout s'éclaire. »

J'eus comme un moment d'ivresse puis je regardai autour de moi. Je fus étonné de me trouver dans cette chambre cossue aux meubles riches, aux tentures somptueuses. Par la fenêtre je vis passer, dans la rue, le curé de la cathédrale.

« Christine, Christine, nous ne sommes pas raisonnables. Sont-ce là des distractions pour des gens sérieux ! »

Je sortis brusquement de la chambre de la jeune fille et je traversais le vestibule lorsque la vieille bonne ouvrit la porte et fit entrer le curé qui venait de sonner. Je ne pus me dissimuler et il me vit en costume d'Alceste, au beau milieu de l'antichambre.

« Excusez-moi, monsieur le curé, lui dis-je, d'être ainsi travesti pour vous recevoir. Christine désirait que je lui dise quelques répliques du *Misanthrope.* Je n'ai pas pu lui refuser...

– Mais, cher monsieur, c'est bien naturel. La chère petite a bien de la chance d'avoir un comédien de talent sous la main.

– Oui. Je fus comédien avant de me consacrer aux lettres, répondis-je avec modestie.

– Je sais, je sais, dit le curé. On m'a dit cela.

– Un coup de tête de jeunesse.

– Mon cher monsieur, ne cherchez pas à vous en excuser. Il n'y a pas de sots métiers. »

Il venait discuter avec ma femme de l'organisation d'une vente de charité. Je le fis entrer au salon et j'allai me dévêtir. Lorsque je fus débarrassé de mon fard, je les rejoignis.

« Mais j'y pense, dit le curé en me voyant, pourquoi ne corserions-nous pas le programme en donnant une représentation théâtrale ? La population beaunoise serait heureuse d'applaudir un de ses enfants...

– Prodigues !

– Qu'en dites-vous, monsieur Queuillot ? Votre présence serait très précieuse à nos jeunes acteurs qui sont tous des débutants.

– Si nous donnions *La Paix chez soi* tous les deux ? » dis-je à Annie.

Ma femme fut offusquée. Une dame patronnesse ne peut pas jouer cette jeune femme écervelée.

L'abbé insista : « Madame, c'est pour le Bon Dieu ! »

Annie persista dans son refus. En vérité, elle avait maintenant des poches sous les yeux, un double menton et une poitrine de matrone qui eussent donné au personnage une maturité qu'il n'avait certes pas dans l'esprit de Courteline.

« Et si Christine l'interprétait avec moi ? » m'écriai-je.

L'abbé surenchérit : « Mais oui, mais oui ! Quelle bonne idée ! »

J'étais déjà au premier étage et, sans frapper, j'entrai chez Christine. « Viens vite ! lui dis-je en la prenant par la main. Viens vite ! Le curé veut que tu joues *La Paix chez soi !*

– Moi ?

– Oui, toi. Tu ne refuseras pas ? »

En descendant l'escalier, elle me confia sa crainte. « Je ne saurai jamais.

– Tais-toi donc, lui dis-je. Tu ne crains rien. Je jouerai avec toi.

– Tu joueras avec moi ?

– Bien sûr ! »

Nous étions arrivés près du curé.

« Chère mademoiselle Christine, lui dit celui-ci, acceptez-vous de jouer avec M. Queuillot à notre vente de charité ?

– De tout cœur ! s'écria Christine en rougissant. Puisque c'est pour le Bon Dieu ! »

*

Les répétitions devaient commencer le lendemain, bien qu'Annie se fût élevée contre l'inconvenance d'une telle entreprise. Pour moi, je passai une nuit d'insomnie. Etait-ce la joie et l'émotion de remonter sur les planches ? Christine avait alors dix-sept ans, moi trente-cinq. Nous nous trouvions donc en bonne posture pour donner au couple Brielle une apparence de vérité, un maximum de crédibilité. Pourtant, je résolus de ne pas faire de Brielle un mari bougon et rassis. J'eusse voulu jouer les jeunes premiers. Je choisis donc un moyen terme en prêtant à mon personnage la physionomie d'un mari séduisant et brillant, mais déjà mûr, quoique primesautier. Je dus donner à Christine les indications nécessaires pour mettre son ingénuité en valeur en y ajoutant un grain de pérennité. Elle m'écouta docilement et suivit mes conseils avec un grand enthousiasme. Je ne pouvais croire que Christine Vicardo pût exprimer une telle variété de sentiments avec une si grande facilité.

On me confia une troupe mixte de jeunes amateurs, aussi peu doués que possible. Il fut convenu que je mettrais en scène *L'Avare,* que j'y jouerais le rôle d'Harpagon et qu'en lever de rideau je donnerais *La Paix chez soi* de Courteline. Christine obtint de sa supérieure l'autorisation de jouer dans une troupe mixte. Les autres membres de la troupe, d'un niveau social moins élevé, n'eurent pas besoin de cette autorisation, le danger étant moins grand de mélanger les sexes.

Autant les répétitions de *L'Avare* furent pénibles, autant celles de *La Paix chez soi* furent agréables, car Christine faisait preuve d'une grande bonne volonté et me régalait de la musique de sa voix. Nous étions seuls dans le grand salon pendant de longues heures qui comptent parmi les plus mémorables de ma vie.

Annie avait adopté une attitude des plus réservées et ne nous parlait jamais de nos travaux. Parfois, je la mettais au courant de l'état d'avancement de nos répétitions. Elle ne répondait rien. Lorsque je lui affirmais que j'étais très satisfait de Christine, elle pinçait les lèvres. Un jour, je crus bon de lui dire :

« Pourquoi fais-tu cette tête-là. Je t'affirme que ta fille est très bien et eût pu devenir une ingénue remarquable.

– Tant mieux », répondit-elle sèchement.

Je la regardai avec étonnement. « On dirait que cela te contrarie.

– Mais non, mon cher ami, vous n'y êtes pas.

– Alors, pourquoi cette attitude ?

– Il faut bien en avoir une. »

A vrai dire, je crus qu'Annie vieillissait brusquement et sombrait dans une de ces crises d'hypocondrie et de neurasthénie que connaissent les femmes lorsqu'elles s'aperçoivent que leurs charmes les abandonnent. J'en parlai à Christine. Elle n'avait rien vu, rien entendu. C'était l'innocence même, et j'enviais secrètement celui qui allait être aimé de cette douce et suave petite fille.

Je m'appliquais à lui deviner des aventures. Un jeune homme lui serrait-il la main ? J'imaginais entre eux une idylle ébauchée. S'absentait-elle ? Elle était à son premier rendez-vous. Désirait-elle se rendre ici ou là ? C'est qu'elle espérait s'y faire entrevoir à celui qu'elle voulait séduire. Je pensais qu'à son âge j'aimais à la folie Marie-Louise de Longemain et qu'un an plus tard je tombais dans les bras de la splendide Mme Rennepout, la femme de l'architecte. Il ne m'échappait pas non plus que sa mère, à dix-sept ans, papillonnait autour du grand Vicardo pour le séduire et l'épouser. De toute façon, l'heure de l'amour n'allait pas tarder à sonner pour ma pupille et je m'en réjouissais malgré que je fusse certain d'en souffrir un jour.

Le malheur fut qu'au cours de ces répétitions j'eusse à diriger, parmi mes élèves, une jeune personne de vingt-cinq ans à qui j'avais dévolu le rôle de Mariane dans *L'Avare*.

Elle n'avait aucune espèce de talent mais était d'une grande beauté. En outre, malgré qu'elle fût enfant de Marie, elle se montra fort habile à exciter la concupiscence d'un homme de trente-cinq ans. Nous eûmes des rendez-vous délicieux et, dans le but de les rendre plus délicieux encore, j'achetai une automobile, ce qui me permit de me rendre avec elle à Dijon, à Lyon, à Autun, car nos amours réclamaient un certain dépaysement. La belle Hélène, c'était son nom, était une fieffée coquine qui sut prendre sur moi un tel ascendant qu'elle se crut autorisée à me pousser au divorce.

On comprend aisément son calcul. Pour moi, je fus persuadé qu'elle m'aimait. Annie, auprès d'elle, était une mégère acariâtre, un épouvantail délavé. J'eus tort de ne pas établir une relation entre cela et cet amour purement sensuel que je portais à Hélène. En y regardant de plus près, je m'aperçus que cette aventure ne nuisait pas au caractère bourgeois qu'avait ma vie depuis la mort de mon père. En effet, j'étais oisif; je me disais dilettante. Ma femme était dame patronnesse et juste assez assommante pour excuser mes frasques; j'avais une maîtresse qui, pour être enfant de Marie, n'avait rien de l'agneau tremblant qu'on mène à vingt ans à l'autel conjugal pour qu'il y soit immolé. En somme, je personnifiais assez bien la classe à laquelle j'appartenais. Il ne sied pas en effet, dans le monde où j'évoluais alors, de vivre sagement et scandaleusement à la fois. En un mot, je prenais la succession de mon père et toutes les familles amies ne manifestèrent aucun étonnement. On sourit avec indulgence en espérant secrètement me voir continuer la tradition des Queuillot mâles, en alimentant gentiment, avec une discrète désinvolture, la chronique scandaleuse de la petite ville.

C'est à ce moment que l'on commença à dire, dans les petits salons : « M. Queuillot ? Un homme très distingué ! Prestigieux causeur, excellente famille ! Nature un peu bouillante peut-être, sang riche, plus exigeant par conséquent, mais digne homme. »

Lorsque j'eus pris l'habitude de me rendre à la messe de dix heures, chaque dimanche, et d'aller faire un bridge chez mes pairs, lorsque j'eus prononcé, surtout, certaines phrases confortables stigmatisant le matérialisme de la classe ouvrière et la cruauté, l'indignité et la fourberie des Allemands, on me considéra comme un homme hautement respectable. Je fus invité, comme l'était jadis mon père. Mon frère l'abbé vint me rendre visite, ainsi que ma sœur qui souhaita reprendre nos relations et vivre la vie de famille. Nous prîmes l'habitude de nous recevoir tour à tour et de nous réunir autour d'une bonne table. Le tableau, alors, était touchant.

C'est pour toutes ces raisons que les représentations de charité furent, pour Christine et pour moi, un éclatant succès. Les spectateurs, tous appartenant à l'élite de la ville, tinrent à applaudir François Queuillot. J'ai déjà dit que la belle Hélène tenait le rôle de Mariane et, lorsque le vieil Harpagon que j'étais lui dit : « Je sais que vos appas frappent assez les yeux, sont assez visibles d'eux-mêmes et qu'il n'est pas besoin de lunettes pour les apercevoir », des gloussements de plaisir s'élevèrent dans la salle parmi les murmures de sympathie.

Le choix des pièces et le renom des acteurs firent tomber, sur les pauvres de la paroisse, une pluie d'or. Tout est bon à la Providence pour l'accomplissement de ses desseins et l'adultère peut, à l'occasion, servir la cause de la charité. M'étant pénétré de cette vérité, je résolus de ne jamais me roidir contre ce que l'Eglise nomme une tentation.

Mon aventure eut en outre une conséquence inattendue.

Christine tomba malade. Elle maigrissait depuis plusieurs mois lorsqu'elle dut s'aliter. C'était une de ces maladies de jeunes filles qui déroutent les médecins et que l'on baptise langueur, neurasthénie, anémie. Pour moi qui en médecine avais les conceptions d'un vieux chemineau, je m'acharnai à mettre ce malaise sur le compte du « mal d'amour ». Et je me mis en campagne afin de savoir quel jeune homme en était la cause. Avec une curiosité patiente, exaspéré par mon oisiveté, je passai en revue toutes nos connaissances et soupçonnai chaque jeune garçon d'avoir jeté le trouble dans le cœur de ma Christine.

Elle, enfouie dans ses draps fins, ressemblait à un petit animal blessé. Le meilleur moment de la journée, pour moi, était celui que je passais dans sa chambre.

« Bonjour, mon petit oiseau effarouché.

– Mon petit oiseau effarouché ? Pourquoi me dis-tu ça ?

– Diable. On dirait une tourterelle blessée par le cruel chasseur, lâchement torturée. »

Elle souriait tristement et me prenait la main. « Assieds-toi », me disait-elle.

Je m'asseyais sur son lit et nous jasions. Elle était si belle, cette petite fille malheureuse, avec ses joues un peu creuses, ses yeux brillants, ses mains élégantes et ses épaules splendides sous sa chemise fine !

Elle me demandait : « Hélène va bien ?

– Je t'en prie, Christine. Qu'il ne soit pas question d'elle entre nous.

– Pourquoi “ entre nous ” ?

– Parce que je me sens coupable en face de toi.

– En face de moi tu te sens coupable ?

– Oui.

– Pourquoi ?

– Parce que tu es l’innocence même.

– Crois-tu ?

– J’en suis sûr.

– Tu n’aimes donc plus maman ?

– Ta mère ? L’ai-je jamais aimée ? Ton père me l’a confiée, c’est ce qui me la rendait chère.

– Mais elle t’aime !

– Elle ?... Laisse-moi en douter. Aime-t-elle quelqu’un ?

– Elle t’aime, je te le dis. Je l’ai vue pleurer lorsqu’elle a su que tu fréquentais Hélène.

– Ainsi elle a pleuré ? Mais s’est-elle inquiétée de mon chagrin lorsqu’elle est partie il y a dix ans ?

– As-tu vraiment eu du chagrin ?

– Euh... J’aurais pu en avoir !

– Eh bien, elle en a, elle.

– Voyez-vous ça ! En me confiant sa femme, ton père ne m’a pas dit : “ Aime-la ”, mais “ Protège-la ”. »

Elle eut un geste d’impatience. « Mon père, mon père, toujours mon père.

– Ne l’aimerais-tu pas ?

– Je n’en sais rien. Je ne le connais pas. Mais ma mère, ta femme, a beaucoup de chagrin. Voilà ce que j’avais à te dire.

– C’est dommage ! Mais ces choses ne sont pas de ton âge.

– Crois-tu qu’à dix-sept ans une jeune fille soit une enfant ?

– Presque !

– Que lui trouves-tu donc, à ton Hélène ?

– Ne parlons plus de ça. En quoi cela peut-il te troubler ? Pense donc à ton amoureux et laisse un vieux déplumé chercher n'importe où ce qui lui a toujours manqué.

– Quoi donc ?

– La tendresse. L'amour, celui de la femme éprise.

– Crois-tu qu'Hélène soit éprise de toi ?

– Tais-toi !

– Elle guigne ta fortune. Elle veut te pousser au divorce pour devenir Mme Queuillot.

– Tu connais ton rôle ! Annie aussi est un bon professeur de comédie mais ça ne prend pas avec moi.

– Parrain ! Maman ne m'a rien dit. Je te le jure !

– Occupe-toi de tes affaires !

– Parrain ! Hélène est une rouée, rien de plus.

– Je le sais bien.

– Alors ! Espères-tu trouver près d'elle la tendresse ?

– C'est une autre histoire ! Mais, je t'en prie, occupe-toi d'abord de tes petits copains. Essaie donc de ne pas dépérir d'amour comme tu le fais parce qu'un gamin ne t'a pas invitée à danser l'autre jour chez les Debourg-Duchot.

– Ce n'est pas vrai !

– Non, ce n'est pas vrai. Je le sais. Mais laisse ton père agir à son aise.

– Tu n'es pas mon père.

– Je pourrais l'être !

– Tu ne l'es pas.

– Je suis ton tuteur.

– Justement, tu me dois le bon exemple.

– Ne m'en demande pas trop.

– Puis-je au moins te demander de quitter ta chère Hélène ?

– Christine, je t'en prie, tais-toi !
– C'est une poule ! Je te dis que c'est une poule.
– Si je ne me retenais pas, je te giflerais, gamine ! »

*

Au salon où je redescendis furieusement, je trouvai Annie, très grande dame, de noir vêtue, une guimpe autour du cou, les cheveux savamment édifiés pour en masquer la rareté. Elle brodait en silence. Je m'assis près d'elle. Sans quitter son ouvrage, elle me dit :

« De la brouille entre la petite Christine et son parrain ?
– C'est une impertinente.
– Vous m'étonnez !
– Je suis le premier surpris. J'étais sur le point de la gifler.
– Et peut-on savoir quelle était la cause de ce pugilat manqué ?
– Rien... Presque rien. Un caprice d'enfant ! »

*

C'est à ce moment que je pris la décision d'éditer mes pièces injouées et mes notes sur le théâtre. Dans ce but, je réunis mes manuscrits et je me vis contraint de prendre un secrétaire pour les dactylographier. Ce fut un jeune homme, du nom de Gustave Blanchot, qui me parut digne d'accomplir ce travail. C'était un grand blond frisé, dont la figure était soigneusement rasée. Il déplut à Annie mais me rendit de grands services. Enfin, trois semaines plus tard, je trouvai, derrière la console Louis XV, au salon, une lettre écrite de sa main :

Ma chérie,

Les quelques gages que vous m'avez donnés de votre amour sont pour moi une perpétuelle et merveilleuse tentation de commettre la plus grave et la plus scandaleuse des imprudences. En moi, la passion que vous avez allumée est sur le point d'aveugler l'homme de devoir que je suis. Jour après jour, je sens croître en moi l'amour et le désir, le respect mais aussi l'audace. Ne me poussez pas à perdre tout contrôle de moi-même et à me conduire comme un insensé. Vos regards, pendant le repas d'hier, m'ont fait comprendre que vos désirs étaient semblables aux miens. Pourquoi retarder le moment où nous serons l'un à l'autre...

... Je ne suis entré dans cette maison que pour multiplier les entrevues, vous le savez...

Je compris sans difficulté que le beau Gustave Blanchot était l'amoureux de Christine et je tremblai que cette lettre fût tombée entre des mains innocentes. D'ailleurs, l'homme me déplaisait parce qu'il était beau. Etant laid moi-même, je détestais les hommes beaux et professais qu'un mâle dont les cheveux étaient frisés était inintelligent.

Je menai une rapide enquête qui me prouva surabondamment que Gustave Blanchot était l'amant de ma femme et non pas l'amoureux de Christine. J'en fus grandement soulagé et j'eusse laissé les choses suivre leur cours si Hélène, à qui je contai naïvement la chose, n'eût insisté pour que je recherche une occasion de les prendre en flagrant délit.

Hélène tenait à mon divorce, c'était un fait. Aussi, je fis les premières démarches dans ce but et je fus aidé par le Ciel car un jour je reçus une lettre anonyme m'informant que l'amant de ma femme avait l'intention de se rendre chez Annie le soir même. Je fus surpris de l'imprudence du couple mais, en effet, je perçus les bruits qui accompagnent les escalades de ce genre. Il était minuit. La ville dormait. Gustave Blanchot pénétrait chez ma femme par la fenêtre.

Accompagné de l'huissier que j'avais mandé et qui était resté dissimulé avec moi dans mon cabinet de toilette, je tentai d'entrer dans la chambre d'Annie. La porte était fermée à clé. Je m'élançai et, d'un coup d'épaule, je brisai à la fois l'obstacle et mon propre os. L'huissier put faire son constat.

Ma blessure me fit horriblement souffrir.

Christine, attirée par le bruit, m'entraîna dans sa chambre où elle me prodigua ses soins.

« Quelle idée de briser ainsi les portes !

– Ta mère en est responsable !

– Hélas !

– Tu m'avais dit qu'elle m'aimait.

– Elle vous aime.

– Peut-être, mais elle couche avec le Tatave !

– Parrain !

– Quoi, tu ne vas pas l'excuser, non ?

– Un peu. Si vous n'étiez pas si volage, maman n'aurait pas pris d'amant.

– Tu oublies que j'étais volage parce qu'elle avait pris un amant.

– C'est un cercle vicieux !

– Exactement ! Et puisque nous sommes en pleine cochonnerie, je te prie de ne t'offusquer de rien. Il serait même préférable que tu ne connaisses rien de tout cela.

– Pourquoi ? Vous me prenez toujours pour une enfant !

– Je préférerais que tu ne fusses qu'un nourrisson. Nous pourrions évoluer plus à l'aise, ta mère et moi, chacun de notre côté, sans détruire en toi tout ce que ces braves Dames du Très-Sacré-Cœur y ont édifié.

– Croyez-vous que ce que ces dames m'ont appris m'empêche de comprendre la vie ?

– Non pas.

– Croyez-vous que je sois incapable de passion ?

– Je n'ai jamais dit cela.

– J'en ai une soif terrible, au contraire...

– Oh, oh !

– ... Et si vous saviez tout ! »

Elle se mit à sangloter. Je me fâchai : « Christine, tais-toi ! Voilà justement ce que je voulais éviter. Ne t'occupe donc pas de tout cela. Ce sont des folies d'adultes, des chassés-croisés hideux qui troublent inutilement ton innocent petit cœur. Tâche de rester pure dans toute cette histoire.

– Je ne suis pas pure !

– Hein ? Tu...

– Non, je ne suis plus pure !

– Tu batifoles !

– Je ne me confesse plus. Je ne communie plus, tu ne l'as pas remarqué ?

– Oh moi, tu sais, je n'attache pas grande importance à ces choses.

– Si tu avais su voir, tu aurais vu que je ne porte plus mes médailles.

– Diable ! Mais tu vas te damner, ma toute petite !

– J'ai rompu avec mon passé.

– C'est très grave.

– Oui, très grave ! J'aime un homme marié !

– Toi ? Tu...

– Oui. Je suis prête à tout pour lui prouver mon admiration et mon amour.

– Pas de bêtises. Tu ne manques pourtant pas de jeunes amis. Pourquoi chercher un vieux bonhomme ?

– Il n'est pas vieux !

– Quel âge ?

– Trente-six ans, bientôt trente-sept.

– Mon âge.

– Exactement.

– Tu mérites une paire de gifles. C'est tout. J'espère qu'il ne t'a pas touchée, même du bout du doigt.

– Il est bien trop bon pour ça !

– Qu'il essaie ! Qui est-ce ? »

Christine, à ce moment, me regarda puis s'occupa de mon épaule brisée. Pendant qu'elle consolidait le pansement, je lui dis : « Je te défends, tu m'entends, d'aimer cet homme ! »

J'étais rouge et haletant, mes yeux étaient exorbités. Je n'ai jamais connu un courroux semblable à celui que j'éprouvai à ce moment.

« J'aimerai qui je voudrai », cria Christine.

Je levai la main gauche comme pour la gifler mais le mouvement provoqua une telle douleur que je m'arrêtai. Je sortis en grommelant. J'entrai dans ma chambre et m'assis sur le lit, soutenant avec peine mon bras blessé. La douleur que je ressentis dans les jours suivants, à la clinique, ne parvint pas à me faire oublier l'expression de la petite Christine ni le son de sa voix. J'eus plusieurs cauchemars et de violents accès de fièvre. Entre-temps, je dressai un plan d'évasion car j'avais décidé de laisser Annie et Christine vivre dans la maison paternelle et d'aller je ne sais où, absolument seul, à jamais seul, sur la côte basque ou en Bretagne, à moins que ce ne fût en Afrique, dans le but de courir les hôtels, les palaces, les bouges, en compagnie de braves aventuriers sans scrupules, buvant avec eux les drogues à la mode.

A mon retour de la clinique, je fis ma valise. J'étais occupé à trier ma provision de chaussettes lorsque Christine entra dans ma chambre sans frapper. Elle m'apparut soudain, debout contre mon lit, vêtue de sa plus belle robe de bal. Je la regardai sans parler puis je continuai à bourrer ma valise.

« Parrain ! me dit-elle. Tu pars ?

– Voudrais-tu me laisser faire mes préparatifs en paix ?

– Pourquoi pars-tu ?

– Je suis un intrus dans ma maison. Ma femme a un amant, ma fille est amoureuse...

– Je ne suis pas ta fille !

– Justement. Ma femme n'est pas ma femme, ma fille n'est pas ma fille, et mon fils n'est pas mon fils. Tu vois bien que je suis un intrus chez moi.

– Tu y es aimé et tu ne veux pas le voir.

– Qu'est-ce que tu me chantes ?

– Je ne suis plus une petite fille ! »

Je la regardai. Elle s'approcha de moi. « Jamais une femme ne t'a aimé comme je t'aime. »

J'eus un mouvement de recul. « Toi, mon tout petit ? Mais c'est impossible. »

Elle vint à moi et me regarda bien en face. « Pourquoi ? Je t'admire depuis ma petite enfance. Toi seul m'as aimée. Jamais je ne te donnerai assez de tendresse pour tout ce que tu as fait pour moi.

– Je ne te demande pas le sacrifice de ta jeunesse.

– Mais moi, je veux être tienne.

– Christine ! »

Elle recula et fit quelques pas devant moi. Elle était coiffée et fardée, parée de ses fins bijoux de jeune fille.

« Je ne te plais pas ? demanda-t-elle en souriant.

– Tu es très jolie... Mais...

– Je ne suis plus une demoiselle du Très-Sacré-Cœur mais une femme qui aime. Ne pense plus à la petite Christine que tu as bercée.

– Mais, Christine, c'est impossible. Réfléchis.

– J'ai réfléchi. Rien ne s'oppose *a priori* à ce que mon rêve se réalise. »

Je laissai là chemises et chaussettes. Je m'assis en face d'elle sur la table et, la regardant bien en face, je lui demandai :

« Et peut-on connaître ce rêve avec exactitude ?

– Tu le connais. Devenir ta femme. »

J'éclatai de rire. Elle me prit par le poignet. « Tais-toi ! Je parle sérieusement. »

J'aurais préféré, je l'avoue, pêcher le véron dans la Bouzaize. Je n'eus pas le loisir d'évoquer plus longtemps les bords de la charmante rivière bourguignonne, car Christine me dit : « Viens ici. »

J'approchai.

« Voilà longtemps que j'hésite et que je réfléchis mais aujourd'hui c'est fini. »

Elle pencha sa tête sur mon épaule et murmura : « François ! »

J'allais parler.

« Ne bouge pas », dit-elle.

Je restai immobile.

« Petite Christine.

– François, répéta-t-elle. Comme j'ai souffert de voir ces femmes se moquer de toi !

– Vraiment, je ne m'en serais jamais douté », balbutiai-je.

Ma pupille resta un instant immobile, puis elle répéta : « François, je t'aime. Je t'ai dit ce que je voulais te dire. Maintenant, tu peux faire de moi ce que tu voudras. »

Elle s'étendit sur mon lit voluptueusement. Elle était adorable. J'eus un sourire qu'elle ne vit pas.

« Tu n'as pas peur ? lui dis-je.

– Peur de quoi ?

– Si je profitais de la situation. »

Un grand bonheur m'inondait.

« C'est pour cela que je suis venue », dit-elle.

Jamais je n'avais senti battre mon cœur si violemment. Christine déboutonna sa robe, enleva son collier, ses petits souliers et s'étendit à nouveau.

Je jetai au hasard des chaussettes et un pyjama dans ma valise déjà trop bourrée. J'eus beaucoup de peine à la fermer. Lorsque j'y fus parvenu, je me coiffai de mon chapeau et je tentai de sortir de ma chambre. Christine prévint mon geste ; elle se leva et alla se placer entre la porte et moi.

« Laisse-moi sortir ! Christine, je t'en prie, ne m'oblige pas à employer la force ! »

Son parfum m'arriva, ce fameux parfum de jeune fille fait d'essences de fleurs et de mystère. Ma cervelle faisait un bruit de concasseur qu'on devait percevoir sur la place publique. Je posai ma valise sur la table et mon chapeau sur la pendule. Je m'assis dans le fauteuil Empire, je pris ma tête à deux mains et, dans l'attitude de la plus profonde réflexion, je restai immobile pendant un long instant.

A vrai dire, je surveillais la jeune fille à travers mes doigts sans en avoir l'air. Je la vis fermer la porte et mettre la clé dans sa gorgerette. En moi, le mâle frissonna. Déjà un réflexe stupide me faisait dire : « C'est trop bête ! Quelle sinistre plaisanterie que la vie ! »

En réalité, j'eusse préféré rester dans l'état d'exaltation qui avait précédé. Hélas ! J'avais passé l'âge des enthousiasmes suffisamment durables qui permettent l'accomplissement des plus merveilleuses sottises. Christine, au contraire, conservait ses yeux de fièvre et sa petite moue résolue. Elle vint près de moi.

« Excuse-moi, dit-elle, mais tu es mon prisonnier. Tant que tu seras là, je vivrai. »

Je pensai qu'il fallait jouer la comédie définitive. Je lui pris la main, la baisai puis je lui dis : « Mon cher petit oiseau, tu viens de me donner la plus grande preuve de confiance que puisse donner une jeune fille. Je connais maintenant le prix de ton amour. »

Je l'entendis haleter. Visiblement elle était éprise. Jamais je n'avais senti d'abandon aussi total. Elle murmura : « Je suis contente. »

Comme je ne trouvais absolument rien à dire, je murmurai : « Moi aussi ! »

Je cherchai dans ma mémoire à reconstituer des phrases avec ces mots dont ma tête était pleine. Impossible. J'étais vide. J'étais muet. Pourtant, je prononçai : « Je pars demain pour la Chine...

– La Chine ?

– Oui. Va préparer tes valises. Nous partons tous les deux.

– Vrai ? Tu m'emmènes ?

– Dissimule tes préparatifs. Il est inutile que l'on te remarque. Je t'attendrai avec la voiture sur la place du Marché, devant le petit bar, à deux heures de l'après-midi. »

Elle était transfigurée. Je me levai.

« Est-ce entendu ?

– Oui, oh oui ! »

Elle me remit la clé. J'ouvris la porte et je sortis.

Dans le vestibule, mon frère abbé m'attendait avec mon fils dont c'était le premier jour de vacances.

« François, me dit mon frère, avec toute la componction désirable, j'ai une nouvelle importante à t'annoncer. »

J'embrassai le gamin, donnai une rapide accolade à mon frère et nous entrâmes dans le salon.

« Mon cher frère, dit l'abbé, ton fils m'a chargé de t'annoncer qu'il désirait devenir prêtre.

– Tant mieux. Tant mieux ! m'écriai-je. Que je suis donc content ! Au moins, en voilà un que les femmes ne troubleront point ! »

Mon frère me fit les gros yeux. Le petit regardait par la fenêtre.

« C'est tout ce que cette nouvelle t'inspire ? Ce grand bonheur...

– Oh, mon cher Louis, répondis-je, je n'ai pas à me plaindre ! En fait de bonheur, la Providence me comble !

– N'est-ce pas ?

– C'est inouï ! Aussi me vois-tu fort embarrassé pour la remercier.

– Te voilà avec deux prêtres dans ta famille !

– Oui, oui. Deux prêtres !

– Quelle belle maison !

– Ah, tu l'as dit ! Quelle maison !

– Quelle source de grâces pour toute la famille !

– Quelle source ? Quel fleuve, veux-tu dire ! »

Mon frère en était tout revigoré. On eût dit un escargot, bouché pendant l'été, qui se réveille sous une pluie d'octobre.

Nous restâmes un moment silencieux. Mon frère me caressa affectueusement la main.

« Hein, François, qu'en dis-tu ?

– Je dis que c'est trop de bonheur à la fois !

– Nous le mettrons au séminaire à la rentrée.

– Certainement ! Mais je voudrais lui dire deux mots.

– François ! »

L'enfant vint près de nous. C'était un fort bel enfant. Cet aveu est d'autant plus sincère que le garçon n'était pas de mon sang, on s'en souvient.

« C'est un vrai Queuillot ! s'écria l'abbé.

– Tout doux, tout doux ! Il y a trop de vrais Queuillot dans toute cette histoire. »

L'enfant s'approcha de moi.

« Tu veux être prêtre ? lui demandai-je.

– Oui, papa.

– Alors sois un bon prêtre. Si tu ne t'en sens pas la force, il vaudrait mieux te noyer tout de suite ou bien courir après les gamines du patronage.

– François !

– Quoi ? Cet enfant doit savoir que l'hypocrisie est un crime et que la vie est une question glandulaire !

– Oh ! »

Le petit François n'y comprit rien et fit, le soir même, dans un coin de sa chambre, un simulacre d'autel devant lequel il chanta les complies à la nuit tombante. Cette mélopée me causa plus de plaisir que d'ennui tant l'officiant était touchant de sincérité.

« Si tous les prêtres étaient comme celui-là ! » remarquai-je à haute voix.

Mon frère sursauta mais se tut, le silence étant la protestation des martyrs et des saints. J'attendis l'heure du repas avec inquiétude. Christine y paraîtrait-elle ? Elle y parut, en grande toilette, avec tous ses bijoux. Comme je me trouvais seul avec elle un instant, je lui murmurai :

« Comme tu es belle, Christine !

– Pour toi ! » répondit-elle à voix basse.

Elle ne me quitta pas des yeux pendant le repas, à tel point que j'en fus gêné. Par bonheur, François et sa vocation furent le centre de toutes les attentions. L'abbé, mon frère, avait acheté un gâteau et une bouteille de mousseux pour fêter le retour de mon fils, et nous nous trouvâmes entraînés dans une sorte d'orgie. En vain je guettais avec anxiété, sur la figure de Christine, un signe de lassitude et d'hésitation provoquées par cette petite fête familiale. Car, en réalité, si j'avais parlé de ce départ pour la Chine, c'était pour contraindre la petite à une attente que j'espérais fertile en apaisement. Hélas, le bon abbé, avec son innocente bouteille de champagne, vint mettre en feu ma pauvre Christine, à tel point qu'au plus fort des toasts elle s'écria, en me dévorant des yeux : « On dirait un repas de fiançailles. »

Cette inconvenance jeta un froid. Je crus que tout le monde avait saisi l'allusion. L'abbé sauva la situation en disant à mon fils : « C'est encore plus beau que des fiançailles, n'est-ce pas, François ? »

Mais Christine était déchaînée : « Rien n'est plus beau cependant que deux êtres qui s'aiment. »

Annie la regarda attentivement puis son regard se porta sur moi et je me sentis rougir. Elle dit alors : « Christine, je te prie d'être plus correcte. »

Christine se leva, posa sa serviette sur la table et sortit. Je ne pouvais plus compter que sur une nuit de sommeil pour la calmer. Pour ma part, je ne dormis pas et j'eus, comme on pense, le temps de tourner et retourner la question dans ma tête. Le sentiment dominant était le repentir. « Pourquoi ai-je confié l'éducation de cette petite aux Dames du Très-Sacré-Cœur ? » Je passai la nuit à développer ce thème séduisant parce que paradoxal, ainsi que cet autre, plus que jamais d'actualité : « Je donnerais cher pour comprendre quelque chose à la vie ! »

Au petit jour, Christine entra chez moi. Je m'étais légèrement découvert pour savourer la fraîcheur matinale de cette aube de juillet. Instinctivement, je remontai les draps jusqu'au menton où je les tins solidement serrés.

Elle vint à moi. « Je suis prête », dit-elle.

Elle remarqua la façon dont je masquais pudiquement la sobriété de mon costume de nuit. Elle-même était en chemise et j'en fus gêné. Elle s'en aperçut.

« François, je t'aime ! » déclara-t-elle comme la veille. Puis, s'asseyant près de moi, elle poursuivit : « Si ma mère s'était remariée à un autre, à Jules Mangemal, par exemple, hésiterais-tu à faire de moi ta maîtresse ? »

Envisagé sous cet angle, le problème était moins troublant, il faut l'avouer. J'en éprouvai un grand soulagement. Mais déjà elle avait disparu, laissant dans la chambre le parfum de son corps chaud.

En moi, c'était la tempête. L'amour que j'éprouvais pour Christine était le plus doux, le plus irrésistible, le plus suave que j'eusse jamais ressenti. Il me semblait être à l'aube de mon adolescence, en face d'une frêle jeune fille, ou bien il me semblait vivre le moment merveilleux du premier aveu, du premier baiser. N'ayant jamais connu ces instants, je me sentais rajeuni de quinze ans. Une longue suite d'aventures plus ou moins heureuses s'effaçait. Recommencer à zéro cette vie avec Christine dont la lèvre, l'œil, la joue, la jambe, tout était le plus parfaitement gracieux ! Je revoyais Vicardo. Son sang coulait en ces jeunes veines. « Que faire, mon maître ? Mon bien-aimé maître, que dire ? Comment agir pour ne point abuser de votre confiance ? Comment rectifier les énormes, les affreuses bévues du hasard qui aurait dû me faire naître quinze ans plus jeune ? »

En général, ces sortes d'adresses à un absent sont d'une grande inutilité. Comme on peut s'en douter, Vicardo ne me répondit point et d'aucun ne me vint en aide en la circonstance. Pourtant, j'étais dans une situation fort délicate et personne n'aurait pu m'en vouloir d'être touché par l'amour de « la fille de la femme que j'avais épousée par pur dévouement à vingt ans ».

En somme, aimer Christine n'était pour moi qu'un geste normal, comme de cueillir et respirer une fleur pour quelqu'un qui l'aurait soignée. Depuis son enfance, j'aimais cette enfant. Je me vis contraint de faire l'historique de notre amour. C'était clair comme le jour. Tout, depuis ces photos que je portais sans cesse sur moi et que je montrais à tout propos, jusqu'à ces soins jaloux dont j'entourais sa naïve adolescence, sans parler des colères dans lesquelles je sombrais lorsqu'un jeune homme s'approchait trop fréquemment d'elle, tout prouvait mon amour qui avait pris successivement les formes les plus bénignes pour devenir inéluctablement le plus pudiquement sensuel qu'on puisse imaginer. Je la désirais sans oser la prendre. Après avoir connu maintes femmes et joué maintes comédies, je venais, à trente-six ans, de connaître l'atmosphère qui précède les fiançailles officielles et suit le don de son âme et de sa personne.

Cette rêverie ne devait, hélas, pas durer. Il fallait prendre un parti. Je pris celui de la sagesse ; gagner du temps, contraindre Christine à réfléchir, lui faire perdre son enthousiasme. Je pensais que son caprice n'était que feu de paille. Le lendemain, peut-être, elle allait rencontrer un jeune garçon de vingt ans auprès duquel je paraîtrais ridicule.

Je restai étendu et j'appelai la vieille bonne. Elle accourut. Je la priai d'aller chercher le médecin. Bientôt toute la maison sut que j'étais malade. Christine arriva la première.

Le docteur ne tarda pas. C'était un brave homme, avec lequel je faisais un bridge chaque semaine, et je lui précisai : « Docteur, je ne suis pas plus malade que vous mais, pour l'honneur de la famille, diagnostiquez une maladie assez grave qui nécessite au moins un mois d'immobilité. »

Le cher praticien comprit à merveille et m'indiqua les principaux symptômes de mon mal. Il m'ausculta néanmoins, par habitude, et me dit en riant : « Une santé de fer ! Je parie que vous n'avez jamais été malade ! »

Je jugeai préférable de ne lui parler ni de mon séjour au sanatorium de Luchon ni de la terrible maladie de cœur du professeur de Bordeaux.

« Faut-il vous faire un certificat ? demanda l'homme de science prêt à toutes les compromissions.

– Non, répondis-je, la crise qui nous occupe est d'ordre intime.

– Parfait, parfait ! dit le médecin en me quittant. J'espère que dans un mois nous ferons un bridge, comme d'habitude. »

Il donna des instructions à ma femme et s'en alla.

A peine était-il sorti que Christine apparut, fort inquiète.

« Alors ? s'enquit-elle.

– Eh bien, ma pauvre petite, me voilà pour un mois au lit !

– Et la Chine ?

– La Chine ?

– Oui, notre voyage, le paquebot... ?

– C'est reporté à une date ultérieure. »

Elle voulut tenir les billets pour en obtenir le remboursement et j'eus toutes les peines du monde à la calmer.

Elle me soigna avec un dévouement exemplaire. Chaque jour, sa présence m'était plus chère et plus précieuse et, chaque jour, elle se faisait plus pressante. J'avais compté sur ce mois d'attente pour voir s'éteindre en elle le feu de cet amour stupide. Je souhaitais ardemment la voir s'attiédir puis s'éprendre du premier jeune homme venu. Il n'en fut rien.

Annie fit défaut. Christine seule me soigna. Tantôt je m'ingéniais à ne pas me raser, à être hirsute et défait, dans le but de me révéler fort répugnant. Je me montrais bougon, injuste, coléreux, impossible. Rien ne la rebuta. Elle interrompait ses travaux de garde-malade pour me cajoler amoureusement et multiplier ainsi les tentations.

Parfois, enlacé de ses deux bras, la tête près de sa jeune et frémissante poitrine, je me sentais poussé à répondre à son étreinte, à lui dire de ces mots qui jamais n'avaient franchi mes lèvres.

Enfin, huit jours après le début de ma maladie, alors que Christine était assise près de moi sur mon lit, je ne pus résister. Je la pris dans mes bras et je lui donnai un baiser. Elle se leva, transfigurée, rougit, murmura quelques mots puis disparut en courant.

Une seconde plus tard, j'étais debout, affolé. Je me vêtis en hâte, bouleversé et furieux contre moi-même. J'allais m'enfuir et peut-être me suicider, lorsque Annie entra dans ma chambre.

« Tu te lèves ?

– Oui... Un peu... J'en ai assez d'être couché.

– Sois prudent !

– Peuh !

– J'ai à te parler.

– J'écoute.

– L'autre jour, tu as fait faire, par l'huissier, un constat d'adultère. Je voudrais savoir quelles sont tes intentions. Etait-ce une manœuvre comminatoire ou le début d'une procédure en divorce ? »

Je réfléchis un instant : « Ma chère, notre mariage fut un mariage forcé, imposé par Vicardo, dans le but d'assurer aide et protection à Christine. Aujourd'hui, Christine est âgée de dix-huit ans, elle a une dot raisonnable, aussi je crois que notre association n'a plus sa raison d'être et j'ai l'intention de demander le divorce.

– Je suis heureuse de l'apprendre, car Gustave Blanchot me prie de le suivre en Indochine où il va diriger, avec un cousin, une plantation d'hévéas.

– Tous mes compliments.

– De cette façon, je te laisse les mains libres et mon abandon du domicile conjugal te permettra de divorcer honorablement.

– Tu es trop aimable. »

Annie s'émut.

« Mon cher François, c'est grâce à toi si Christine n'a souffert ni de l'absence de son père, ni de la légèreté de sa mère. Ta vie, par ma faute, a été un enfer. Je te demande de me pardonner. »

J'avais tout prévu sauf cela. Je répondis : « Nous avons payé ma dette de reconnaissance à Vicardo. Tu peux faire ce que tu voudras.

– J'ai gâché ta vie !

– Pas tant que tu crois. »

J'avais hâte qu'elle disparaisse. Pour rompre l'entretien, je prononçai la phrase conventionnelle et obligatoire.

« Je te souhaite bonne chance. Si un jour tu es dans le malheur tu penseras à cette maison. Ici, on te recevra toujours.

– Merci ! »

Elle sortit en mordillant ostensiblement son mouchoir. Je ne lui en demandais pas tant. Je me précipitai alors dans la rue et je marchai droit devant moi. Je gagnai la montagne de Beaune d'où mon père m'avait fait découvrir le monde. Je marchai pendant dix heures environ, traversant les fourrés, les friches, les bois. Lorsque je fus harassé, je m'assis sur le sol, à l'ombre d'un sapin, et je m'endormis.

IV

Lorsque je m'éveillai, c'était le petit jour, les oiseaux commençaient à chanter. Tout ce qu'ont pu dire les écrivains sur l'aurore et ses splendeurs était dépassé en beauté par le spectacle que j'avais sous les yeux. Il me semblait avoir dix-sept ans, j'étais léger, heureux, et j'étais décidé à errer à l'infini sans jamais revenir dans cette ville ni dans cette maison.

Je marchai encore pendant une journée, en admirant toutes choses. Je fus étonné qu'il fût si facile d'obtenir la paix. A midi, je pris mon repas dans une ferme. Le soir, je dînai dans une autre. Je dormis dans un fenil [1]. Au bout de trois jours de ce régime, mon complet était si laid, mon chapeau si poussiéreux, mon pantalon si effrangé, mes chaussures basses si fatiguées, que je pris le parti de rejoindre une ville afin de m'équiper plus convenablement. L'agglomération la plus proche était Montceau-les-Mines. Je m'y achetai une bonne paire de brodequins, un complet de velours côtelé, un béret basque et des chemises de travail. J'eus de la peine à trouver un sac tyrolien, dans lequel je plaçai quelques vêtements de réserve. Dans une coutellerie, je me choisis un bon couteau de poche avec alêne, scie, tournevis,

1. Grenier à foin.

ouvre-boîtes et deux lames. A l'aide de ce couteau, je me coupai un solide gourdin dans le premier hallier que je rencontrai, puis je partis.

Mon but était d'aller n'importe où sauf à Beaune, de faire n'importe quoi plutôt que de rester plus d'une semaine à la même place. J'avais pris soin de mettre un carnet de chèques dans ma poche. Je me proposais d'en user sans compter afin de donner à mon vagabondage une plus grande envergure et un confort raisonnable. Pourtant, je couchais rarement à l'auberge. Mon idéal était de trouver un bon fenil. J'étais très difficile sur sa qualité. Je ne voulais ni d'un local obscur et clos où la tiédeur poussiéreuse du foin se concentre et vous flanque des maux de tête terribles, ni d'un local trop ouvert et parcouru de courants d'air ; je n'aimais ni le foin trop frais qui vous importune, ni le foin trop vieux qui est brisé, tassé et ne fournit plus qu'un matelas dur et sans ressort ; je ne voulais ni du trèfle qui blesse, ni de la luzerne, toujours humide, ni du sainfoin qui tombe en poussière sous la moindre pression ; je détestais le foin des bas-fonds, fait de laîche coupante et peuplé d'insectes dévorants ; je méprisais également ces regains trop courts et trop mous qui manquent de souplesse ; je savais éviter un foin rentré vert, en pleine fermentation, de même qu'un foin coupé trop mûr et plein de capitules en maturité qui se fixent aux vêtements et s'accrochent aux cheveux. Je savais reconnaître du premier coup le bon foin convenable qui vous procure une nuit agréable, sous un toit bien entretenu qui vous défend de la fraîcheur du matin et des vents coulis.

Mais ce que je recherchais, par-dessus tout, c'était l'indépendance. Le meilleur des fenils eût été pour moi une prison si j'avais senti que, pour gagner la campagne, il m'eût fallu déranger la basse-cour, passer par l'écurie ou l'étable, donner l'éveil au fermier et alarmer les chiens. Ce qu'il me fallait, c'était une ouverture dirigée vers le sud ou vers le levant et par laquelle, à n'importe quelle heure de la nuit, je puisse m'évader de ma prison passagère et reprendre, à ma fantaisie, mes pérégrinations. Souvent, vers les deux heures du matin, par les nuits de lune, alors que quelques nuages couraient dans l'air doux, je partais sur les chemins laiteux.

Souvent, il m'arrivait d'entrevoir une matrone agréable et point farouche qui, sans façon, pour me donner des aises, me racontait que son mari était absent et ne reviendrait que cinq jours plus tard. Parfois, c'était une fille de ferme qui m'invitait sans en avoir l'air ou qui, simplement par le débraillé de sa toilette et la façon négligente de laisser tomber ses cheveux fous sur son visage, retenait un instant mon attention mais, avant que le crépuscule ne m'eût rendu hardi, je partais plus loin.

En ai-je vu des filles, des femmes, en ai-je surpris des couples ! Je marchais. Un village me donnait le désir du suivant ; l'horizon n'était jamais définitif, il avait sans cesse besoin d'une retouche. Je marchais.

Les salles où j'entrais ne m'étaient agréables qu'une heure ou deux. Ensuite j'y mourais d'ennui parce qu'elles me devenaient familières. Je mangeais bien car je payais largement avant de me mettre à table, et je buvais sec. Ici, c'était du vin rouge, âpre et innommable, plus loin du vin blanc, frais et pétillant, là du rosé. Ainsi, de verre en verre, j'arrivai aux frontières de la Bourgogne, puis je traversai l'Allier aux splendides herbages, la Creuse aux terres froides et noires. Un jour, en entrant en Limousin, je trouvai une jolie petite ferme, ceinte d'une haute palissade de châtaigniers en fruits. La cour était paisible, un vieux domestique y enjouguait [1] des bœufs. J'entrai. Je bus le cidre que me servit une femme aux bandeaux blonds. Elle était belle, le cidre était frais et doux. Assis sur mon escabeau, j'admirai la salle commune, l'escalier de bois ciré, la longue table

1. Mettre sous le joug.

et cette femme qui dirigeait en souriant. Lorsque les travailleurs furent partis, nous causâmes. Elle était veuve. Elle avait trente-trois ans et menait à elle seule la petite exploitation. Elle aimait rire et chanter. Elle souffrait de la solitude et ne le cachait pas.

« Mariez-vous, lui conseillai-je.

– Personne ne me veut.

– Pourtant, belle comme vous l'êtes, avec quelque bien !

– Il y a des obstacles à mon mariage. Vous savez comme les gens sont étroits d'esprit...

– Je vous en prie, la belle, ne me dites rien. Quelles que soient les raisons qui rebutent les galants, je vous assure, moi, qu'ils sont tous des imbéciles. On passe sur tout lorsqu'on trouve une si belle femme dans une maison aussi bien tenue.

– Vous croyez ?

– Oui. Et je crois que je resterais volontiers près de vous si vous vouliez bien m'accepter.

– Vous ? Elle rit.

– Oui, moi.

– Faites-vous envoyer de suite les pièces nécessaires pour le mariage, dit-elle. Faites dès aujourd'hui les démarches, je vous prends au mot.

– Si vite que cela ? Vous manquez de jugement, l'enfant. Vous ne me connaissez même pas.

– Et vous, me connaissez-vous ?

– Vous êtes belle et riche. On sait tout d'une femme lorsqu'on sait cela.

– Si j'étais méchante ? Hystérique ? Violente ? Malade ? Cruelle ?

– Je suis accoutumé à tout cela, ma jolie, et vous ne me faites pas peur. Le malheur c'est que la procédure de divorce n'est pas terminée et que, pour l'instant, je suis l'époux d'une femme qui vogue vers l'Indochine en compagnie de mon secrétaire.

– Vraiment ? Votre femme vous a quitté ?

– Je n'ai jamais eu de femme.

– Expliquez-vous ! »

En deux heures et demie, je lui racontai mon histoire sans omettre de parler de l'ultime aventure avec Christine. « Un peu plus, j'étais le beau-frère de mon fils ! » ajoutai-je en guise de conclusion. Elle éclata de rire en renversant sa tête en arrière, ce qui mit en valeur sa gorge blanche et son cou bien galbé. Le soir venait. Je me crus autorisé à poser mes lèvres sur cette peau ferme et saine. Elle palpita et ne résista pas.

« Que n'ai-je été chemineau dès l'âge de dix-sept ans ! » m'écriai-je.

Les hommes vinrent pour la soupe. Lorsqu'ils eurent mangé, ils se retirèrent et la patronne m'emmena sur un tertre qui dominait une prairie où coulait la rivière. Là, dans les fougères, nous nous assîmes et elle me dit : « Vous voulez vraiment m'épouser ?

– Pourquoi pas ?

– Vous êtes fou.

– Peut-être.

– Je me suis moquée de vous, excusez-moi.

– Pourquoi vous excuser ? Croyez-vous que le baiser que je vous ai donné ait été fort convenable ?

– Oh, un baiser... Si peu de chose !

– Un baiser comme celui-là chaque jour, un grabat dans une chambre et ma soupe à table, voilà de quoi me rendre heureux. En retour, je pourrais travailler ou vous payer une petite pension. Je ne me sens pas le désir de cheminer davantage. »

Elle accepta en riant. C'était une femme perverse.

Je le vis bien dès le cinquième jour. Elle m'avait installé dans une chambre de domestique, sous les combles, avec une paillasse, une couverture, une petite caisse qui me tenait lieu d'armoire. Je me couchais et me levais avec le soleil. Je mangeais une bonne soupe et je regardais atteler les bêtes. Je n'ai jamais aimé ce genre de travail. Je suivais les hommes aux champs et j'y travaillais à ma guise, partageant le casse-croûte avec eux et buvant à la cruche. J'aurais pu rester près de la patronne et lui faire une cour assidue. Je jugeai que ma dignité sombrerait dans ce genre d'exercice. Il me plaisait au contraire de m'éloigner discrètement de cette femme. Enfin un jour, alors que je pêchais paisiblement dans le bief du moulin, un homme s'approcha de moi. C'était un paysan d'une quarantaine d'années.

« C'est vous l'homme de la Boujadac ?

– Si vous voulez.

– Comment, si je veux ?

– Oui. Je suis l'homme de nulle part et je vis momentanément à la Boujadac.

– Ça t'amuse de faire de l'esprit.

– Non. C'est ma manière ordinaire de m'exprimer, ne fais pas attention.

– C'est peut-être ta manière aussi de chauffer le cul des petites poules ! »

Habituellement je ne donnais pas suite à ces sortes d'interpellation car, quelle que soit la femme en cause, j'estime qu'elle ne mérite pas que deux hommes en viennent aux mains. Cette fois, pourtant, je tins tête. La discussion fut vive mais non violente. Aucun coup ne fut échangé, c'était un simple avertissement. Je n'en tins aucun compte et, contrairement à mon habitude, je demeurai dans la place, histoire de voir.

Le soir même, un homme grimpa jusqu'à la fenêtre de la patronne et s'introduisit dans la chambre. Comme la jeune femme était avec moi, assise sur un talus obscur en face de la maison, nous le vîmes opérer assez distinctement. Elle me prit la main.

« Monsieur François ! dit-elle.

– Qui est-ce ? lui demandai-je.

– Il faut m'en débarrasser », affirma-t-elle.

Je restai muet.

« Avez-vous peur ? insinua-t-elle.

– Je gage que vous seriez délicieusement charmée si, me levant et vous serrant sur ma poitrine, je vous assurais de mon dévouement. »

Nous avancions lentement, avec précaution.

« Montez dans votre chambre, lui dis-je. Conservez votre sang-froid et ayez confiance en moi. »

Elle allait me quitter. Je la retins.

« Madame Jeanne, pour cinq cents francs par mois, vous devez me donner un gîte modeste, le couvert et un baiser quotidien. Que la présence de cet intrus ne vous dispense pas du baiser, ce soir. »

Elle ouvrit son corsage et découvrit sa poitrine où je posai mes lèvres. Je les y laissai quelques secondes. En relevant la tête, j'affirmai : « Vous êtes délicieuse. »

Elle répondit : « Vous êtes discret. »

Puis elle partit. A peine la lumière était-elle apparue à la fenêtre de sa chambre, qu'elle poussa des cris affreux en criant « Au secours ! » Ce que j'avais prévu se produisit. Les domestiques sortirent de leurs réduits et firent irruption dans la chambre de la patronne où ils maîtrisèrent aisément l'intrus.

Le lendemain, dame Jeanne ne m'adressa pas la parole. Lorsque vint le soir, je me rendis au lieu du rendez-vous. Elle y arriva quelques minutes plus tard.

« Pourquoi n'êtes-vous pas venu à mon secours, comme vous l'aviez promis ?

– J'ai jugé superflu de me mêler aux domestiques. J'étais tout prêt à intervenir mais il ne vous a été fait aucun mal, aussi suis-je resté dans l'ombre.

– Vous êtes bien prudent.

– Je doute simplement de l'efficacité de mes interventions.

– Vous êtes peureux ?

– J'ai conscience de ma faiblesse.

– Vous êtes faible ?

– Plus qu'un bœuf, moins qu'une fourmi.

– Si vous ne vous mesurez jamais avec personne, vous ne connaîtrez jamais votre force.

– Est-il nécessaire de se battre ?

– Ici, à la Boujadac, pour me conquérir ? Oui.

– Votre mari fut le champion, sans doute ?

– Oui.

– Et il est mort d'une pneumonie ! Quel illogisme ! »

Elle était déjà partie.

« Dame Jeanne ! » J'entendis son pas se précipiter. « Dame Jeanne ! » Elle se mit à courir. Ce soir-là, je n'eus pas le baiser et, dès le lendemain, j'écrivis à mon notaire, le remplaçant de mon père, afin de le prier de hâter la procédure du divorce. Comme j'allais poster la lettre au village distant de plus de trois kilomètres, je trouvai en travers de mon chemin un homme que je n'avais jamais vu et qui ne semblait pas disposé à me laisser passer. C'était un grand brutal. « Je vais t'apprendre à te mêler de ce qui ne te regarde pas ! » dit-il en ponctuant sa phrase d'un coup de poing que je parai avec une habileté dont je ne me serais pas cru capable. Je ne tins pourtant pas à pousser plus loin l'expérience et je simulai un évanouissement. Mon agresseur était un homme de cœur car je l'entendis jurer en maugréant : « Me voilà joli ! »

Puis il descendit au ruisseau, y mouilla son mouchoir et vint me tamponner le front, les tempes et la paume des mains. Je me serais bien relevé sur-le-champ mais je préférai lui faire payer de quelques minutes d'angoisse le geste blâmable qu'il venait d'accomplir. Je me mis à râler, à me roidir, à baver, avec tout le talent dont ma vie d'acteur m'avait rendu capable.

L'homme prit peur. Je l'entendis : « Ah ben, par exemple ! J'ai fait un joli coup ! Il va crever ! Il va crever ! » Il prit la résolution de me traîner dans un taillis puis, abandonnant aussitôt ce projet, m'aspergea encore une fois d'eau fraîche et se préparait à partir lorsque je revins à moi.

Il sourit. « Eh ben, ça va mieux ?... Vous souffrez ?

– Ça va mieux, je vous remercie. »

Il se mit à brosser mes vêtements.

« Laissez donc, lui dis-je. Vous êtes trop aimable !

– Asseyez-vous, monsieur. Asseyez-vous à l'ombre. C'est le soleil qui vous aura incommodé.

– N'en doutez pas, lui dis-je. C'est le soleil et aussi une de ces vieilles lésions cardiaques qui me rendent aussi fragile qu'un nuage d'orage ; au moindre coup, je me dissipe.

Je m'assis sur le talus en simulant une certaine oppression. Cet excellent garçon crut que mon malaise renaissait. Il s'affaira.

« Voulez-vous que je vous porte au village, monsieur, ou que j'aille chercher le médecin ?

– Tout ce qu'il vous faut faire, mon brave, c'est de porter cette lettre à la poste. Vous m'éviterez une fatigue inutile. »

Il prit la lettre et partit ventre à terre. Le brave homme !

*

Un autre jour, j'avisai au fond du jardin des ruches en ruine où les abeilles avaient subsisté tant bien que mal. Il me vint l'idée de faire construire plusieurs maisonnettes et de tenter le transvasement des populations. Sur huit essaims fort affaiblis, je réussis à en conserver un. Ce succès, accompagné d'un certain nombre de piqûres, m'encouragea, et je fis venir plusieurs ouvrages d'apiculture. En peu de temps, j'eus des connaissances techniques qui étonnèrent les commis. Dame Jeanne n'y fit pas la moindre attention. Elle ne m'adressait la parole, à cette époque, que pour me dire : « Passez-moi la miche ! » ou bien : « Allez fermer la porte ! » ou encore : « Venez m'aider à couper du bois ! » Chaque soir, cependant, elle entrouvrait la porte de sa chambre afin que je puisse entrer chez elle. Là, elle m'attendait, ouvrait son corsage, recevait mon baiser en fermant les yeux et me congédiait aimablement. Elle ne s'occupait pas autrement de moi.

A nouveau, un homme vint un jour m'attaquer alors que je m'occupais des abeilles. J'usai du stratagème de la syncope. Il me crut mort et s'enfuit à toutes jambes.

Il y avait deux mois que j'étais à la Boujadac et j'allais poser, sur la poitrine de dame Jeanne, mon soixantième baiser lorsqu'elle mit sa main sur mon front et arrêta le geste qui, tous les soirs, me ployait sur sa blanche gorge. Elle me dit : « Vos abeilles vous occupent beaucoup.

– J'aime tous les êtres mystérieux.

– Elles ne vous piquent pas trop ?

– Avec la fumée de mon soufflet, je les endors, mais j'aime lorsqu'une d'elles, rompant son sommeil, pousse l'audace jusqu'à me piquer.

– C'est agréable ?

– La piqûre est désagréable, mais ce qui me plaît, c'est de voir une de ces bêtes montrer sa vraie nature. J'aime voir sortir l'aiguillon.

– Vous voudriez me voir vous exciter, n'est-ce pas ?

– Votre beauté n'a pas besoin de stratagèmes pour cela. »

Elle s'interrompit puis, sur un autre ton, me demanda : « N'avez-vous jamais été... attaqué ?

– Si fait.

– Souvent ?

– Cinq fois. (Je mentais aux deux cinquièmes.)

– Et... Vous... Enfin... Comment cela s'est-il passé ?

– Tranquillisez-vous. Vous avez pu remarquer vous-même que je n'ai jamais eu la moindre égratignure, ni boité, ni porté un bras en écharpe. »

Elle resta silencieuse.

« Eussiez-vous préféré que je fusse moulu, brisé, piétiné ? Ai-je commis un crime de lèse-galanterie en ne vous revenant pas estropié, sanglant, déchiré ? »

Elle répondit gravement : « Vous êtes le premier à avoir pu tenir deux mois ici !

– Ce que vous me dites là me remplit de fierté.

– Je ne sais comment vous vous y êtes pris. Est-ce par la force ? Est-ce par la ruse ? Mais vous êtes très fort et ce soir, si vous le voulez, nous parlerons mariage. Je ne voulais pas appartenir à un faible.

– Vous êtes trop aimable. »

*

Le lendemain, je prenais la direction de la maison. Le bruit courut bientôt au village que la Boujadac était dirigée par un cardiaque. Ce bruit parvint aux oreilles de Jeanne. Elle m'en demanda la raison. Je lui répondis que je l'ignorais et que seule la jalousie pouvait être la cause d'une aussi basse calomnie.

« Naturellement, lui dis-je, je serais cardiaque s'il fallait être cardiaque, poitrinaire si j'avais à tirer quelque avantage d'un pneumothorax. » Et je lui racontai l'histoire du sanatorium. Elle ne parut pas saisir toute la sagesse contenue dans cette façon d'envisager la vie. Mon passé lui parut assez décousu, mon but lui échappait d'autant mieux que je n'en n'avais jamais eu aucun.

« Moi, sans but, je ne pourrais vivre ! disait-elle en riant.

– Quel est donc le vôtre ? » lui demandai-je.

Elle fut longue à me répondre. Elle ne savait exactement, à l'exemple de ses semblables, si elle poursuivait la jouissance sensuelle ou l'enrichissement raisonnable par l'exploitation de son domaine. Elle n'osa pas me parler du bien qu'on doit faire autour de soi, ni des joies de l'esprit, ni autres billevesées qu'on répète le plus souvent possible pour s'en convaincre, et je lui en sus gré. Sa vie, comme celle de tous les êtres, se résumait très exactement de cette façon : satisfaire ses instincts sexuels dans un milieu de plus en plus confortable. Tout, à part cela, était désordre, velléités, élans inutiles, vaines et fugitives évasions vers quelque chose d'imprécis et d'inaccessible qu'elle ne pouvait ni décrire ni même se représenter par la suite ; soit, enfin, crises mystiques qui lui créaient une âme qui, à son tour, rêvait un Dieu. Le soir, alors que nous nous étendions dans notre lit, l'un près de l'autre, elle répétait ce que répètent tous les êtres jeunes qui ne pratiquent pas la castration volontaire : « L'amour, il n'y a que ça de vrai ! »

Phrase inexacte, maladroite, ambiguë, qui signifiait : il n'y a que là que l'on prenne vraiment du plaisir. Je ne l'en dissuadais pas car j'avais intérêt à entretenir cette volupté, qui décuplait la mienne ; mais, lorsque les sens apaisés, je tentais de recueillir le bénéfice de notre délicieuse et précieuse étreinte, il ne restait rien, absolument rien qu'un intense espoir de descendance, espoir ridicule parce qu'étouffé à l'avance par une prudence que certains qualifient de criminelle, et que d'autres, au nom des mêmes principes, cherchent à répandre par la parole et par l'écrit, comme un nouvel évangile.

Sans abandonner la surveillance des travaux, je savourais sans le comprendre ce cycle journalier, inscrit lui-même dans le cycle annuel qui, ajouté aux autres cycles annuels, forme une vie humaine. A part les travaux cycliques qui visent à assurer la nourriture du corps et qui répètent les mêmes gestes journellement et annuellement, je ne voyais que l'Amour, geste obscur mais agréable, qui donnât un sens à la vie, et encore ! De temps en temps, à seule fin de rompre l'ennui, j'occupais mon esprit à l'étude, à la spéculation scientifique, aux discussions philosophiques qui, si hautes et si exhaustives fussent-elles, ne changeaient en rien la façon de germer du blé ou la virulence des spermatozoïdes.

Sur ces entrefaites et pour donner un tour plus pratique à mes élucubrations, les papiers de mon divorce me parvinrent. La procédure de réconciliation avait été impossible puisque l'un des conjoints était parti sans laisser d'adresse et que l'autre n'avait paru à aucune des audiences. A cette époque, on divorçait comme vache et taureau. Les uns prétendaient d'ailleurs que ces pratiques perdraient l'humanité. Les autres affirmaient que, seules, elles étaient capables de la sauver, et tout le monde était d'accord, à part quelques ménages, légaux ou non mais bien accouplés par hasard, pour divorcer pratiquement chaque fois que leur système glandulaire le réclamait ou lorsque leur instinct polygamique reprenait le dessus.

Je fus donc divorcé, sans avoir jamais été vraiment marié. Je ne saurais trop insister sur cette sorte de désespoir qui plane dans tout cet ouvrage malgré toute la bonne humeur qui ne cesse d'y régner. Ce désespoir, si j'ose m'exprimer ainsi, c'est la conscience que notre intelligence n'est pas capable de percer le mystère qui nous environne et, ainsi, ne peut pas discerner cette sacrée vérité qui doit pourtant bien exister ! L'extrême pointe de notre individu, l'avant-garde de notre moi, est ainsi tout juste capable de nous permettre de comprendre que nous ne comprenons rien. C'est cette fatalité qui plane dans toutes les tragédies antiques, et c'est ce qui fait que nous nous endormions si profondément à leur représentation. On retrouve cette malédiction dans la Bible, les Saintes ou même les Très Saintes Ecritures, les œuvres de Lope de Vega ou de Calderón, dans *Robinson Crusoé, David Copperfield,* les sermons de Bossuet, les aventures de *Till l'Espiègle* et, en général, dans toute la littérature mondiale qui, si elle pouvait être étudiée par un seul homme, lui montrerait l'étendue et la profondeur du chaos dans lequel notre intelligence, lorsqu'elle n'en connaît qu'une partie, s'imagine trouver quelque apparence d'unité.

Jeanne était une fille très pieuse en ce sens que, périodiquement, elle regrettait en bloc et en détail certains de ses actes et s'en confessait au curé du village. Ainsi blanchie, elle « s'approchait des sacrements », comme on dit, et reprenait allégrement ensuite sa petite vie d'avant la contrition. Cette pratique lui valait l'estime du curé qui lui promettait le paradis à condition que sa mort survint dans les quelques jours qui se situaient entre l'absolution et la reprise des errements anciens. Je me permets de plaisanter à ce sujet, bien que tout cela paraisse tout à fait respectable, mais je sais que de telles pratiques ne sont pas admises par l'Eglise qui réclame, pour une sanctification valable, la contrition et le ferme propos. Or, dans l'âme de Jeanne, on pouvait trouver quelques traces de contrition mais je donnerais ma tête à couper qu'il était impossible de déceler la présence de la moindre molécule de ferme propos. Quoi qu'il en soit, elle vit un obstacle à notre mariage : l'indissolubilité du mien.

« Si tu es marié, me dit-elle un jour qu'elle venait d'être touchée par la grâce, nous ne pouvons passer devant le curé, et sans le curé pas de mariage. »

Elle faisait partie de ces bonnes populations rurales où le christianisme enfonce profondément ses racines dans l'humus fertile du processionnisme païen. Je la tranquillisai en lui apprenant que j'avais eu la prudence de ne m'unir que civilement à l'indescriptible Annie. J'ajoutai que ce mariage n'avait été que provisoire et destiné à assurer l'éducation de la fille de Vicardo. Jeanne me sauta au cou et le mariage fut décidé puisque aucun obstacle ne s'y opposait plus.

Toutes les semaines, j'avais la visite d'un homme, jamais le même bien entendu ; tous avaient tour à tour été les prétendants de dame Jeanne. Suivant leur tempérament, ils me menaçaient ou me rossaient, m'injuriaient ou plaisantaient avec moi. C'est ainsi que j'appris que chacun d'eux avait été hébergé quelque temps à la Boujadac mais que la jalousie et l'irascibilité des prétendants précédents ne leur avaient pas permis de demeurer plus d'une semaine dans la place. L'un avait eu un bras cassé, l'autre une jambe, le troisième deux ou trois côtes. Non seulement ces visites ne me déplaisaient pas mais, lorsqu'une semaine s'écoulait sans que j'en eusse reçu, les heures me pesaient. Ces braves garçons, dont la bonne foi et l'enthousiasme étaient évidents, me parlaient de Jeanne en des termes affreux que seule la haine amoureuse peut inspirer. Ils m'affirmaient qu'elle exigeait de tels efforts de celui qu'elle aimait que le pauvre malheureux dépérissait visiblement et, s'il persistait, mourait inéluctablement. Les uns prétendaient qu'elle allait jusqu'à tuer ses amants avec des raffinements de cruauté qui eussent fait frémir un bourreau chinois. Ces vaticinations m'amusaient. On sentait que leur haine, née de leur dépit, valorisait leurs rêveries les plus folles et leur donnait l'aspect de vérités plus vraies que les doigts de leurs mains.

Tous ces jaloux me rejoignaient lorsque j'étais seul, loin des commis. La conversation s'engageait sur un ton plein d'inimitié à laquelle s'ajoutait la haine de l'étranger mais, bientôt, nos paroles devenaient plus graves ou plus badines et l'on se quittait bons amis. Seuls quatre ou cinq malandrins prétendirent en venir à la bagarre. Aux deux premiers, je fis le coup de la syncope ; aux autres, je répondis aux menaces en répliquant : « Si tu fais un geste, j'appelle à mon aide le peuple de mes abeilles et je te prie de croire qu'il serait préférable pour toi d'être bastonné. » Le gars se redressait, faisait le faraud en ricanant puis s'en allait. Au village, on parla de moi comme d'un mage, venu d'on ne sait où, qui parlait aux abeilles.

*

Enfin, l'aventure majeure de cet épisode de ma vie vagabonde fut causée par un certain Martial Fumelier qui entra dans ma vie comme un bourdon dans une fleur.

Nous attendions notre mariage, les papiers nécessaires n'étant pas encore arrivés. C'était le mois de juin et j'allais sous peu fêter l'anniversaire de mon arrivée à la Boujadac. La propriété était dans un bel état de prospérité, non pas que je l'eusse améliorée, je ne suis pas de ces hommes qui sont hantés par le désir maladif dc marquer leur présence sur cette terre en en modifiant la physionomie par leurs travaux. J'estime, au contraire, que c'est la plus grande preuve de faiblesse que de vouloir laisser une trace mais, cette année-là, les saisons « s'étaient bien faites » et les travaux que j'avais ordonnés, bien que voués à l'insuccès en raison de mon inexpérience, promettaient au contraire des résultats inespérés. Dans le but de poursuivre mon immense expérience, car en somme, on l'a deviné, je consacrais ma vie à faire l'expérience des hommes et des choses sur une très vaste échelle, j'avais fait labourer les pâturages et mettre en pâturage les terres cultivées. J'avais fait semer, herser, labourer, sarcler à l'inverse de ce qu'il convient si l'on veut écouter les dictons du cru, je n'avais tenu compte ni de la lunaison ni du temps qu'il fera et qu'il ne fait jamais, bref, comme disait le vieux Cyprien, notre plus ancien commis, j'avais tout fait pour ruiner la maison. Hélas ! Les résultats donnaient tort à tout ce qui se pratique de sensé en matière de pronostics. Je n'en tirais aucune gloriole car j'avais compris depuis longtemps que l'homme s'attribue toujours les coups du hasard qui lui sont favorables et attribue les malheurs à l'adversité, au démon, aux Allemands ou aux péchés des autres.

Or il arriva au pays un joyeux démobilisé du nom de Martial Fumelier. C'était un enfant du village, engagé à dix-huit ans dans les chasseurs d'Afrique, passé ensuite à la Légion puis au bataillon d'Afrique d'où il revenait, grandement amendé par les procédés de dressage en honneur dans ces régiments d'élite. Une soif terrible, contractée aux pays chauds, le contraignait à boire avec persévérance. Il portait un maillot de docker, une casquette neuve et un complet de drap anglais acheté chez un brocanteur marseillais. Il fit scandale au village et provoqua, de la part de chacun, des mesures supplémentaires de prudence et de sécurité, joua du revolver dans les deux cabarets qu'il honorait de sa présence et, enfin, apprit le mariage de dame Jeanne avec un étranger.

Cette nouvelle réveilla ses instincts chevaleresques et bien français et il promit solennellement de ne pas « laisser faire ça ». Le revolver et le fusil de chasse eurent beau jeu pendant quelques jours. Enfin, chaussé d'espadrilles blanches, le petit foulard étroitement noué autour du cou, l'arme en bandoulière, il vint s'établir à la limite de mon rucher. J'y travaillais justement. Il m'interpella puis enjamba le mur et fut sur moi en un instant.

« C'est toi qui te maries avec la Jeanne ? » dit-il en empoignant le revers de ma veste.

Je balbutiai. Il continua : « Si c'est toi, je tiens à te prévenir, tu n'iras pas jusqu'à la mairie... Non, parce que, moi, je te descendrai avant... Non, non, pas d'histoire... Ne me fais pas le coup de la syncope, avec moi ça ne prend pas... Pas la peine de tourner de l'œil ou de faire la demoiselle... ça va, ça va... Inutile de me parler de tes abeilles, les abeilles, moi, je les connais, elles me connaissent aussi, on se caresse, on se fait des mamours, j'en prends à poignée, elles restent aussi sages que des sauterelles... Quoi ?... Quoi ?... Appeler... Appeler tes domestiques ? Tu serais mort avant. Quand j'ai un verre dans le nez, j'ai pas mon pareil pour descendre un vivant ! »

Il s'interrompit. Je tentai de mettre de l'ordre dans mes idées. En vérité, l'heure était grave. Il continuait : « D'où viens-tu ?

– François Queuillot, deux assassinats, un gendarme, jamais condamné ! »

Je sentis sa main mollir sur ma poitrine. Il eut un instant d'hésitation.

J'en profitai et poursuivis : « Laisse-moi faire mon boulot. »

Il ne répondit rien. Je repris : « Si tu veux, part à deux, mais prends tes risques. Je t'indique le coup et je te couvre.

– Tu me couvres ? Tu me couvres ? Et comment que tu me couvres ?

– Je t'apprendrai le métier, tu en as besoin. »

Je sentis sa main s'appesantir à nouveau.

« Comment ?

– Fais pas le mariole, il n'y a pas de quoi ! Tu voles un portefeuille de rien du tout, tu fiches une gifle sur la gueule du juteux et tu t'envoies cinq ans de Légion et cinq ans de Bat' d'Af ! A ce tarif-là, moi, je serais deux fois guillotiné... Jamais condamné, tu m'entends, jamais condamné ! Ils n'ont même jamais pu me déguiser en kaki, pas plus qu'en bleu horizon. »

Je triomphais. L'air gêné, il répondit : « Je te demande pas de me mettre en boîte.

– Je n'ai rien dit. On ne se mange pas entre nous. Tu fais le coup ou tu ne le fais pas ?

– Combien ?

– Il y aurait vingt billets au bas mot. Tu opères demain soir et après-demain, au petit jour, t'es en sûreté. »

Il me regarda dans les yeux. Je vis sa figure se plisser et un sourire monter à ses lèvres.

« Toi, tu te crois trop fin, dit-il, mais avec moi, je te le répète, ça ne prend pas. C'est toi qui décampes d'ici avant demain. Si tu restes, si tu épouses la Jeanne, tu connais le tarif.

– Laisse-moi jouer.

– Je laisse jouer les joueurs, pas les michets [1] comme toi.

– Tu t'entêtes, l'Afrique, tu t'entêtes, c'est mauvais dans notre métier.

– T'occupe pas. Je reviens demain. Si tu n'es pas parti, je te fais un carton d'essai dans les jambes. Le lendemain, fais creuser ton trou. »

Il reprit : « Tu comprends, la Jeanne, c'est du gibier à moi. C'est moi qui lui ai enseigné l'art et la manière, c'est

1. Mauviette, gringalet, « demi-sel ».

moi qui l'ai affranchie, ce serait malheureux qu'un étranger vienne s'engraisser à la Boujadac. Jeanne épousera qui je voudrai, tu m'entends !

– Tu devrais demander sa main, toi !

– Je l'aurai quand je voudrai, sinon j'aurai ta peau. »

Il me quitta sur ces paroles réconfortantes. Je rentrai à la maison, le goût de l'apiculture m'ayant subitement abandonné. Je trouvai Jeanne occupée à préparer une de ces omelettes dont elle avait le secret. Elle m'accueillit avec le sourire.

« Tu parlais bien fort avec tes abeilles.

– J'ai eu la visite d'un autre jaloux, un nouveau venu au village. »

Ses yeux s'allumèrent d'un feu passionné.

« Celui-là va enfin te donner du fil à retordre.

– Je m'en suis aperçu », dis-je en décrochant les deux fusils qui étaient fixés au râtelier d'armes.

Je les avais fait réparer dans le cours de l'hiver pour prendre part aux battues communales. Je me mis en devoir de les astiquer.

« Tu as l'intention de t'en servir ? interrogea Jeanne.

– Non, mais il va peut-être m'y obliger. »

Elle s'approcha de moi, câline.

« Tu n'as pas peur. Tu ne vas pas me quitter maintenant ?

– J'aime trop l'aventure. »

Cette réponse avait pour but, certes, de me donner une attitude, mais elle me donna en outre quelque espoir, car les mots qu'on prononce pour tromper ont surtout pour effet de nous convaincre nous-mêmes.

Jeanne, c'était visible, n'avait jamais eu l'occasion de voir tuer un homme, moi non plus il est vrai, mais je tins à afficher une certaine indifférence qui masqua mon angoisse et parvint à mater ma fébrile agitation. Jeanne, au contraire, se laissa gagner par une impatience qu'elle ne tenta pas de dissimuler. La coquetterie chez la femme arrive à se confondre avec la cruauté.

« Tu ne préviens pas les gendarmes ? demanda-t-elle par acquit de conscience.

– Pas la peine. »

Plus une réponse est courte, plus elle pèse. Celle-ci tomba comme un bloc de granit dans la mare de son admiration. La journée se passa, terriblement longue en ses détails mais affreusement courte dans son ensemble. La nuit s'acheva sans incident. Le lendemain matin, je révisai mes armes et je les chargeai avec soin.

La journée s'écoula sans encombre. Comme je ne voulais pas paraître troublé par les menaces de Martial, je suivis pas à pas le vieux Cyprien et je ne permis pas que les deux autres commis s'éloignassent, de façon qu'à aucun moment Martial, s'il m'avait guetté, n'eût pu accomplir son forfait sans craindre de blesser mes hommes. Bien que le temps fût frais et agréable, j'eus à me plaindre d'oppression et d'étouffements et je m'en excusai en prétendant que le temps était à l'orage.

Chaque heure passée sans incident accentuait encore mon angoisse. Je voyais partout s'agiter les buissons ou frissonner le feuillage. Partout j'entendais craquer les brindilles sous le pas de mon agresseur et j'eus plus de cent fois l'intention de gagner la route par les raccourcis et de courir à la gare pour ne plus revenir jamais dans ce pays où l'amour d'une très belle femme coûte si cher. Seule la crainte de rencontrer le Martial avant d'avoir gagné les zones civilisées me retint auprès de mes trois commis.

La nuit vint, plus troublante encore, offrant à l'agresseur d'innombrables facilités. Je ne dormis pas, frissonnant à chaque bruit. Le jour se leva et me trouva plus calme. A midi, j'étais guilleret. Martial n'avait pas osé mettre sa menace à exécution et j'éprouvai le besoin de faire un peu d'esprit. Le facteur, qui passait à la Boujadac lorsque nous étions à table, nous avertit que Martial Fumelier avait été ramassé par les gendarmes, en état d'ivresse, et qu'il devait coucher au poste pendant quelques jours. C'était un sursis qui m'était accordé mais pendant lequel je ne trouvai aucun expédient. Le troisième jour, le bataillonnaire fut remis en liberté et parcourut le pays en jouant du clairon et en répétant à qui voulait l'entendre qu'il reprenait, ce jour même, toutes ses activités.

Je vérifiai une troisième fois mes armes et j'attendis. Je ne trouvais plus de saveur aux plaisirs des sens, encore bien moins avais-je la possibilité de me livrer à des considérations philosophiques quelconques.

Je montai dans les combles et, penché par la lucarne, j'inspectai la campagne. La Boujadac était située sur un mamelon couvert de prairie. Tout à coup, je vis Martial qui traversait le grand pré où mes hommes chargeaient un chariot de foin. Il portait un fusil de chasse en bandoulière.

Je ne sus prendre une décision, aussi je restai là où j'étais. Il pénétra dans la cour et mon chien, qui n'aimait pas les étrangers, aboya furieusement. Il entra dans la salle où Jeanne et ses deux bonnes poussèrent des cris affreux et tentèrent de s'enfuir. Il les immobilisa et leur demanda où j'étais. J'entendis Jeanne lui répondre :

« Au foin, avec les hommes.

– Ce n'est pas vrai. Il se cache quelque part, le minet. »

Ce fut le silence.

« Si vous ne me dites pas où il est, j'en tue une », vocifèra-t-il.

Jeanne cria : « François ! Au secours ! »

L'autre triomphait. « Ah, ah ! Il est là ! Je le savais bien. »

Il recula vers le mur, dans le coin qui commandait à toutes les ouvertures, et cria : « Où que tu sois, sors de ta cachette et viens ici. Sinon, c'est moi qui vais aller te dénicher ! »

L'émotion me fit perdre le contrôle de mes gestes et je dus faire quelque bruit, car il s'écria : « Il est là-haut ! Je l'entends. »

D'un bond il s'engouffra dans l'escalier du grenier puis il monta lentement avec des précautions inouïes. J'en pris mon parti et, m'armant de tout mon courage, descendis dans la cour en passant par la fenêtre et en m'aidant des volets du rez-de-chaussée. J'entrai aussitôt dans la salle où je vis les trois femmes absolument pétrifiées. J'allai à elles.

« On m'a dit qu'il était là », dis-je d'un air indifférent.

Elles me montrèrent l'escalier. Je m'approchai avec précaution de la porte que je fermai à clé et dont je poussai le verrou.

Martial, arrivé dans le grenier, commençait à faire un bruit terrible, retournant les meubles, crevant les paillasses, sondant les sacs, les tas de grain, les chaînes d'oignons. Au train où il allait, je comptai qu'il pouvait encore rester trois à quatre minutes avant que les combles fussent complètement mis à sac. Je me plaçai sur le seuil, mon fusil à la main, sans être capable de savoir ce que j'allais faire par la suite. Les femmes suivaient mes gestes. « Sortez, leur murmurai-je à voix basse. Sortez, il y a du danger pour vous ! »

Elles s'enfuirent aussi vite que leurs jupons le leur permettaient. Martial les entendit ; il se précipita à la fenêtre et, les menaçant de son fusil, leur donna l'ordre de ne plus faire un pas. Elles étaient si effrayées qu'elles continuèrent à courir. Martial tira dans leur direction sans les atteindre. Alors, sans trop savoir ce que je faisais, je sortis dans la cour et tirai sur lui aussitôt que je l'aperçus. Un grand silence succéda au coup de tonnerre dont j'étais responsable. Les commis arrivèrent. Je rechargeai mon arme et nous montâmes avec précaution.

Martial Fumelier baignait dans une mare de sang. Je l'avais blessé à l'épaule droite et au cou. Il était sans connaissance, aussi je le désarmai et nous le descendîmes dans la salle commune où les femmes le soignèrent.

Dame Jeanne était toute rose du plaisir que lui avait causé la frayeur. La vue du sang et des blessures accrût encore son émotion et son excitation. Elle donna des ordres aux deux bonnes et ne me quitta plus. Il est inutile d'insister sur la négligence avec laquelle je traitai désormais cette affaire, car il me parut qu'elle prendrait de l'importance dans la tête de la belle Jeanne, en raison inverse de celle que je lui donnerais.

A me voir aller et venir en sifflotant, on eût juré que j'avais blessé grièvement des hommes toute ma vie. Jeanne me dit : « Tu l'as bien arrangé ! »

Je répondis : « Ceci n'est rien. Je réussis beaucoup mieux sur les honnêtes gens. »

Jeanne eut un éclat de rire suivi d'un frisson.

*

Au cours de cette année passée à la Boujadac, mon notaire m'avait donné des nouvelles de Christine à qui il procurait l'argent dont elle avait besoin. Elle avait vécu très sagement dans la maison familiale, avec la vieille bonne qui y était attachée au même titre que le superbe escalier de pierre et la rampe en fer forgé. Ces deux femmes avaient mené là une existence de recluses et le notaire, qui exerçait sur la fille de Vicardo une surveillance très dévouée, m'affirmait qu'elle vivait à l'écart, ne voyant personne, refusant de recevoir des visites et semblant même en proie à de graves soucis dont il ne parvenait pas à trouver la raison. Je comprenais que ma disparition était la cause de cet étrange chagrin et j'admirais la constance de cette femme, la seule précisément qui eût dû se montrer à mon égard ingrate et légère si tout s'était passé dans l'ordre. Hélas ! La tartine de confiture, je l'ai dit, tombe toujours la face contre terre et rien ne se passe comme il se devrait. Bien que mon cœur saigne de le constater, je suis obligé d'en convenir.

Cette fidélité farouche m'émut plus qu'on ne peut supposer. Je n'y étais pas accoutumé et je me sentis attiré à nouveau par cette vierge dont l'amour était pour moi comme une source fraîche. Je n'eus pas à me déplacer car les journaux racontèrent, avec des détails dont l'abondance excluait l'exactitude, la scène qui avait mis aux prises un cultivateur des environs d'Ambazac et un dangereux repris de justice. Lorsque mon nom était réduit à ses initiales, mon portrait venait heureusement préciser qu'il s'agissait bien de moi. Je n'aurais pas été fâché de cet hommage rendu à ma bravoure si le *Bien public,* le journal bourguignon des gens bien-pensants, n'eût reproduit scrupuleusement les articles des grands quotidiens de Paris. C'était ainsi qu'il apprenait le journalisme. De cette façon, Christine apprit mon adresse, affréta la Citroën et, laissant la maison à la garde de la vieille bonne, prit la route en direction de Guéret. C'est ainsi que, après avoir erré pendant trois jours, elle découvrit la Boujadac. Je la vis arriver, par une belle après-midi de fin juin, au volant de ma voiture. Sautant à terre et me voyant surveiller la mise en batterie des moissonneuses, elle vint à moi et, éclatant en sanglots, tomba dans mes bras.

La tenant embrassée, je levai les yeux au ciel en m'exclamant : « Qu'ai-je fait pour mériter cette nouvelle aventure ? »

L'entrevue qui mit les deux femmes en présence fut l'objet de tous mes soins. Je ne pus cependant éviter qu'une certaine animosité ne se manifestât de part et d'autre. Surtout lorsque ma Jeanne eut la délicate intention de faire plusieurs fois de suite allusion à notre mariage, voire à notre amour. Le soir de l'arrivée, Jeanne, qui était une maîtresse femme, fit confectionner un repas splendide auquel personne ne toucha hormis les domestiques. Les clafoutis aux cerises pas plus qu'un petit monbazillac ne parvinrent à réchauffer l'atmosphère.

On parla du jeune François, mon fils, qui faisait merveille au séminaire. Annie avait envoyé une carte postale de Marseille, le jour de son embarquement et, depuis, on était sans nouvelles. Quant à mon frère l'abbé, il venait d'être nommé curé d'une riche paroisse qui porte un nom de cru fameux. Il se plaisait dans sa nouvelle résidence et totalisait, aux quêtes dominicales, des sommes qui lui permettaient d'espérer sous peu un doyenné. Comme on le voit, ma famille avait plus de succès du côté de la robe que du jupon.

Jeanne tint à ce que Christine restât à la Boujadac et Christine accepta, de telle sorte que je fus contraint d'assister à des dialogues dépourvus d'aménité. En outre, tous les efforts que j'avais faits pour disparaître de la vie de Christine se trouvaient réduits à néant. Si j'avais adopté la solution paresseuse, j'aurais dit : « Dieu le veut ! » et j'aurais disparu une deuxième fois mais, à cette époque, j'étais encore plein d'illusions malgré mes expériences successives et je cherchai à résoudre le problème en toute équité.

Martial Fumelier, ma victime, était hospitalisé à Limoges. C'est pour lui rendre visite que je réussis à m'échapper de la Boujadac. En arrivant à Limoges, j'achetai des oranges et du chocolat et je me rendis à l'hôpital.

Le bataillonnaire Martial Fumelier était soigné dans une salle à part où deux gendarmes se relayaient pour le garder. Il reçut mes cadeaux avec une satisfaction visible.

« Sans rancune ? lui demandai-je.

– C'était régulier, répondit le malfaiteur.

– Je n'ai qu'un reproche à te faire. Pourquoi as-tu tiré sur les femmes ?

– J'étais soûl ! répondit-il avec suavité.

– Ça ne t'a pas porté chance ! Si tu t'étais tenu tranquille, tu jouerais encore du clairon à la Boujadac. »

Il fit un geste d'impuissance. « J'étais tellement heureux de revenir au pays que j'ai voulu rigoler un peu. »

Voyant le tour que prenait la conversation, les gendarmes sortirent. J'en profitai pour dire à Fumelier : « Je n'ai jamais voulu te tuer, encore bien moins te faire condamner, aussi je suis venu t'offrir un alibi. »

Il me regarda au travers de ses pansements. Je repris : « Je dirai que tu étais ivre et que tu as voulu nous faire une farce. J'aurais tiré sur toi sans savoir, pour te corriger. Je ne parlerais ni de tes menaces ni de notre rivalité. J'aurais mal au cœur de “ donner ” un collègue. »

Ces phrases amicales ramollirent le cœur du « dur des durs ». Il saisit ma main et la serra en disant :

« T'es un pote.

– A moins que tu préfères t'évader. En ce cas, je te donnerais un bon moyen. »

Il hésita. « Je ne sais pas. Je verrai. Reviens me voir un de ces jours. » Je le laissai, suçant mon orange.

A la Boujadac, je trouvai le brigadier de gendarmerie et deux de ses hommes assis devant une copieuse collation. Ils m'attendaient pour faire leur enquête. Après avoir mangé, bu et plaisanté, ils sortirent leurs papiers et se mirent en devoir de me questionner. Je soutins que Martial et moi étions en très bons termes et que le pauvre ivrogne avait voulu plaisanter. Son ébriété l'avait incité à faire parler la poudre. Privé de son sang-froid, il avait été amené à faire un dangereux emploi de son arme ; c'est pourquoi, voulant le mettre hors d'état de nuire, j'avais pris, à contrecœur, la décision de lui faire peur à mon tour.

Les excellents gendarmes furent déçus ; ils s'attendaient à décortiquer un joli petit scandale comme on n'en fabrique que dans les fermes isolées, dans les pays un peu retirés. En général, dans ces conditions, une femme vacante donne lieu à des intrigues très complexes qui, faute d'aiguiser la perspicacité des enquêteurs, satisfont largement leur libido. Ceux-là se retirèrent après m'avoir fait signer ma déposition. Celle des bonnes fut plus confuse et redonna aux gendarmes quelque espoir de se retrouver en présence d'une tentative criminelle. Par mes explications complémentaires, je ramenai l'affaire à une simple plaisanterie doublée d'une crise d'absinthisme.

Il ne me plaisait pas de voir Martial Fumelier retourner en prison d'où il sortirait plus excité que jamais. En outre, il me plaisait de voir cet homme en liberté ; car j'aurais fait n'importe quoi pour éviter cette sorte de danger qu'on court sur le champ de bataille, mais il m'était agréable d'avoir peur et Martial m'épouvantait. Sans Martial, Jeanne était insipide et la campagne limousine perdait les trois cinquièmes de son attrait. J'ai longuement cherché à analyser ce sentiment, je n'y suis jamais parvenu. Las de chercher vainement, j'en ai conclu que le bourgeois moyen aime à avoir peur ; c'est peut-être, avec son immense égoïsme, ce qui le pousse à entretenir la haine de classe en faussant odieusement les rapports entre le patron et le salarié. Savoir qu'il excite la jalousie et la colère du peuple et court à chaque instant le risque d'une révolution active sa digestion et agit sur ses glandes endocrines, de la même façon que les dangers élémentaires que rencontraient ses ancêtres des cavernes. Ainsi, ce que l'on a coutume de nommer « l'esprit bourgeois » ne serait, si mes déductions sont justes, qu'une réaction d'autodéfense d'une classe sociale tendant à créer une vie dangereuse artificielle lui permettant d'échapper ainsi à la dégénérescence dont parle M. Alexis Carrel. Il est à remarquer que, à l'exemple de ce qui se passe couramment dans la nature, la réaction contre le mal élabore un remède pire que le mal qu'il voulait combattre et que parfois la classe ouvrière réagit un peu plus brutalement qu'on ne l'avait prévu. Cet accident, dû à une erreur de dosage, se nomme Révolution et coûte la vie à quelques innocents.

Cette importante et amphigourique remarque faite, je reprends le cours de mon récit.

Christine, on le devine, n'était pas venue depuis Beaune pour passer à la Boujadac quelques semaines de villégiature. L'amour qu'elle me portait l'autorisait à venir en Limousin réclamer son dû. Aussi ne me laissa-t-elle que très peu de temps pour lui faire visiter la région. Chaque fois que je l'entraînais en des courses d'ordre touristique, elle ne manquait pas de me poser des questions oiseuses auxquelles je devais répondre coûte que coûte. Le plus souvent l'entretien prenait une tournure telle qu'il m'était impossible d'assurer le pilotage de la voiture ; je rangeais alors la Citroën sur le bord de la route et nous poursuivions plus aisément notre conversation, assis sur l'herbe d'une châtaigneraie ou au bord de ces délicieux ruisseaux où l'écrevisse pullule. Christine ne prenait visiblement aucun plaisir à la contemplation de ces merveilles de la nature limousine.

Invariablement elle en rompait le charme, me posant la question la plus simple et la plus désarmante : « Pourquoi es-tu parti ? J'ai beau réfléchir, je ne comprends pas pourquoi tu as quitté la maison aussi précipitamment, après m'avoir juré que tu m'aimais.

– Pardon, Christine, tu anticipes, disais-je promptement.

– Je sais, je sais, reprenait la jeune fille. Je sais que tu vas nier, je sais aussi ce que tu pensais, bien que tu ne me l'aies pas dit explicitement, mais les femmes lisent vos pensées.

– Elles écrivent également l'histoire avec une mauvaise foi désarmante.

– Tu m'aimes, François, j'en suis sûre !

– Tant mieux, tant mieux !

– Alors pourquoi me fuis-tu ? Pourquoi, le lendemain de nos fiançailles, as-tu pris la route comme un fou pour venir échouer ici avec cette folle ? »

La surprise me rendait muet.

« Oui, cette folle ! reprenait Christine. Naturellement, tu n'as rien vu, rien remarqué. Tu n'as pas compris, depuis un an que tu vis là, que cette femme est hystérique et cherche un mâle à ajouter à sa collection ?

– Christine, mon petit, est-ce pour t'entendre parler de la sorte que j'ai confié ton éducation aux Dames du Très-Sacré-Cœur ?

– Les Dames du Très-Sacré-Cœur n'ont rien à voir là-dedans. Je te défendrai malgré toi contre cette femme qui a entrepris de ruiner ta santé...

– Je t'assure que je me porte à merveille et que dame Jeanne procède avec moi d'une façon fort discrète !

– Tu me fais rire, disait Christine les larmes aux yeux. Mais pourquoi donc es-tu parti ? Tu n'as donc pas compris que je t'aimais vraiment ? »

A ce moment, invariablement, je prenais l'air le plus grave du monde et je disais : « Ma petite Christine, c'est précisément parce que j'ai senti que tu m'aimais que je suis parti aussi précipitamment. Il est excellent et salutaire de ne pas hésiter à faire, dans sa vie, un certain nombre de folies. Non seulement neuf sur dix des bêtises sont agréables, et même utiles, mais je soutiens qu'elles sont indispensables. Toutefois il faut savoir se borner dans ce domaine et ne pas se laisser entraîner à commettre des fautes impardonnables. Faire sa maîtresse puis son épouse de sa fille adoptive en est une.

– Mais non !

– Mais si !

– Mais non !

– Mais si ! Si tu avais trente ans, j'en aurais presque cinquante et tu serais de mon avis.

– Je t'aime assez pour t'aimer jusqu'à la mort.

– Mais tu es folle ! Réfléchis un peu ! De quoi aurai-je l'air, je te le demande, en épousant ma fille !

– Pourquoi les hommes se demandent-ils toujours de quoi ils auront l'air ?

– Tu ne vas pas me reprocher un excès de respect humain ! J'ai toujours fait preuve du plus parfait laxisme et de la plus grande indifférence à l'égard du jugement des autres. Mais, en la circonstance, il m'a semblé fort raisonnable de disparaître de ta vie. J'espérais que mon absence te permettrait de faire la connaissance d'un jeune homme de ton milieu avec lequel il te paraîtrait infiniment plus normal et agréable de te marier.

– Tu t'es trompé, voilà tout !

– Mais enfin, mon petit, regarde-moi. J'ai trente-huit ans, j'ai couru les routes de France, perdu ma réputation à fréquenter Dieu seul sait qui, j'ai des rides naissantes, mes cheveux sont clairsemés, j'ai fait preuve d'un scepticisme affreux, je suis sensuel, cynique et désabusé, je n'ai ni foi ni loi. Il me manque cet enthousiasme élémentaire qui fait les bons maris et je ne suis pas certain, en raison des abus que j'ai commis, de mériter longtemps le titre d'homme mûr.

Christine tentait alors de me prouver que j'étais un mari idéal, précisément à cause de cela, et ces différentes tares que je lui énumérais lui semblaient être, au contraire, autant de qualités qui font les maris désirables, indulgents, tendres et bons. Je ripostais en exagérant même mes défauts ; elle ne voulait rien entendre et se mettait doucement à pleurer, et Dieu sait si elle était délicieuse lorsqu'elle pleurait !

Cette campagne, menée par Christine auprès de moi, eut pour résultat de me troubler plus qu'on ne saurait l'imaginer mais je mettais la plus grande énergie à ne pas me laisser séduire. J'y étais aidé par dame Jeanne qui me disait de son côté : « Va-t-elle bientôt s'en aller, cette pécore ? N'a-t-elle pas encore compris qu'elle nous gênait ? Car, en somme, nous allons nous marier sous peu ! Elle est hystérique, tu m'entends...

– Oh, Jeanne, tu exagères ! disais-je alors.

– Comment j'exagère, voilà une gamine qui veut épouser son père et tu trouves ça normal ? !

– Ma chère Jeanne, je ne suis pas son père !

– Tu n'es pas son père ? Tu étais bien l'époux de sa mère, n'est-ce pas ? Tu lui as donné le biberon à cette petite ? Tu lui as torché les fesses ? Et voilà qu'elle veut t'épouser ? Elle est malade, François, elle est malade. »

Parfois, elle me disait encore : « Mais fiche-la donc à la porte, puisqu'elle s'entête à ne pas comprendre ! »

Je lui demandais : « A ne pas comprendre quoi ?

– Mais que tu la hais car tu ne peux pas ne pas la haïr depuis que tu comprends son calcul.

– Quel calcul ?

– Tu me demandes quel calcul ? Mon Dieu que les hommes sont bêtes ! Ecoute-moi bien : elle n'est pas ta fille...

– Je ne te le fais pas dire.

– Tais-toi. Elle n'est pas ta fille. Elle n'héritera donc pas de ta fortune. Or elle est accoutumée à une certaine aisance. Il lui serait pénible de laisser échapper cette fortune, alors elle simule la grande passion. Elle ira jusqu'à faire le sacrifice de coucher avec toi...

– Merci.

– ... Moyennant quoi elle profitera, sa vie durant, de ta fortune. »

Ces arguments avaient pour effet de me mettre dans une violente colère que je dissimulais soigneusement. Je chaussais mes gros souliers, je mettais mes guêtres et je partais, au hasard, à travers landes et bois qui couvraient les montagnes environnantes. Je coupais une baguette flexible et je marchais en fouaillant les herbes et les jeunes pousses, victimes innocentes de ce terrible drame d'amour.

Ce qui me rendait d'humeur massacrante, c'était de penser que les arguments de ma bonne amie Jeanne pouvaient être justes. J'employais le temps de la marche à revoir chacune de ses affirmations et à les discuter, à les disséquer, à les sonder pour me persuader qu'elles n'étaient dictées à ma fiancée que par une jalousie d'autant plus féroce que Christine était de treize ans plus jeune qu'elle. Pourtant, je n'étais pas sans comprendre qu'à plus d'un égard mon amie Jeanne pouvait fort bien avoir raison et je souffrais. Oui, je souffrais, car l'amour de Christine m'avait ému à ce point que j'en arrivais à souhaiter qu'il fût sincère. Aussi, dans cet espoir, je quittais Jeanne pour retrouver Christine à laquelle je demandais de m'ôter toute espèce de doute. Celle-ci, se sentant alors sur le point de triompher, faisait donner ses réserves et, à son tour, glissait dans mon cœur des doutes sur la sincérité de l'amour de dame Jeanne. « C'est une femme à hommes ! » prononçait-elle avec dédain.

Je croyais entendre ma propre mère et ce singulier goût à ce pluriel donnait à sa pensée un sens profondément méprisant.

« Tu n'as pas compris que cette femme n'en veut qu'à tes sous ? » disait-elle encore.

– Elle est déjà riche ! répondais-je.

– Elle le sera davantage et pourra quitter son trou pour mener la grande vie ! »

Elles firent tant et si bien que je me mis à douter des deux à la fois et à chercher un moyen sensationnel pour les mettre à l'épreuve et voir enfin celle qui m'aimait avec le minimum d'égoïsme.

J'eus une idée géniale, quoique assez peu inattendue, pour réaliser ce projet. Je simulai une grande inquiétude et je priai mon notaire de m'envoyer une lettre par laquelle il m'annonçait ma ruine, de la façon qu'il jugerait la plus plausible car, n'ayant jamais participé à la gestion de mon avoir, j'ignorais totalement la façon dont j'eusse pu le perdre. Comme on voit, ce système ne péchait pas par excès d'originalité. Cependant, je pris tant de soin à en préparer la mise en scène, que je pus jouer mon rôle avec un maximum de vraisemblance. D'ailleurs, maître Mollet, le successeur de mon père, qui s'occupait de mes affaires, fit bien les choses. Il n'hésita pas, sur la lettre qu'il m'envoya, à donner de telles précisions, à dépeindre si parfaitement l'état pitoyable de mes finances, que j'en fus moi-même ébranlé. Je fus le seul d'ailleurs car, pendant que je m'effondrais d'une façon remarquable, les deux femmes me soignèrent avec un dévouement digne d'admiration, entreprenant chacune de leur côté un traitement moral et physique destiné à me donner la force de réagir. Le brave notaire ne se contenta pas de m'envoyer cette première lettre, il m'en fit parvenir deux puis trois autres dont l'effet venait aggraver celui de la première et me confirmer, chiffres à l'appui, ma ruine totale.

Ces lettres, aussitôt reçues, étaient communiquées aux deux femmes qui souriaient. Jeanne me prenait par le cou en me disant, pendant que je riais sous cape : « Ne te fais donc pas de souci pour cette affaire ! Tu es ruiné ? La belle affaire. Le suis-je moi ? J'ai assez de bien pour nous deux. Reste à la Boujadac où tu as déjà fait merveille, je t'aimerai bien, tu verras. Lorsque ta gamine sera partie, tu ne penseras plus à tes misères ! Ce que je veux, c'est vivre près de toi et vieillir à tes côtés. »

Christine, plus jeune donc plus affirmative, m'objectait de son côté : « Ruiné ? Mais tu restes riche de talent, mon grand ! Nous allons nous préparer et, lorsque l'autre folle nous aura mis à la porte, je t'emmènerai à Paris. J'irai trouver les directeurs de théâtre et je leur dirai : le théâtre meurt parce qu'il n'y a pas de grands hommes de théâtre. Moi, je connais un nouveau Molière, un auteur de génie, un acteur de grande valeur. Lisez ses manuscrits, accordez-lui une audition et votre fortune est faite. La nôtre aussi. » Elle ajoutait : « J'ai compris que ce malheur était la pierre de touche qui allait révéler ton tempérament. »

Jeanne lui succédait pour m'affirmer qu'elle allait pouvoir me prouver son amour, maintenant que j'étais pauvre, et qu'elle eût souffert de m'épouser riche.

Christine venait ensuite me dire que cette ruine était la conséquence d'une longue neuvaine faite à une jeune sainte en honneur à l'époque. Elle s'était astreinte à réciter chaque soir trois Ave et trois Pater pour obtenir de Dieu la possibilité de me prouver la profondeur de son amour.

Lorsque je fus remis sur pied, j'envoyai une lettre de remerciement au notaire. Puis je n'entendis plus parler de lui. Hélas, ma mystification avait supérieurement révélé l'attachement indéfectible des deux femmes. Je me vis donc dans l'obligation d'imaginer un nouveau stratagème pour départager les concurrentes et je crus que j'aurais tout intérêt à user d'une récente amitié. Martial Fumelier, en effet, avait échappé aux assises grâce à ma déposition et n'était inculpé que d'ébriété et de port d'arme, deux petites plaisanteries qui lui vaudraient tout au plus quelques mois de prison. Martial devait d'ailleurs bénéficier de l'indulgence du tribunal car il était titulaire de la croix de guerre des T.O.E. avec trois palmes, de la médaille du Maroc, de la croix du Nissam Iftikar et de la médaille militaire ; en un mot, c'était un excellent Français auquel on ne pouvait appliquer qu'un régime de faveur.

En me rapprochant de lui mon but était assez imprécis, mais il me semblait que cet homme-là pouvait m'être fort utile. Bien que je fusse déjà occupé à organiser un nouveau coup de théâtre, mes deux femmes (qu'on me permette cette expression) continuaient à m'accabler de tous les soins en usage dans les cas de revers de fortune. Malheureusement, en raison de l'état de concurrence qui les opposait, l'une détruisait tout ce que l'autre avait fait. Malgré tout, je vivais fort heureux, nourri de lait de poule [1], de volailles truffées, abreuvé de vins généreux, et j'opposais aux requêtes contradictoires des deux femmes des fins de non-recevoir fort habiles. A Christine, je disais que j'étais encore trop faible pour penser partir de suite à la conquête de la gloire ; à Jeanne, j'affirmais qu'aussitôt remis je m'occuperais de régler le sort de ma jeune pupille ; et aux deux, je prêchais la patience et l'indulgence.

« Que vous ne puissiez vous supporter, c'est normal, mais prenez un peu de patience, que diable ! » leur disais-je.

Dans ma chambre, où je vivais, les deux femmes avaient une attitude correcte et faisaient visiblement de gros efforts pour garder la neutralité, mais certains bruits me révélaient que, à la cuisine ou en d'autres lieux, elles passaient nettement à l'état de belligérance.

---

1. Lait chaud sucré dans lequel on a battu un jaune d'œuf, ayant des vertus reconstituantes.

Tout cela avait lieu chez Jeanne, on ne doit pas l'oublier et, en la circonstance, elle se montra d'une indulgence digne de tous les éloges. Mais cela ne pouvait durer longtemps. Je voyais arriver le moment où mon hôtesse, qui se trouvait être ma fiancée, allait me mettre le marché en main. D'ailleurs, le secrétaire de mairie nous avertit que les pièces nécessaires à la célébration de notre mariage étaient arrivées et, normalement, la publication des bans devait avoir lieu aussitôt.

Fort heureusement, un matin, la lettre de remerciements que j'avais adressée au notaire me revint portant la mention PARTI SANS LAISSER D'ADRESSE.

Laissant Christine à la Boujadac, je pris la route sans prévenir et j'arrivai à Beaune après avoir couvert les cinq cent cinquante kilomètres en un temps record. Cela me mit en d'excellentes dispositions pour apprendre que maître Mollet s'était enfui avec une danseuse étoile du théâtre municipal de Dijon.

*

La situation exacte était la suivante : maître Mollet, qui était un homme consciencieux et pondéré, président de l'association des notaires catholiques, n'aurait jamais eu l'idée de commettre le crime qu'on lui reprochait si un de ses clients n'avait poussé l'originalité jusqu'à le prier de lui faire parvenir un courrier lui annonçant sa ruine. Le brave notaire avait eu, on le conçoit, un haut-le-corps mais, par pure charité, il avait accepté d'écrire ces lettres. Annoncer à quelqu'un qu'il est ruiné, alors que ses affaires sont prospères, nécessite une certaine imagination et un travail de longue haleine. Peu enclin aux fictions, le notaire était néanmoins arrivé à composer une affabulation d'une telle vraisemblance qu'au bout de quelques jours il en vint à la trouver ingénieuse. Il s'en serait tenu là si le frère de son client, un prêtre riche et influent, n'était venu maintes fois le trouver et lui tenir le discours suivant :

« Cher maître, vous connaissez mon affection pour mon frère. Vous connaissez également sa négligence en affaires, vous n'ignorez donc pas non plus son ignorance en la matière. Malheureusement, mon frère se lie facilement, notamment avec des femmes, et il n'apporte pas toujours, dans le choix de ses relations, toute la perspicacité désirable... Enfin, nous n'avons pas le droit de juger et je prie Dieu pour qu'il s'amende. Mais je ne suis pas venu pour parler de son salut. Ce qui m'amène, c'est un souci d'ordre matériel. Mon frère, en effet, dilapide avec insouciance le patrimoine familial, et l'on conçoit aisément que les femmes qu'il fréquente tentent tout pour capter sa confiance sans aucun scrupule et abusent de lui avec un effroyable cynisme. De telle sorte que la petite fortune de mon frère est en péril. Déjà j'interviendrais si sa santé et son salut étaient menacés, à plus forte raison, comprendrez-vous que je m'inquiète de l'imprévoyance et de la prodigalité de mon pauvre frère. C'est pourquoi je suis ici. Dieu, dans sa grande bonté, nous a peut-être donné une arme puissante en le faisant insouciant et, dans le but de le défendre contre ses propres défauts qui entraîneraient sa ruine et, par contrecoup, celle de son fils dont je m'occupe, j'ai élaboré une petite combinaison qui peut mettre notre bien familial à l'abri. »

Mon frère, car c'était lui, expliqua au bon notaire comment une à une toutes les parcelles de mon héritage pourraient être achetées par lui, à un prix avantageux, sans que je m'en rendisse compte. Pour cela, il suffirait de glisser, dans les pièces qu'il m'envoyait à signer, des actes aux termes desquels je vendais tel ou tel champ, telle ou telle prairie, à mon frère l'abbé. De son côté, le prêtre paierait comptant et, pendant que l'argent figurait bel et bien à mon compte, toutes mes terres devenaient sa propriété et resteraient ainsi en la possession de la famille.

Le notaire hésita un instant, non que sa conscience fût troublée par une opération fort honnête puisqu'il s'agissait de défendre le bien d'une famille bien-pensante, mais parce qu'il ne voulait pas croire qu'un homme élevé dans la crainte de Dieu fût assez négligent pour signer sans les lire des actes rédigés sur timbre et pour se désintéresser à ce point de la conduite de sa fortune.

L'abbé, mon frère, s'en retourna bredouille la première fois mais il mit, dans son désir de me défendre contre la ruine et le déshonneur, un tel entêtement qu'il revint plus de vingt fois, sous n'importe quel prétexte. Son éloquence sacerdotale lui fut d'un grand secours en la circonstance, et enfin il obtint que le notaire glissât, à titre d'essai, parmi les pièces qu'il soumettait à ma signature, un papier sur lequel ils avaient copié un verset du XIXe psaume de Jérémie : « Le serpent m'a étouffé, le chien m'a dévoré et l'homme m'a laissé à ma misère. O Dieu ! Protège-moi contre... etc. » Je signai ce papier comme j'avais l'habitude de signer tous les autres que maître Mollet m'envoyait.

Lorsqu'ils reçurent ce verset dûment paraphé de ma main, ils battirent des mains et l'abbé remercia Dieu, comme on doit le faire lorsque la volonté divine coïncide avec ses propres desseins. Il n'en fallut pas davantage pour encourager l'abbé à persévérer et pour inciter le notaire à imaginer la plus hardie des combinaisons. En effet, Satan, qui réussit souvent à tromper Dieu de la plus subtile façon, mit sur le chemin de maître Mollet une jeune personne fort bien faite. Cette femme était danseuse au théâtre de Dijon et le notaire avait pu lui faire une cour effrénée qui lui coûtait fort cher.

Il eût dû porter les sommes provenant des ventes de mes terres à l'actif de mon compte, mais il les utilisa tout autrement, négocia quelques titres appartenant à d'autres clients, réunit tout cet argent et pria la danseuse de passer avec lui la frontière. On disait qu'il était parti en Amérique où les huit millions ainsi volés lui avaient suffi pour se livrer à différentes spéculations heureuses, déshonorant ainsi sans vergogne son père, sa mère, sa femme, ses deux enfants et l'honorable corporation des notaires. Par contrecoup, il me ruinait.

Je crus fermement que cet homme de devoir n'avait perdu son honneur que d'une façon passagère et que la peur du châtiment éternel le lui ferait retrouver, mais, hélas, cette certitude réconfortante me laissait fort dépourvu et j'envisageai mon mariage avec Jeanne de la Boujadac (ainsi la nommait-on) comme la seule façon décente de sortir de ce mauvais pas. Je ne voulus pas cependant retourner en Limousin, où m'attendaient mes deux femmes, sans avoir avec mon frère une ultime entrevue. Il me reçut avec une grande douceur dosée de commisération. Je m'enquis de sa santé et de celle de François, ce fils que je devais à ma femme et à un homme inconnu. Puis je parlai de ma ruine.

« Remercions Dieu, dit mon frère, que cette crapule de notaire ait insisté pour me vendre tes propriétés, ainsi nos terres restent dans la famille et François en héritera ainsi que des miennes !

– A quoi bon ? répondis-je. S'il est sincère et qu'il a lu l'Evangile avec un minimum de bonne foi, il devra se dépouiller de tous ces biens pour suivre son maître. »

Et je récitai différents versets que les évangélistes nous ont conservés à titre de curiosité et qui ont pour but d'indiquer aux futurs disciples de Jésus la marche théorique à suivre pour se consacrer à lui. Ces quelques phrases sont d'ailleurs tellement belles et, en quelque sorte, surhumaines, qu'elles font venir les larmes aux yeux des plus pervertis et découragent, par leur rigueur, les meilleures volontés, ce qui explique leur succès d'estime et leur insuccès de fait.

Mon frère me répondit qu'il était heureux de constater que je n'avais pas oublié l'enseignement du catéchisme.

Je lui affirmai que si le Jugement dernier avait lieu par voie d'examen, j'étais sûr d'entrer au Paradis car ma mémoire était excellente, grâce à Dieu !

Là-dessus, avec une délicatesse touchante, il me fit remarquer à quelles extrémités pouvaient entraîner la pratique des vices et le dérèglement des sens. Ce à quoi je répondis par une phrase que j'avais élaborée au cours de mes heures de « colle » chez les jésuites : « Apparemment, l'animal ne fait pas la morale à son semblable, c'est ce qui fait sa supériorité sur l'être humain ! »

Mon frère, le doyen, prit très mal ces paroles et soupira : « Je prie Dieu pour qu'il t'éclaire.

– Je te suis très reconnaissant et puisque tu es en communication avec le Père éternel...

– François ! Je te prie...

– ... Fais donc en sorte qu'il bénisse mon mariage !

– Tu te remaries ?

– Non, je me marie pour la première fois. L'union avec Annie, tu le sais, n'était qu'une association civile pour assurer l'éducation de Christine Vicardo. Maintenant que j'ai fait mon devoir en ce sens, je pense que j'ai le droit de me marier selon mon désir et je ferai bénir mon union par ton confrère de Laubiac !

– Et peut-on savoir le nom de ta fiancée ?

– Son nom ne te dirait rien. C'est une riche propriétaire limousine. »

Le visage de mon frère s'éclaira. « Mais tout est pour le mieux, mon cher François !

– Tout est pour le mieux, repris-je. Je n'en ai jamais douté et ce serait bien le moment d'entonner un cantique d'action de grâces si la décision que je prends d'épouser cette femme ne devait pas jeter dans le désespoir une jeune fille que j'aime beaucoup.

– Vraiment ?

– Oui. Christine Vicardo voudrait m'épouser.

– Ta fille !

– Elle l'est de moins en moins, sans l'avoir jamais été tout à fait.

– Je le sais, mais comment se fait-il que cette petite soit assez...

– Ah ça, mon cher, il te faut le demander au Dieu tout-puissant. A mon sens, cela ne peut être qu'une erreur de ses bureaux. Un de ses anges secrétaires aura sans doute laissé la pagaille s'introduire dans mon dossier et dans celui de Christine.

– François, François ! gronda mon vénérable frère. Comme tes plaisanteries sont de mauvais goût !

– En tout cas, je n'ai rien fait pour me faire aimer de cette petite, tu l'avoueras. Je l'ai fait élever par les Dames du Très-Sacré-Cœur qui ont formé l'élite de la société beaunoise. Ensuite, j'ai donné des petites réceptions à la maison où j'invitais les jeunes hommes en âge de lui plaire. Je n'ai ménagé ni les petits fours ni le champagne car je n'ignorais pas que le mousseux donne de l'audace aux enfants et les prive de leur pudeur juste le temps de prononcer une phrase fatale. J'ai organisé des suprises-parties où je me gardais de paraître. J'ai animé un groupe de jeunes, non pas dans le but de leur faire faire du mauvais théâtre, mais encore en vue de multiplier les contacts de ma pupille avec des jeunes gens de son âge. Je gage qu'il s'en est trouvé au moins deux pour lui conter fleurette et je suis à peu près sûr qu'un des deux soit allé jusqu'à de brûlantes déclarations ! Rien de tout cela, pas même les efforts des Dames du Très-Sacré-Cœur, n'a réussi à inspirer à Christine un amour normal. C'est à moi qu'elle a fait son premier aveu.

– Elle n'a pas pris seule cette initiative.

– Dis tout de suite que c'est moi qui l'ai séduite habilement ! Tu n'ignores pas cependant que, lorsque j'ai su le terrible secret, je me suis enfui sans tambour ni trompette et, n'était un démêlé avec un brave bataillonnaire, elle n'eût jamais connu ma retraite... J'ai tout fait par la suite pour l'inciter à revenir à Beaune. Elle est restée pour me prouver que mes défauts, mes vices mêmes étaient à ses yeux autant de stimulants à son amour !

– La pauvre enfant ! gémit Louis.

– ... Là-dessus, j'ai voulu simuler la ruine, le déshonneur et tout. Je dois te dire que j'avais la conviction que Christine, jeune comme elle était, faiblirait, et je supposais par ailleurs que Jeanne, en raison de son âge plus avancé, me ferait habilement comprendre que, pauvre, je ne l'intéressais plus. Las ! Les deux femmes m'ont accablé de leur dévouement pour me surprouver leur indéfectible... Bref, je n'ai plus aucun espoir de voir Christine revenir à des sentiments plus conventionnels. Elle aime son père, elle l'aime d'amour et les braves Dames du Très-Sacré-Cœur l'ayant privée, par leur méthode d'éducation, de tout cynisme et de tout réalisme, elle est capable de se livrer aux pires excentricités si son père ne veut pas l'épouser.

– François ! Sois correct !

– Je suis correct ou bien c'est le meneur de jeu qui ne l'est pas.

– Où veux-tu en venir ?

– Qu'on me coupe bras et jambes si je n'ai jamais voulu en venir quelque part !

– Tu n'as pas changé. On ne peut pas avoir avec toi une conversation suivie !

– Mais c'est la vie qui est décousue ! »

Mon frère se pencha vers moi, fraternellement.

« François, dit-il doucement, si tu voulais tenter de rentrer dans la bonne voie.

– C'était chose faite, répondis-je. Un notaire véreux m'avait dépouillé de cette fortune qui est un obstacle sérieux à la réalisation de son salut. En outre, j'avais fait la connaissance d'une jeune veuve qui m'a donné des preuves très spéciales de son amour. J'allais, grâce à elle, faire un retour à la terre, cette terre nourricière, cette belle et noble terre de France qui est notre mère à tous et...

– François, je t'en prie...

– J'allais fonder un foyer, une famille, dans des conditions exceptionnelles. J'allais trouver enfin la stabilité, et voilà que surgit cette adorable Christine que mon mariage pousse au bord du suicide. Que dois-je faire ? Je le demande au directeur de conscience que tu es. »

Mon frère fit attendre sa réponse. Il était visible qu'il ne l'élaborait qu'avec une grande difficulté. Enfin, il prononça :

« Quel désordre ! Je prierai Dieu pour vous.

– Merci, lui dis-je. Voilà qui me sera certainement fort précieux. »

Et je sortis.

*

Dans la rue, garée le long du trottoir, je retrouvai ma vieille Citroën qui m'était restée, malgré les efforts conjugués de l'abbé et du notaire en vue de ma ruine totale. J'en caressai le volant avec amour et, ayant mis le moteur en marche, je démarrai alors que mon frère, derrière ses jalousies, me regardait partir en se frottant les mains.

J'avais quelque argent en poche, aussi je fis, pour rentrer en Limousin, un léger détour qui me conduisit sur le littoral de la Méditerranée. Mais la foule qui se pressait alors sur les plages de la Côte d'Azur ne me plut pas ; je quittai donc ces lieux pour gagner, par le Roussillon, le Béarn, la Bigorre, et le Pays basque où je trouvai, près d'Iruta, une auberge où l'hôtesse était belle à ravir, la chère excellente, l'horizon splendide, la rivière truiteuse et les pâtres absolument authentiques. J'écrivis une pièce dans ce paradis verdoyant et j'aurais prolongé là mon séjour si je ne m'étais subitement aperçu que tout l'argent dont je disposais s'était trouvé dépensé. Je dus donc vendre ma chère Citroën pour payer ma pension et acheter un vélocipède en parfait état, quoique usagé, qu'un mécanicien de Laruns me vendit cinq ou six fois plus cher qu'un billet de chemin de fer pour la Boujadac. Néanmoins, je voulais faire du cyclotourisme, selon la formule que je vais donner et dont je croyais être l'auteur. Je me mis donc en route un beau matin dans le but de me rendre à la Boujadac.

Je roulais rarement pendant plus de quatre ou cinq heures, à une allure plus ou moins paisible suivant le profil de la route. Lorsque j'avais faim, j'entrais dans une ferme et je demandais qu'on me fît un repas. Comme j'avais soin de choisir des établissements malpropres et riches en enfants, il était rare que la patronne voulût accepter le prix de mon repas. Certes, cette façon de voyager est irréalisable lorsqu'on frappe à la porte des maisons cossues et propres. J'en eus la conviction au bout de deux jours de voyage. Je donnais quelque monnaie aux enfants avant de partir, non sans avoir vitupéré contre les communistes et les Allemands, causes de tous nos maux passés, présents et à venir. Mes hôtes, pourvu qu'ils fussent d'obédience bien-pensante et qu'ils eussent la corde patriotique bien placée, approuvaient bruyamment, se jugeant suffisamment payés par ces discours. Je crois que je dois à cette comédie la sympathie particulière que j'ai pour les communistes et les Allemands, bien que je sache qu'ils ne la méritent pas davantage que les autres.

Un soir, alors qu'aucun village ne m'était apparu, la nuit me surprit dans les grands bois du causse de Sarlat. Après avoir erré au hasard, je trouvai une ferme isolée dont la principale industrie devait être l'élevage du mouton. J'entrai. Le maître demanda à prendre connaissance de mon livret militaire. On me servit une soupe à l'ail, une omelette aux cèpes et un peu de fromage de brebis. Lorsque je demandai le prix de mon repas, le patron, un vieux bonhomme noiraud comme un Castillan, me répondit : « Vingt-cinq francs ! »

Il me restait quinze francs. Je le savais mais je fis mine d'avoir perdu mon portefeuille et d'en être très gêné.

« Qu'à cela ne tienne, dit l'homme. Demain le soleil se lèvera et j'ai besoin d'aide. Couchez ici, vous me paierez d'une journée de service.

– Chez vous, lui dis-je en riant, une journée de travail équivaut à un seul repas ?

– Pour des petits messieurs comme vous, oui, car vous mangez ferme et travaillez mou. »

Je passai une excellente nuit dans le fenil. Au petit jour, je vis qu'une lucarne donnait sur la grange où dormait ma bicyclette. Avec un peu d'adresse, j'aurais pu sortir de la ferme et gagner le Causse, mais je restai.

Le jour vint. C'était le mois de juillet et les pommes de terre réclamaient un coup de pioche, à ce que me dit le vieux. Je descendis dans la salle où l'on me servit un verre de vin blanc frais et dix noix avec une lichette de pain rassis. Lorsque j'eus fini, on me remit un bigot [1] et le patron nous emmena dans le champ. Il passait entre les raies de patates avec une petite charrue traînée par une maigre mule. Nous devions reprendre à la pioche entre chaque pied. Je connaissais bien ce travail pour l'avoir commandé à mes domestiques de la Boujadac et pour l'avoir fait, dix-huit ans plus tôt, en Dordogne.

A dix heures, on nous apporta du pain rassis et du fromage. Puis le travail reprit. Je m'y employai de bon cœur car le temps était frais et l'aventure plaisante. A midi, on nous appela de la ferme.

Le paysan vint vers moi et me dit : « Mange à midi avec nous et nous serons quittes. Tu travailles mieux que je ne pensais. »

Nous mangeâmes une soupe claire, une mique [2] à peine lardée et du lait de brebis caillé. Lorsque le repas fut expédié, je dis au patron :

« Si vous avez encore besoin de mes services, je peux rester. Je me plais ici. »

L'autre me regarda longuement.

« Si tu veux, au même tarif.

– Au même tarif. C'est convenu. »

Je restai une semaine sur ce causse, travaillant à la terre pour le seul plaisir de voir ce vieux grigou me suspecter. En effet, il ne devait pas être accoutumé à des commis travaillant au pair. Il me crut d'abord attiré dans cette ferme isolée par un magot qu'il devait cacher quelque part. Il m'épiait sans cesse, me suivait lorsque je m'écartais et se contraignait même à s'arrêter pour uriner, chaque fois que je le faisais moi-même.

1. Sorte de pioche.
2. Spécialité du Massif central : boule de pâte enveloppée d'une mousseline et cuite dans la soupe.

« Tu pisses bien souvent ? me disait-il.

– Vous aussi », lui répondais-je.

Il se taisait alors.

La nuit, il sortait de sa maison, une trique à la main, et venait me regarder dormir dans ma paille. Me voyant assoupi, il rentrait. Un jour, je ne simulai plus le sommeil. Comme il arrivait près de moi, je me levai et, affectant au contraire la frayeur, je lui administrai une bonne volée en criant :

« Ah gredin ! Tu venais pour mettre le feu aux granges de mon patron, hein ! Erreur, mon bonhomme, tant que je serai vivant, tu ne toucheras pas à un brin de paille ! »

Lorsqu'il fut bien roué de coups, je feignis de reconnaître sa voix et je lui dis : « Ah, c'est vous patron ! Je croyais que c'était un maraudeur. »

Le lendemain, je fus seul au champ avec le jeune commis mais le vieux nous surveillait de sa fenêtre. A table, il me félicita de ma poigne et me dit en ricanant amèrement : « On peut dire que mes bâtiments sont bien gardés avec des hommes comme celui-là. »

Les commis riaient sous cape.

Il continua de me suspecter et de m'épier. Il questionnait les commis : « Qu'est-il venu faire ici ? Est-ce un catholique ? Un homme qui ne se fait même pas payer : il a un mauvais coup derrière la tête. »

Il en perdit le sommeil.

Lorsque la semaine fut passée, il me demanda : « Restes-tu encore une semaine ?

– Si vous le voulez bien », lui répondis-je.

Il hésita et préféra perdre sa tranquillité pour profiter d'un domestique à si bon compte. Sa surveillance s'intensifia. Il laissa quelque argent sur les meubles afin de voir mes réflexes. Je pris beaucoup de plaisir à ce jeu. Un jour, près d'un billet de cinq francs qu'il avait ainsi abandonné sur le coin d'un bahut, j'en ajoutai un autre, le tiers de ce qui me restait et, comme il me surveillait du coin de l'œil, il laissa échapper d'étonnement la cruche qu'il tenait.

« Pourquoi mets-tu tes sous près des miens ? demanda-t-il.

– Pour vous acheter une autre cruche », répondis-je, tout heureux de me payer à si bon compte le plaisir de voir son ébahissement.

La vie continua au Causse Florac et le vieux Martel passait ses journées à se féliciter d'avoir embauché un commis aussi peu exigeant, tout en se reprochant d'avoir introduit dans sa maison un si inquiétant personnage.

A ses soupçons anciens s'ajouta la jalousie le jour où je me mis à faire les yeux doux à la patronne. Elle n'était certes pas belle, mais plus jeune que lui de douze ans ; c'était encore une femme accorte alors qu'il pouvait passer pour un vieil homme. J'entrepris une campagne de galanterie afin de voir les grimaces du vieux mais aussi les contorsions de sa femme qui, assez sensuelle comme la plupart des femmes du Quercy, semblait flattée et agréablement chatouillée par mes madrigaux. Chaque fois que je me mettais en frais de galanterie, elle se redressait dans ses vieux sarraus déchirés, sa poitrine un peu maigrelette reprenait une forme avantageuse, ses yeux s'humectaient sans façon et sa voix, cette belle voix ibérique qu'ont les femelles de ces pays, se réchauffait d'une façon non équivoque. En même temps, le vieux grondait, se forçait à sourire pour simuler l'indifférence, mais son sourire était raide et jaune. Il passait alors sa violence contenue de mâle vexé en tailladant de son couteau, un morceau de bois qu'il ramassait.

Il se mit à faire bonne garde autour de sa femme dont, cependant, il ne faisait plus aucun cas. Il faisait autour d'elle des rondes de sécurité qui valaient à elles seules un acte de Molière et, de la sorte, l'auteur comique qui était en moi se régalait gratis. Comme on voit, c'était tout bénéfice pour moi.

Le couple, qui depuis dix ans ne formait plus qu'une association en vue de l'élevage et de la culture, faisait lit à part. La femme dormait dans le lit jadis commun, sous un rosaire accroché au plafond. Le vieux s'était installé un grabat dans l'agnellerie, cette maternité de la bergerie, vide à cette époque. Mes travaux amenèrent le vieux à reprendre place dans le lit conjugal malgré la grande chaleur qui commençait à sévir. J'avais formé le projet de demeurer au Causse Florac jusqu'à la mi-octobre, dans le but exclusif de contraindre l'homme et la femme à mélanger leur sueur. Lorsque la patronne s'absenta pour se rendre à Saint-Cyprien, le jour du marché, je fis en sorte de me cacher soigneusement ; je disparus donc du Causse Florac. Le vieux, qui me soupçonnait d'avoir suivi sa femme au bourg, sella son petit cheval et partit à son tour pour Saint-Cyprien où, pour comble de chance, il ne trouva pas sa femme. Il rentra en fouillant tous les buissons et tous les bosquets. A la ferme, il mit tout sens dessus dessous. Assis sur la maîtresse poutre de la grange, j'assistai à tout ce branle-bas et, lorsque la patronne fut revenue, je fis mon entrée, un quart d'heure après elle. Le vieux me refusa le repas de midi et du soir.

« Il était convenu que ton travail paierait ta nourriture. Puisque tu n'as pas travaillé aujourd'hui, tu ne mangeras pas. »

Le plaisir que j'avais pris compensa mon jeûne, surtout que, pendant l'absence du vieux, j'étais monté au grenier où j'avais pris une paire d'oignons que je mangeai en gobant trois œufs dérobés dans la genière [1].

---

1. Lieu où pondent les poules.

Dès lors, le père Martel passa son temps à me surveiller plus étroitement ; on peut même dire qu'il ne fit que cela, nuit et jour. Je lui faisais craindre à la fois pour son bien et pour sa femme. Elle, la coquine, se prit au jeu et crut tout de bon que mes marivaudages n'étaient que le prélude de propos plus pressants. Je me gardai bien de l'en dissuader car elle jouait ainsi son rôle avec plus de naturel et le vieux en était d'autant plus inquiet.

Un jour, la femme me dit : « Où voulez-vous en venir, monsieur François ?

– Bien malin qui peut dire où il va et ce qu'il veut.

– Vous êtes un plaisantin.

– Je suis ce qu'on m'a fait.

– Qui vous a fait ?

– Ma mère d'abord, et mon père, puis l'école des jésuites, puis mon frère abbé, puis un grand brave homme qui se nommait Vicardo, puis encore deux, trois, quatre femmes...

– Bousti ! Vous connaissez les femmes !

– Non. Je n'y comprends rien du tout.

– Moi, je vous dis que vous savez parler aux femmes.

– Puisque vous me le dites... »

Elle soupira puis reprit : « On peut dire que vous m'avez mise dans tous mes états depuis que vous êtes là.

– Non ?

– Oui, oui, vous m'avez redonné des airs de jeunesse.

– Eh bien, tant mieux, tant mieux.

– Oui, mais maintenant, c'est la chanson qui me serait agréable », répondit-elle en éclatant d'un rire qui me rappela Annie.

Je la regardai. « Vous riez bien. C'est avec votre rire, je parie, que vous avez fait tourner la tête des gars de Saint-Cyprien ?

– Peut-être... Ah ! Té ! Je n'ai pas su en profiter », répondit-elle. Puis, changeant de voix : « Venez me retrouver dans le fournil à sept heures. Le vieux sera parti aux girolles. »

Naturellement, le soir à sept heures, j'étais sur la route de Limoges. La femme Martel m'attendit peut-être dans le fournil. Elle avait voulu voir le petit Jésus, elle n'avait réussi qu'à l'effaroucher. Si elle avait été moins curieuse, j'y serais encore tant les noix, le vin blanc et le fromage de brebis formaient un menu agréable pour accompagner le régal qu'offraient les grimaces du vieux.

Il est vrai que, tôt ou tard, le besoin de changer m'eût fait décamper et, somme toute, les conditions les meilleures paraissent tristes à la longue, mieux vaut n'en prendre que de médiocres et en changer souvent.

Sur la route de Limoges, j'eus assez chaud. Il me restait cent vingt kilomètres à faire mais je les fis en une nuit et une matinée ; et encore, je dormis quelques heures aux environs de Thiviers, dans une meule de foin frais. Il était une heure de l'après-midi lorsque j'arrivai à la Boujadac. La ferme, à l'ombre de ses châtaigniers, était endormie sous un chaud soleil. Comme lorsque j'y étais entré pour la première fois, j'y trouvai les commis sortant de table et les bonnes occupées à faire la vaisselle. Jeanne, plus belle encore, sous ses bandeaux blonds, allait et venait. Comme jadis, les chiens me saluèrent en aboyant furieusement. Tous levèrent la tête. Je devais être méconnaissable. Mes vêtements étaient élimés et délavés par les pluies et les soleils de la route, je n'étais pas rasé. Personne n'osa donc me reconnaître. Seule Jeanne se leva et poussa un cri que je n'ai pas oublié.

« Voilà François ! »

Elle vint à moi et se jeta passionnément dans mes bras, mais j'eus comme un éblouissement, provoqué par la grande chaleur de midi et la fatigue, et je m'évanouis. Mon malaise fut insuffisant toutefois pour me priver de la délicieuse sensation d'être serré par les beaux bras de dame Jeanne, la dame qu'il m'avait fallu conquérir par tant de feintes et de ruses. Elle fit préparer de l'eau fraîche et des sels puis vint à moi. Je l'entendis murmurer : « Mon François ! »

C'était le premier mot de véritable tendresse féminine qu'il m'était donné d'entendre, aussi je revins complètement à moi. « Bois », me dit-elle en me présentant un verre de bon vin que j'avalai d'un trait.

Lorsque je fus remis, elle me regarda :

« Tu es fatigué, mon pauvre chéri. Tu as eu du malheur ?

Afin d'expliquer mon départ précipité, mon absence de sept semaines et mon retour peu glorieux, j'imaginai une histoire de reconnaissance de dettes que j'avais signée à mon insu, et qui m'avait obligé à vendre la voiture et à rentrer par mes propres moyens, louant mes services pour payer ma nourriture.

Elle fut émue par ce récit.

« Pourquoi n'as-tu pas écrit ? Je t'aurais envoyé de l'argent.

– De l'argent ? Je n'ai pas besoin d'argent, tu vois bien. »

Puis je marquai quelque chagrin d'être obligé de quitter la Boujadac.

« Partir ? Mais tu es fou.

– Je suis pauvre, ma chère Jeanne, je ne suis plus un mari digne de toi.

– Tu seras riche le jour que tu voudras puisque tu seras le maître de la Boujadac. »

Il fut alors convenu, sur-le-champ, que le mariage aurait lieu le 1er août et je veux être pendu si la journée et la nuit qui suivirent la décision ne comptèrent pas parmi les plus agréables de ma vie. Ensuite, et à seule fin de me remonter, Jeanne me confectionna des omelettes épaisses et des clafoutis comme on sait en faire dans les monts de la Marche. Le cidre le mieux bouché, les vins de Saint-Emilion et de Monbazillac, les cèpes les plus charnus et les plus parfumés, me furent administrés par cette splendide et maîtresse femme qui, fiévreusement, préparait notre mariage et faisait toutes les démarches dans son char à banc traîné par une forte jument.

On la voyait partout, sur la route du village, au canton, le long des châtaigneraies, aux moissons, à la sacristie, chez le notaire, à la mairie, à la cuisine. Elle m'entraîna à la messe où je fus certainement plus regardé que le curé qui officiait.

Le Martial Fumelier était en prison où il purgeait sa peine, aussi le village était-il calme et silencieux. J'y étais salué avec une sorte de respect. Un jour, m'étant arrêté près d'un paysan pour bavarder, je le vis me marquer tant de respect craintif que je lui en demandai la cause.

« C'est que, monsieur, vous êtes le fiancé de dame Jeanne, le futur maître de la Boujadac.

– Et alors ?

– Alors ?... Eh bé... C'est tout. Vous êtes le fiancé de dame Jeanne, voilà tout... »

Lorsque j'allais chez le maréchal-ferrant, le brave artisan disait : « Passez donc, monsieur la Boujadac. » Et il désirait que mes chevaux fussent ferrés les premiers.

« Et pourquoi ça ? répondais-je. Je suis le dernier, j'attendrai.

– C'est que...

– Les autres sont aussi pressés que moi, je pense. »

Naturellement, l'absence de Christine m'inquiétait. Je n'en parlais pas, de crainte de vexer Jeanne. Cependant, je ne pouvais m'empêcher d'y faire des allusions discrètes mais, chaque fois, le visage de dame Jeanne prenait un tel air de dureté que je changeais de sujet. Je questionnai les domestiques qui restèrent muets. Je fis une enquête auprès des paysans qui ne savaient rien. Ils ne connaissaient pas Christine. Enfin, j'employai la méthode directe. Je demandai à Jeanne. Elle répondit sèchement que Christine était partie.

Petit à petit, en plaisantant, j'arrivai à savoir qu'au début de mon absence les deux femmes avaient fait de louables efforts pour respecter les devoirs de la stricte hospitalité. Mais, au bout de quelques jours, elles n'avaient pas manqué de s'entre-déchirer, au physique comme au moral, et enfin, au cours d'une scène, Jeanne avait chassé ma pauvre pupille. Celle-ci, sans argent, sans métier, n'avait pas pu aller bien loin. Je commençai des recherches. Elle fut introuvable.

Enfin, le 1er août, le jour de la noce arriva et, dès le matin, je revêtis un habit à la française que Jeanne m'avait fait confectionner à Limoges. De son côté, elle portait une robe blanche qui laissait voir ses bras merveilleux et adoucissait la sévérité de son visage.

La maison était en liesse. Jeanne avait invité plusieurs parents et de vieux amis de sa famille. Vers les neuf heures, nous montâmes dans les voitures et, par l'allée de châtaigniers, nous gagnâmes la route qui devait nous emmener au village. Non loin de celui-ci, nous entendîmes des airs de clairon. Les invités, en riant, dirent : « Tiens, mais c'est Martial Fumelier ! »

Jeanne devint pâle et fit taire les gens pour mieux entendre. Les voitures s'arrêtèrent. Très distinctement, on entendit diverses sonneries qui, adoucies par l'éloignement, nous arrivaient par-dessus le mont. On prit le parti de rire mais Jeanne parut très troublée. Puis on entendit des détonations. C'était bien la façon du bataillonnaire et tout le monde pensa qu'il s'était évadé. Lorsque la noce déboucha dans le village, Martial était là, le crâne rasé, le fusil à la main, le clairon en bandoulière. Il nous salua de quelques salves, comme on le fait dans nos villages bourguignons pour les noces. Puis il sonna la diane, la charge, l'extinction des feux. Les joues gonflées, les yeux exorbités, il était affreux à faire peur.

A midi les cérémonies étaient terminées. Il nous accompagna en courant sur le chemin du retour, tantôt tirant, tantôt soufflant dans son clairon, tantôt criant : « Vive la mariée ! »

Puis il disparut.

Le repas fut splendide mais Jeanne y toucha peu. Lorsque les invités furent occupés à danser ou à deviser sous les châtaigniers, le soir était venu. Jeanne devint passionnément tendre et, lentement, nous montâmes dans notre chambre. Elle me tint des propos d'une telle voluptueuse langueur, son souffle était si brûlant, ses caresses si subtiles, que mon corps se mit à chanter un cantique inoubliable.

La nuit tombait.

Jeanne me pria de l'aider à déboutonner sa robe. Comme j'étais occupé à ce délicieux travail, je l'entendis pousser un grand cri. Je levai les yeux. Martial Fumelier était debout sur le rebord de la fenêtre. Je projetai Jeanne sur le lit conjugal et, sautant d'un bond par-dessus elle, je tentai de me dissimuler derrière un meuble pendant que le colonial hurlait : « Non, tu ne l'auras pas ! Non ! La Jeanne n'est pas pour toi. Je me suis évadé de la prison rien que pour troubler votre nuit de noces ! »

Il tira.

Jeanne s'écroula.

Martial Fumelier se mit à ricaner. « Bonne lune de miel ! » dit-il en sautant dans le courtil.

Il disparut sans hâte dans l'obscurité. Les invités et les domestiques se mirent à sa poursuite et les femmes tentèrent de ranimer la grande Jeanne. En vain, elle était morte.

Ce fut cet événement qui me permit d'envoyer à mon frère, dans la même enveloppe, mon faire-part de mariage et l'avis de décès de ma femme.

V

Cet événement me rendit propriétaire du domaine de la Boujadac.

Cette espèce de manoir, sur son mamelon, au pied de monts couverts de bruyère et de hêtres, au milieu de ses terres, devint mon fief. Les domestiques demeurèrent à mon service. Je conservai l'ameublement et la disposition des lieux. Les portraits de vieillards inconnus restèrent suspendus aux murs pour l'excellente raison que je ne possédais aucun tableau susceptible de les remplacer. Au surplus, je ne jugeais pas désagréable d'évoluer sous les yeux de ces fantômes dont la fortune et le domaine m'appartenaient désormais.

Je n'ai jamais donné à l'épargne et au travail un sens plus profond qu'à ce moment, car tous les ancêtres de Jeanne ne devaient qu'à ces qualités bien françaises le plaisir de me léguer cette belle propriété. Devant ces nobles figures, je sentis que mon amendement était chose assurée et je pris la résolution de ne pas dilapider cet héritage. Au cours d'une crise où le désespoir n'était pas absent, alors que je rangeais certains vêtements de la morte, notamment ceux qui, plus proches de son corps, s'étaient imprégnés de son parfum le plus intime, je jurai de conserver intacte cette Boujadac dont dame Jeanne était si fière et que ces êtres, disparus avant elle, avaient laborieusement créée, améliorée, agrandie, pour moi. Je leur devais bien cela. En effet, lorsque le notaire de la famille me fit tenir les comptes de la succession, je fus agréablement surpris de constater que je possédais, tant en terres qu'en immeubles divers, bétails, meubles et matériel, une fortune estimée à un million deux cent mille francs. Les valeurs immobilières, rentes sur l'Etat, bons du Trésor, etc., ne représentaient que cent douze mille francs. Dès ce jour, je me pris à aimer les chevaux, les bœufs, les oies, les œufs, les arbres, l'herbe, la paille, le foin, les pierres, la terre, ma belle terre que je me surpris à caresser, à égrener dans ma main et, de ce jour, je compris, pour le ressentir moi-même, l'amour du hobereau de village pour « sa » terre. Toutes les vertus terriennes s'infusèrent en moi du jour où ce coup de revolver me rendit propriétaire de ce bien.

La chasse même, bien qu'elle fût prohibée car nous étions en août, changea de saveur pour moi et devint une occasion de parcourir « mes » terres. Le gibier tué prit un fumet étonnant ; je me mis à enrager contre ces bandits de braconniers qui ne connaissent aucun règlement et dévastent nos remises sans élégance ni scrupules. La chasse du propriétaire est un art subtil, celle des petites gens est un massacre.

Par-dessus tout, j'appréciai l'activité du maître. Activité si spéciale qui consiste à faire faire le travail par les autres, à régler des différends entre salariés, à faire fi de certains soucis sordides, à prôner l'amour du travail bien fait, à blâmer le matérialisme, le manque de conscience professionnelle, la paresse qui me contraignaient à contrôler le travail des journaliers. Je déplorais certaines tendances qu'ont les ouvriers à préconiser des régimes égalitaires. Rien n'est tel que la pratique de la richesse pour constater l'ineptie du collectivisme, qu'on me croie sur parole. J'avais mis longtemps pour le comprendre. Il avait fallu, dans ma vie, le cadavre d'une femme splendide pour me porter à la méditation devant des combinaisons roses, sous le regard paterne d'ancêtres qui, pour ne pas être les miens, n'en étaient pas moins des ancêtres. Et Dieu sait si cela confère une troublante respectabilité !

Au début de mon veuvage, je rencontrai Martial Fumelier dans le petit bois de hêtres qui domine les bâtiments. Il y était blotti derrière une cépée, près d'un roncier. Lorsque je le vis, j'eus une grande frayeur et j'allai m'enfuir en courant lorsqu'il me héla : « Te sauve pas, hé, ballot. Viens voir. »

J'approchai, plein de méfiance, en disant : « Si tu me touches, j'appelle.

– Je te toucherai pas », reprit Martial.

Je m'assis près de lui, sur l'herbe.

« Les gendarmes me cherchent mais ils peuvent courir, je connais le pays. »

Il me regarda en riant d'un air satisfait. « Hein ? Tu me dois une fière chandelle ?

– Une fière chandelle ?

– Comment, je te débarrasse de ta femme, je te donne la Boujadac et t'es pas content.

– Je suis très content.

– Alors ? Il n'y en a pas une petite part pour le copain qui a fait le boulot ?

– Je ne t'ai pas demandé de le faire. »

Il me regarda. « Ah, ah ! dit-il. Je comprends. Monsieur veut profiter tout seul du magot. C'est bon ! »

La conversation roula sur ce sujet brûlant et je promis de lui donner quelque argent. Je rentrai chez moi bouleversé, écœuré de la manière qu'ont certaines personnes de se procurer des ressources.

Le lendemain matin, à mon réveil, lorsque je descendis dans la grande salle pour y prendre mon petit déjeuner, quelle ne fut pas ma surprise de voir entrer Christine. Oui, Christine était là, plus jolie que jamais, l'air contrit. Je lui fis préparer une chambre et un repas. Lorsqu'elle se fut restaurée silencieusement, elle gagna sa chambre en me remerciant. Elle n'en sortit que le lendemain à midi. Elle avait dormi pendant vingt heures alors que je souffrais, pendant le même temps, d'une insomnie tenace. J'avais passé la nuit et la matinée à m'agiter vainement à la pensée que Christine n'était revenue près de moi qu'à la faveur de mon veuvage et qu'ainsi elle me prouvait, une fois de plus, son amour. Un amour d'autant plus touchant et bouleversant qu'il manquait totalement d'orgueil.

Vers les trois heures du matin, l'heure des cauchemars, il me vint la pensée qu'elle se rapprochait de moi, tenait à ne me point quitter, afin de ne pas laisser échapper une telle fortune. Cette pensée me mit au supplice et fut cause que je descendis à la cave afin de chercher une bouteille de vin blanc dont je bus quelques verres.

Le petit jour me surprit dans la prairie à faire les cent pas le long de la haie. Je rentrai et j'attendis que Christine fût éveillée. A midi seulement elle descendit l'escalier ciré qui faisait l'ornement de notre immense salle commune. Elle ne me posa aucune question, se laissa embrasser sur le front et reprit ses activités féminines à la tête de la maisonnée. Elle apprit à traire les vaches, à soigner les lapins, la volaille, à tâter les poules, à faire le beurre, le fromage, à préparer la nourriture des porcs.

En deux semaines, elle connut la maison à merveille. Son désir était, on le devinait sans peine, d'ajouter toutes les qualités de dame Jeanne à ses mérites personnels et à ceux de sa jeunesse. Le but qu'elle poursuivait me donnait le vertige.

Mes trente-huit ans me poussaient à profiter de la vie avec une hâte fébrile et pourtant j'hésitais. Reprendre la route me parut être la seule solution digne de moi. L'errance, le cheminement de ferme en ferme, me parurent préférables à cette redoutable présence qui m'entraînerait malgré moi, je le sentais, à ce mariage ridicule. Aussi, je pris le parti de m'enfuir, après avoir déposé dans une banque de Limoges une provision suffisante. Mon carnet de chèques dans la poche, je pris la décision de fuir cette jeunesse de vingt ans qui s'offrait à moi. C'est ainsi que, la chanson aux lèvres, je quittai la Boujadac par un clair matin d'été sous couleur de me rendre au canton pour affaires mais, en réalité, dans le but de suivre la route qui conduit n'importe où. Bien que mon carnet de chèques me permît de prendre le train, voire d'acheter une petite automobile, je résolus de marcher en frappant aux portes chaque fois que j'aurais faim car, de cette façon seule, on peut voir le pays, goûter aux mets locaux et savourer l'accent des indigènes.

Je suis de ces gens qui ont la manie de l'évasion et s'imaginent volontiers qu'il suffit de changer de place pour perdre tous ses tourments. Hélas ! tant que je fus sur le chemin vicinal qui relie la Boujadac au bourg, je savourai avec ivresse cette liberté. Mais, lorsque j'arrivai sur la grande route de Limoges, je me trouvai mêlé à une foule énorme de gens de toutes sortes qui se dirigeaient vers le sud. Les ayant interrogés, j'appris de leur bouche que, depuis un an, la guerre était déclarée et que l'Europe était en armes. A la faveur de quelque malentendu, les armées françaises avaient été contraintes de défendre une fois de plus la civilisation et le droit, et c'est à cette générosité que ces gens devaient de fuir sur les routes car, on ne sait comment nous avions été vendus, notre front avait été brisé et l'ennemi avait atteint Paris. Il est à remarquer que, lorsqu'on triomphe, c'est par supériorité mais, lorsqu'on est vaincu, c'est que l'on est victime d'une trahison.

Depuis un an, j'avais bien entendu parler d'une guerre mais, occupé comme je l'étais par mon divorce, mon évasion, la rencontre de dame Jeanne, la rédaction de mes œuvres, ma ruine, mon mariage, mon veuvage, ma succession et ma passion coupable pour l'adorable Christine, je n'avais pas pensé un seul instant qu'il se fût agi d'un nouveau conflit européen, mais plutôt encore de la précédente guerre qui avait fait la joie de mon adolescence grâce aux récits qu'en faisaient les illustrés de l'époque.

Je fus bien étonné qu'une telle aventure mît en mouvement une si grande quantité de gens. Les riches passaient en automobile, les pauvres suivaient en bicyclette, les soldats allaient à pied. Je me mêlai à cette foule, décidé à la suivre afin de compléter mes études de mœurs et de caractères et espérant que cette occupation allait me distraire du souvenir de Christine.

Les gens me prirent pour un évacué. On m'offrit des places dans des automobiles, des camions, des carrioles.

« Brave homme, me disait-on, d'où venez-vous ainsi ?

– Du Pas-de-Calais, répondais-je en soupirant.

– A pied ?

– Oui, à pied. »

On me faisait monter. Je voyageai ainsi sur une tonne, sur les genoux d'une infirmière, parmi des troupiers, sur le toit d'une riche voiture pilotée par un officier supérieur dont je ne connus pas le grade, n'ayant jamais eu la curiosité d'apprendre la signification des galons que les militaires portent sur les manches.

Mon but était de gagner Bordeaux et de prendre le dernier bateau à destination de l'Afrique. Mais, comme je cheminais paisiblement, un cycliste maladroit m'accrocha au passage et je fis une chute malencontreuse alors que je prenais la route qui, à la sortie de Limoges, longe la Vienne jusqu'à Aixe. Je fus projeté contre un mur et le choc fut si violent qu'il m'étourdit. On me ramassa et je fus soigné à l'hôpital de Limoges où je restai cinq jours. Lorsque je fus guéri, on me reconduisit à la Boujadac, où j'arrivai un soir, le front bandé.

Christine m'accueillit en sanglotant de joie. Elle me demanda si j'étais blessé. Comme je tardais à lui donner une réponse, elle crut tout bonnement que j'avais voulu me suicider, ce dont je ne tentai pas de la dissuader. Il me fallut alors lui donner la raison de cette tentative. Je lui répondis que je ne pouvais survivre à la défaite de mon pays et que j'avais décidé de me tirer une balle dans la tête, préférant la mort au déshonneur. Christine n'en voulut rien croire, je ne sus pourquoi, et me poursuivit de ses questions où elle laissait percer la certitude triomphante d'être aimée. En effet, si j'avais fui, c'est que je l'aimais. C'était clair comme le jour. Si je fusse resté, c'eût été encore par amour. Si je tentais de me donner la mort, c'était par amour également. Enfin, cette espèce d'ardeur à me soigner, à guérir de ma blessure et à vivre, c'était encore une nouvelle preuve d'amour.

La femme, en effet, est un merveilleux mécanisme de logique qui, comme les réveils de grandes marques, fonctionne dans toutes les positions. Je ne pus que l'admirer dans cette sorte de foi frénétique. Elle me disait : « ... Car tu m'aimes, je le sais. Je n'ai pas eu besoin que tu m'embrasses à Beaune pour le savoir. Je l'avais deviné lorsque j'avais quinze ans. Depuis cette époque, je t'attends et je te défends contre les autres femmes pour te conserver à moi. Tu ne peux pas ne pas m'aimer, et tu m'aimes, j'en suis sûre. »

Le plus fort, c'est qu'elle avait parfaitement raison.

A ces affirmations passionnées, elle ajoutait la tendresse, la douceur, la constance, la patience, la soumission la plus humble même, qui la rendait souriante, résignée, anéantie, et la mettait à ma merci. Je revis l'enfance de cette petite fille, ses photographies dans mes poches, la fierté et la joie avec lesquelles je les exhibais, ma jalousie de barbon.

Un jour, nous vîmes arriver mon frère l'abbé et mon fils François, poussiéreux et rendus, qui venaient de Beaune en bicyclette, ayant quitté la Bourgogne à l'approche des Allemands. Cela me valut des condoléances en règle de la part de Louis en attendant les leçons de morale.

François avait des joues creuses, des yeux cernés, de longues jambes maigres qui réclamaient une soutane pour masquer leur laideur. Quelques poils à son menton et quelques boutons sur son maigre cou annonçaient une puberté naissante et capricieuse. Son regard transparent, quoique fuyant, disait le conflit de ses sens et de sa pureté. Il n'échappait à personne que cet enfant devait lutter terriblement pour tenir tête à cette sorte de libido qui est l'apanage de l'adolescence, et cette lutte l'exténuait pour le moins autant que la satisfaction la plus banale qu'il eût connue près de la première prostituée venue ; certes, le mérite n'eût pas été le même.

Lorsqu'il fut accoutumé au désordre qui suivit leur arrivée, je pris mon fils avec moi et je priai l'abbé de nous laisser seuls. Mon frère se mit à prendre Dieu à témoin de ce rapt et déclina toute responsabilité au cas où François se fût trouvé perverti par mon exemple et mes discours. J'entraînai l'enfant en des promenades que je tentai de rendre aussi agréables que celles que mon père me procurait dans le bon temps.

Au début, il fut rétif et se cabra aussitôt que je l'invitais à s'asseoir sur l'herbe pour profiter voluptueusement du bel été limousin. La première fois que je m'apprêtai à entrer dans une auberge que Dieu avait mise sur notre chemin afin de nous désaltérer, François refusa. Je n'insistai pas et nous bûmes à la première source. Plus tard, lorsqu'il eut très chaud, il accepta de boire une cannette de bière sous la tonnelle d'un petit café isolé. Je crois qu'il s'en confessa par la suite. J'en eus même la certitude lorsque l'abbé insista pour être des nôtres et participer à nos promenades. J'en profitai pour les entraîner à la moisson, qui n'était pas laide cette année-là, et je donnai à chacun une tâche précise assez pénible. Le fils d'Annie fut enthousiasmé et, au bout de quelques jours, il but à la cruche, à la régalade et, pour la première fois, j'entendis son rire s'égrener.

L'abbé, qui affectionnait les conversations sérieuses sur des sujets brûlants, m'attaquait à toute heure du jour et de la nuit sur la guerre, la stratégie, la barbarie bien connue des Allemands, la politique, toutes choses dont je n'avais aucune idée et qui me faisaient bâiller. Mon frère, alors, me faisait discrètement remarquer la tournure volage et légère de mon esprit ; après quoi il pleurait sur le sort de la France bien-aimée et priait ardemment pour elle et pour moi.

J'en avais pour le moins autant besoin qu'elle car Christine, qui embellissait de jour en jour en raison de son âge, ne me laissait plus de répit et mettait le feu à mon être tout entier. Elle recherchait ma société et faisait en sorte de se trouver seule avec moi le plus souvent possible, afin de me tenir sous le charme exclusif de son parfum, de son regard, de sa voix. Fort heureusement, mon ange gardien, qui avait revêtu pour la circonstance la soutane et la peau de mon frère, arrivait toujours au moment où j'allais enfin céder à une douce attirance et prendre Christine par ses petites mains voluptueusement potelées pour lui dire : « Je suis las de cette lutte contre ce qu'il y a de plus spontané en moi. Oui, je t'aime et je te désire depuis le jour imprécis où tu as pris un corps de femme. Ton père ne t'a confiée à moi que pour faire de toi mon épouse. Je le comprends maintenant ! L'immense chaos qu'est ma vie s'organise désormais en fonction de ce mariage. »

Longuement, d'ailleurs, j'avais ruminé des formules pleines d'images qui pussent rendre toute la force de ma passion sans lui faire perdre cette sorte de pudique ingénuité qui la caractérisait.

Au début, les interventions de l'abbé, qui visiblement nous surveillait, ne me déplurent pas. Au contraire, il arrivait toujours fort à propos pour m'éviter de faire ce que je considérais comme la plus impardonnable sottise de ma vie. Car, jusqu'à présent, mes folies n'avaient nui qu'à moi-même. Celle-ci devait nuire surtout à Christine. Un jour, je m'aperçus que mon frère m'importunait et, comme il arrivait au moment où j'allais exprimer, en termes choisis, cette passion à laquelle je m'accoutumais, je fus tellement irrité que peu s'en fallut que je lui en fisse la remarque sur-le-champ en le priant de sortir. C'eût été ma première colère. Je sus me contenir mais j'invitai l'abbé à parcourir le domaine afin de le bien connaître. Il me répondit qu'il n'avait pas manqué de le faire et qu'il connaissait mon bien aussi parfaitement que je pouvais le connaître moi-même.

« Alors, lui dis-je, je vais te donner l'adresse de mon notaire.

– Pourquoi ? demanda-t-il.

– Si tu penses devoir encore sauver cette propriété de ma prodigalité, c'est le moment car je sens que je vais faire des folies. »

Il eut un sourire résigné et dit : « François, mon ami, tu es impossible. Et cependant, ajouta-t-il avec onction, tu ne devrais pas crâner. Je t'assure que tu es en assez mauvaise posture. »

Je pensais qu'il s'agissait de mon salut mais, le soir même, mon frère demanda à me parler. Il m'aborda en ces termes : « Sais-tu ce qu'on dit au pays ?

– Je m'en doute : les Allemands sont des barbares, notre pauvre France est meurtrie, si elle est tombée si bas c'est la faute aux matérialistes, aux égoïstes, aux ménages sans enfants, à l'immoralité croissante, à l'alcoolisme, à...

– Tais-toi ! coupa mon frère. On dit que c'est toi qui as tué dame Jeanne, ta femme, l'ancienne maîtresse de la Boujadac !

– Et toi, tu serais enclin à le croire ? »

Il hésita. « Non, dit-il enfin, non. Mais le retour trop précipité de Christine, son installation à la Boujadac et certains détails de votre vie ont donné l'éveil à la gendarmerie. Le brigadier a décidé d'aiguiller l'enquête dans ce sens.

– C'est son devoir à ce brave homme, et je m'étonne qu'il n'ait pas encore commencé. Ainsi donc, j'aurais tué dame Jeanne ?

– Non, pas précisément. On est à peu près certain que c'est Martial Fumelier qui est l'assassin ; il s'en est vanté, paraît-il, mais on suppose que tu n'étais pas étranger à cette initiative. Fumelier a d'ailleurs laissé entendre à quelques charbonniers qui l'ont rencontré qu'il était convenu entre vous de partager le magot. Tu aurais refusé par la suite d'exécuter cette convention. Voilà qui doit te donner à réfléchir.

– Cela ne sert qu'à prouver que Martial Fumelier était soûl.

– On le croira néanmoins.

– Evidemment, il a la médaille militaire. Je ne sais trop pourquoi, mais on est toujours porté à ajouter foi aux paroles d'un homme qui a la médaille militaire.

– Alors ? prononça l'abbé.

– Alors quoi ? Veux-tu me dire qu'il est enfin l'heure de revenir sur une vie de débauche et de crimes ? Que le temps est venu de passer au tribunal de la pénitence et de me réconcilier avec Dieu en attendant de payer ma dette à la société ?

– Pas de sarcasmes, je te prie, reprit mon frère. L'honneur de la famille est en jeu. En admettant que tu sois innocent, je tiens à te dire que je suis ton premier, ton seul ami, et que tu ne trouveras pas d'auxiliaire plus précieux que moi.

– Il se trouve, répondis-je, que je n'ai besoin de personne en la circonstance, et que je suis homme à souffrir sans éclat une erreur judiciaire.

– Voyons, voyons, mon frère, ne laisse pas ton orgueil raidir ton âme. Voyons les choses avec simplicité, cherchons, regardons. C'est bien le diable si nous ne trouvons pas des preuves.

– Le diable ? C'est bien lui en effet. Et pour un ange déchu, je trouve qu'il a repris singulièrement du poil de la bête. On pourrait même dire qu'il gagne à tous les coups.

– Ne blasphème point, je te prie, mon frère.

– Qui a parlé du diable le premier et qui a prononcé la première phrase blasphématoire ? C'est bien toi.

– Tu es fou.

– Mais oui, je suis fou, c'est entendu. C'est merveilleux ce que la rhétorique peut te rendre de services !

– Tu ironises sans cesse. Tu es décourageant et je vais te laisser te défendre seul, on verra bien si ton humour sera de quelque utilité avec les gendarmes, la sûreté ou le juge d'instruction ! »

Il prit la porte.

« Où vas-tu ? lui dis-je avant qu'il fût sorti.

– Je te quitte. Je vais m'installer à l'auberge, au village, avec François, n'importe où.

– Fort bien, répondis-je, mais avant de me quitter, aie donc la bonté de demander pour moi la main de Christine. »

L'abbé Louis Queuillot, mon frère, mon ange gardien, manqua de peu de rouler au bas du perron. Je l'entendis, de la cour, me répondre : « Occupe-toi de cette affaire toi-même. Ne compte pas sur moi. »

*

Je mets en garde les vieux acteurs contre l'amour qu'ils s'imaginent ressentir pour la fille de leur première femme. Il n'y a pas de sentiment plus débilitant ni de situation plus fausse, surtout lorsque la jeune fille est désespérément jolie.

Lorsque mon frère fut parti, je restai seul à nouveau avec Christine qui, impatiente comme le sont les toutes jeunes filles, usa de tous les stratagèmes pour m'attirer dans sa chambre. Voyant qu'elle n'y parvenait pas, elle se décida à venir dans la mienne. S'étant dévêtue et ayant passé sa robe de chambre, elle profita de ce que je lisais au lit pour me rendre visite.

Elle entra.

« Bonsoir, Christine », lui dis-je.

Elle ne répondit pas puis, après un court silence, murmura : « François ».

Je feignis l'étonnement. « Qu'y a-t-il, ma petite Christine ?

– Peux-tu me consacrer un long instant ?

– Avec joie, mon petit. »

Elle s'approcha et s'assit sur mon lit puis, le plus simplement du monde, quoique avec ardeur, elle prononça : « Je viens me donner à toi. »

Elle dit cela avec une telle candeur que je perdis toute assurance et me mis à bafouiller. « Christine... Si les Dames du Très-Sacré-Cœur... Comment es-tu élevée... »

Elle reprit : « Les Dames du Très-Sacré-Cœur ne m'avaient jamais dit que je serais en contact permanent avec un homme bon, généreux, intelligent, talentueux, et que rien ne pourrait m'empêcher de l'admirer et de l'aimer. Le roman qu'on m'avait fait entrevoir était charmant mais il ne tenait compte ni du prodigieux hasard, ni de l'attrait exceptionnel que cet homme pouvait exercer sur une jeune fille comme moi. J'ai lu tes pièces, je t'ai vu jouer, j'ai entendu des salles crouler sous les applaudissements...

– Je ne suis pas le seul à être applaudi. Vas-tu t'amouracher de n'importe quel cabotin en vogue ?

– Non, parce que ce cabotin n'aura pas été l'ami de mon père, il n'aura pas accepté de sacrifier sa jeunesse pour soutenir une veuve volage et une enfant délaissée, il...

– En somme, tu m'aimes parce que j'ai une belle âme ?

– Ne m'accable pas de tes sarcasmes qui m'ont toujours fait peur. Garde ta causticité pour les hypocrites, les fourbes, les orgueilleux, les vaniteux. J'aime t'entendre confondre ces gens-là comme tu sais le faire, mais moi, François, écoute-moi sans sourire. Tu n'as jamais entendu de paroles plus sincères que les miennes. »

Elle se mit à pleurer.

Je repris : « Quelle imprudente ! Tu es là, chez moi. Tu es à ma merci. Je pourrais faire de toi ce que je voudrais.

– Bien sûr, répondit-elle.

– Je t'ordonne de te retirer dans ta chambre immédiatement ! »

Elle me regarda et je lus dans ses yeux une telle détresse que j'ajoutai très doucement : « Demain... Demain, j'irai... j'irai te dire de graves choses. »

Le lendemain, ce fut le brigadier de gendarmerie qui me réveilla. Il m'interrogea congrûment en termes courtois, tout en buvant le vin que je lui avais offert et qu'il avait tout d'abord refusé.

Il avait fait sortir les deux filles de ferme et exprima le désir qu'on nous laissât seuls. Comme il venait de m'expliquer en détail ce qui s'était passé la nuit de mes noces, dans la chambre nuptiale, je lui fis compliment de sa perspicacité. Il ne put s'empêcher de me démontrer que le gendarme moderne n'était plus un pandore primaire et ronchonneur, mais un limier. A ce moment, Christine, qui sortait de son lit, fit son entrée dans la salle.

« J'avais défendu qu'on nous dérange, grogna le limier.

– Excusez-moi brigadier, répondit Christine. Je n'ai pas été prévenue, je me lève à l'instant.

– Qui est cette jeune personne ? s'enquit le gendarme.

– Permettez-moi de vous la présenter, brigadier : Mlle Christine Vicardo, ma fiancée. »

Christine pâlit et me regarda sans pouvoir dire un mot. Puis, pendant que le brigadier prenait la main qu'elle lui tendait, elle articula : « François !... Oh, François... Merci ! » Puis elle s'esquiva.

« Comme ça, vous êtes fiancé ? demanda le brigadier. Voilà une chose que vous n'aviez pas dite à la première enquête !

– Comment l'aurais-je pu puisque nos fiançailles remontent à cette nuit ?

– Cette nuit ? Drôle d'idée.

– Oui. C'est une coutume en Bourgogne. Les fiançailles ont lieu la nuit. »

Le gendarme me regarda. « Je vous fais mes compliments. Quand vous mariez-vous ?

– La date du mariage n'a pas encore été fixée, mais nous tenons tous deux à ce que ce soit le plus tôt possible.

– Bien sûr, bien sûr ! Je comprends ça. Permettez-moi de vous dire que la future Mme Queuillot est charmante.

– Je vous en prie !

– Depuis quand connaissez-vous votre fiancée ?

– J'avais dix-huit ans lorsque je l'ai vue pour la première fois.

– Diable ! Elle ne devait pas être vieille.

– Elle venait de naître.

– C'est charmant ! Vous l'avez vue grandir.

– Oui. A la mort de son père, j'épousai sa mère dans le but de remplacer le disparu auprès d'elle. Je l'ai élevée, éduquée, instruite, formée, de sorte que j'ose dire que ma femme sera de mon goût.

– C'est curieux ! dit le brigadier. Mais pourquoi avez-vous épousé Jeanne Treignac ?

– Parce qu'elle me plaisait.

– Mais si elle n'avait pas été assassinée, vous n'auriez pas pu épouser Mlle Christine Vicardo ?

– Certainement non.

– Avez-vous pensé qu'au cours de l'enquête la police pourrait chercher à savoir si Mlle Vicardo n'avait pas intérêt à ce que dame Jeanne disparût ?

– Non, je n'y avais pas pensé.

– Savez-vous que les plus lourds soupçons pèsent sur votre fiancée ?

– Non. Je suis seul à avoir assisté au crime et, bien qu'il fît sombre, je n'ai pu confondre Christine Vicardo avec Martial Fumelier.

– C'est vraisemblablement Martial Fumelier qui a tué Mme Queuillot car, au moment du crime, Mlle Vicardo était en compagnie de sœur Marie-des-Anges, au couvent des Bernardines à Limoges, près de laquelle elle s'était réfugiée, et Martial s'est vanté lui-même de ce crime.

– Vous voyez bien.

– Mais Mlle Vicardo pouvait avoir chargé Fumelier d'assassiner sa rivale victorieuse.

– Christine me semble incapable d'une telle action.

– La police n'a pas les mêmes raisons que vous de le penser et je crois devoir vous informer que nous avons l'intention d'inculper mademoiselle votre fiancée de complicité dans cette affaire. »

Cette nouvelle me déconcerta fort.

Lorsque le brigadier fut parti, je cherchai Christine dans la maison. Je la trouvai dans sa chambre. Elle pleurait, étendue sur son lit, la figure classiquement enfouie dans les draps. C'est curieux comme parfois la vie peut donner l'illusion du roman, du théâtre ou du cinéma.

Christine m'interdit l'entrée de sa chambre aussitôt qu'elle eut répondu affirmativement à mes questions et que le mariage fut fixé au plus tôt. Je fis de nombreux voyages à Limoges où j'achetai une bague de fiançailles et une foule de choses destinées à la célébration du mariage. Les démarches furent assez longues car il fallut attendre l'autorisation d'Annie puisque Christine était mineure. Après bien des recherches, Annie fut découverte, non pas en Indochine, mais simplement à Marseille où elle faisait du café-concert dans des boîtes à matelots.

Le mariage eut lieu quelque temps après et j'affirme que je n'eus de lune de miel que celle que je connus avec Christine. Ce que je croyais être l'amour auparavant n'était qu'une petite plaisanterie. Bien qu'il me fallût un certain temps pour m'accoutumer à l'idée que Christine partageait ma couche, je compris que c'en était fini de mon indépendance car cette jeune femme me tenait esclave. Elle réussissait partout où sa mère avait échoué. Ainsi, elle parvint à me faire porter une cravate.

Au bout de deux mois, elle se trouva enceinte. C'était la première fois que j'étais responsable de la naissance d'un être qui devait porter mon nom. Ceux à qui cette chose est coutumière ne se rendent pas assez compte de l'honneur qui leur est fait et de la joie qu'ils doivent décemment éprouver. Mais, en ce qui me concerne, cette nouvelle me coupa l'appétit et me fit perdre le sommeil pendant trois bonnes semaines. Si je reconquis l'un et l'autre, ce fut plus par raison que par accoutumance. Je me hâtai d'annoncer la nouvelle à tous ceux que je rencontrais. Mon frère fut au nombre des heureux bénéficiaires de cet enthousiasme. Il me fit un froid compliment. François, par contre, fut plus spontané et marqua sa joie en battant des mains à la perspective d'avoir un neveu qui fût en même temps son frère.

Dès lors, le jeune garçon vint chaque jour à la Boujadac pour demander si le petit Jules n'était pas né. Car j'avais prévu le cas où l'enfant serait un garçon et, naturellement, je lui réservais le prénom de son grand-père, l'illustre Vicardo. Ce prénom ne plaisait pas à Christine qui insistait pour qu'on l'appelât Gaspard, en souvenir du héros de la comtesse de Ségur, née Rostopchine. Il fut décidé que nous l'appellerions Gaspard-Jules, bien que cette pluralité de prénoms fût contraire à mes principes. Mais Christine le voulut ainsi.

Donc, nous attendîmes en toute sérénité que les temps fussent révolus et que Gaspard vînt au monde. Comme il est d'usage, je fis pour mon fils aîné, bien qu'il fût le deuxième du nom, les projets les plus magnifiques, lui accordant un talent prodigieux d'acteur dramatique.

Le petit-fils de Jules Vicardo ne pouvait en manquer. Je le vis interpréter le rôle principal de mes pièces et, à la fin de représentations que je donnais ainsi, l'auteur et l'acteur étaient couverts de fleurs. Cette collaboration future me rendit mon fils plus cher et me fit paraître plus court le temps de la grossesse.

Le domaine m'occupa beaucoup, depuis les labours d'automne et les semailles. Je logeai des réfugiés du Nord dans les communs et je les employai de mon mieux aux travaux. Enfin, lorsque les avoines furent semées et que les blés furent drus. Christine ressentit les premières douleurs et accoucha d'une fille.

Comme le prénom de Gaspardine ne nous convenait qu'à demi, Christine préconisa celui de Julie, qui rallia tous les suffrages.

Le lendemain de la naissance, je donnai un grand repas aux réfugiés et aux passants, dans le but de manifester ma joie. Mon frère y vint, il y but et mangea ferme, après quoi il vint me reprocher une fois de plus ma prodigalité.

Au cours des journées qui suivirent, j'imaginai de nombreuses façons de faire connaître ma fierté et ma joie paternelles. Enfin, je préparai un baptême somptueux à l'occasion duquel serait donnée une petite représentation théâtrale. La fête fut en tout point réussie mais le docteur du village, qui était invité, nous annonça, lorsque nous fûmes seuls, que la petite Julie était aveugle.

Christine parut ne pas pouvoir se remettre de cette émotion et bientôt tout le monde dans la région sut que la petite Julie de la Boujadac était aveugle. On en eut du chagrin, bien sûr, mais cela suffit pour convaincre certains esprits fortement organisés que nous étions bien, Christine et moi, responsables de l'assassinat de dame Jeanne.

Mon frère vint nous aider à supporter cette disgrâce en nous comblant de conseils suffisamment limpides pour laisser transparaître un sentiment de profonde commisération. Celle-ci était mitigée, d'ailleurs, d'une certaine satisfaction ; celle de pouvoir un jour me faire comprendre que, peut-être, cette infirmité pouvait, dans une certaine mesure, être considérée comme une manifestation de la justice divine.

Comme le tour de la phrase était pour le moins aussi obscur que les dessous de la Providence, je priai mon frère de me donner quelques éclaircissements. Il le fit avec une bonne grâce qui suffit pour me convaincre de sa délectation. Il m'expliqua, comme aurait su le faire le père Bounhaire, que Dieu voulait peut-être punir mes abus, mes péchés, mes dérèglements, en touchant cruellement ma fille. En somme, la cécité de l'enfant était probablement un calvaire qui m'était imposé pour le rachat de mes fautes.

« Que ne suis-je frappé moi-même, en ce cas ? » m'écriai-je.

Je venais de prononcer là, paraît-il, une phrase qui frisait l'imprécation blasphématoire et qui devait me précipiter, plus tard, dans les géhennes du feu. J'en convins d'ailleurs sans peine lorsque mon frère m'eut analysé la chose comme il se devait. Comme quoi l'on peut encourir à son insu le supplice éternel, faute d'avoir près de soi un casuiste averti.

La cécité de notre petite Julie eut d'ailleurs des effets nombreux autant que variés. Elle provoqua la conversion d'Annie, ma première femme, qui vivait à Limoges à mes frais, dans un appartement dont je payais le loyer. Et mon frère fut, en quelque sorte, confirmé dans sa foi par l'événement.

En revanche, François, le jeune séminariste, en perdit la sienne, ne voulut plus entendre parler ni du séminaire ni de la carrière ecclésiastique. Ainsi, alors qu'Annie prenait l'habitude de fréquenter les sacrements avec une piété qui faisait l'édification des spectateurs, François rompit toutes ses bonnes habitudes et se mit à chérir le grand air et la liberté. On le vit d'abord fumer et boire comme il se doit, puis aimer la plaisanterie, voire rechercher la présence des jupons comme tout le monde.

Mon frère ne manquait pas d'admirer cette sorte de miracle qui avait « ouvert les yeux » à ma première femme. Pour lui, la douleur provoquée par la cécité de l'enfant « lui avait montré le chemin de la Vérité. » Quant à François, ce n'était qu'un enfant momentanément égaré, victime de Satan. En bref, il était patent que l'infirmité d'un innocent avait déclenché d'ores et déjà des grâces victorieuses sur toute la ligne, le cas de François étant négligeable ou, tout au moins, pouvant être considéré comme un accident.

En ce qui me concerne, j'y perdis ce qui me restait de simplicité. François, mon fils, me fut d'un grand secours en la circonstance car il se mit rapidement au courant des travaux et me suppléa lorsque je préférais me consacrer à la peinture. J'avais en effet observé que la contemplation de la nature agissait sur mes nerfs comme un lénitif puissant ; l'arbre et le roc, dans leur sereine immobilité, me donnaient un exemple de cette insensibilité qui confère probablement la durée. Ses rejetons peuvent être saccagés, ses voisins brisés, sa famille décimée, son pays ravagé, le végétal ne paraît point touché. Quant à la pierre, elle semble réaliser l'idéal d'indifférence auquel, somme toute, on regrette de ne pouvoir atteindre.

La fréquentation de ces compagnons silencieux me calmait, par osmose probablement, et je me maîtrisai à tel point que je pus reprendre la direction de la maison où l'infirmité de l'enfant avait jeté le désarroi.

Mon frère mit cet amendement sur le compte de ses sermons qui avaient déclenché en moi la déréliction à Dieu, l'esprit de sacrifice, le détachement des biens de ce monde et l'amour du Tout-Puissant.

Désormais, je devais organiser ma vie en fonction de cette enfant aveugle. Tout devait passer au second plan. Culture, apiculture, amour, argent, art, dilettantisme, tout devait disparaître devant ma fille ; ses ténèbres devaient être mon seul souci. Je mis sur pied un immense programme dont le but était la guérison ; par la suite, j'envisageai qu'à défaut de guérison il fallait au moins améliorer son sort tant que faire se pouvait. Ce programme comportait toutes les interventions, depuis celle du médecin jusqu'à celle de Dieu ou d'un de ses saints. Ma fortune devait être engloutie s'il le fallait, ma santé, ma vie même devaient être sacrifiées. J'étais prêt à m'offrir en holocauste sur l'autel de n'importe quel grand-prêtre. Enfin Lourdes, Lourdes surtout, devint une obsession.

François fut gagné par ma folie. Nous fîmes venir de vieilles femmes de la région, réputées pour leurs connaissances, et des thaumaturges bizarres, vieux bergers puant le bouc, qui se livrèrent sur le berceau de Julie à des contorsions qui m'eussent auparavant incité à distribuer quelques bons coups de pied au derrière. Haletant, je suivais leurs simagrées, les yeux fixés sur le frais visage de ma fille, attendant que je ne sais quelle force, apportée par ces vieux fous dans leur musette avec leurs herbes, fît un prodige en notre faveur.

Mon frère vint, chassa rebouteux et mages, les voua à l'enfer et pria longuement. Il attendit même d'être seul avec l'enfant pour imposer, sur chacun de ses yeux, la croix bénite de son chapelet. Je l'observais par la porte entrouverte. Je crois même (je ne voudrais pas l'affirmer) que je le vis mettre de la salive sur les paupières de l'enfant et, levant les yeux vers le zénith où l'on a coutume de localiser la Toute-Puissance, prononcer avec une ferveur qui me fit frissonner : « Epphata, ouvre-toi. »

Ces démarches ne m'empêchèrent pas d'agir comme si Julie eût dû demeurer aveugle. J'écrivis aux instituts réputés, je fis venir une méthode Braille et me mis à la parcourir fiévreusement afin de l'apprendre moi-même, car je voulais être le seul professeur de ma fille. Je négligeai ma toilette. A quoi bon être beau lorsque son enfant est aveugle ? Au contraire, je travaillai ma voix ; je cherchai à l'assouplir, à la rendre harmonieuse, capable de donner à ma Julie les seules joies des sons. Je me mis à réapprendre la musique et je fis accorder le piano de dame Jeanne, sombre cercueil d'ébène qui dormait en un coin et auquel je rendis la vie. En quelques semaines, je fis des progrès étonnants tant mon désir était grand de pouvoir assurer, par mes propres moyens, l'enchantement de l'enfant. Je passais trois heures par jour au piano. Je fis venir un excellent phonographe avec une discothèque remarquable.

Bref, la maison fut bientôt un îlot d'harmonie dans la campagne, le sanctuaire des sons dont la qualité était mon seul souci. Je n'hésitai pas à confier Julie à un collège de médecins qui entamèrent immédiatement une polémique car leurs avis étaient naturellement différents. Ce n'est que dans les romans bien construits qu'on trouve des médecins savants. En réalité, pour peu qu'on les mette en face d'un cas qui ne s'apparente pas étroitement au coryza, à la grippe, aux oreillons ou autres plaisanteries indispensables à la bonne formation et qu'ils ont l'esprit de présenter comme des fléaux, ils montrent leur incompétence en employant des mots qui ne déroutent que leurs clients. Je suis plein d'indulgence pour eux d'ailleurs, car je les crois lorsqu'ils disent qu'à peine ils ont trouvé le remède à une maladie qu'une autre survient. A les entendre, la Providence n'aurait qu'un but : stimuler les recherches des médecins en leur proposant sans cesse de nouveaux cas (et peut-être ont-ils raison).

Celui de Julie relevait, à les en croire, de la syphilis, cette grave maladie dont le but, essentiellement moral, est de punir l'humanité d'aimer un peu trop les plaisirs de la chair. On se demande même quels seraient les abus et quelle immense luxure serait la vie si l'homme ne possédait pas ce frein puissant.

En ce qui me concerne, je pensais être le responsable de la cécité de Julie car j'avais largement abusé de ma virilité. Malheureusement, lorsqu'on eut fait l'analyse du sang de Christine et du mien, on nous affirma que je n'étais pour rien dans cette sinistre affaire. Mon hémoglobine était remarquablement limpide et exempte de toute pollution. Au contraire, l'analyse était accablante pour Christine. Le tréponème pâle de la syphilis hantait le sang de ma femme dont je puis certifier qu'elle ne pouvait avoir eu, avant son mariage, aucune occasion de contamination.

Je pris plaisir, en passant, à noter ce nouveau et curieux jeu de la fatalité. En toute franchise, il faut avouer que, si tout se passait selon les principes de la logique, la vie serait d'une désespérante monotonie. Hélas, tous les sarcasmes dont je couvris la médecine, la pharmacie, la science, les femmes, les hommes, l'humanité tout entière ne contribuèrent en rien à la guérison de Julie. Je me réfugiai dans une théorie très séduisante à laquelle nous demandâmes toutes les consolations. Cette théorie était la suivante : l'amour maternel ou paternel est une merveilleuse chose, assez mystérieuse, à laquelle on peut demander beaucoup de secours. Nous devions, Christine et moi, bander nos volontés, aiguiser, améliorer nos facultés, dépenser toute notre activité, pour procurer à notre aveugle la sensation qu'elle ne manquait de rien.

Petit à petit, puisant dans cette pensée tout notre espoir, nous acquîmes la certitude qu'on peut vivre heureux sans voir la lumière du jour, à condition de ne l'avoir jamais connue. Il passe en effet dans le cerveau, un certain nombre de pensées de ce genre. Elles conduisent au fatalisme qui est peut-être la seule attitude raisonnable. Ainsi, nous préparâmes avec piété, comme dirait un auteur sérieux, une foule de petits détails éducatifs qui, mis bout à bout par nos soins, devaient tendre à procurer à Julie une existence normale où elle ne souffrît point de sa disgrâce.

La maternité jointe au désespoir rend ingénieux. Christine ne rechercha, pour la layette ou la literie de l'enfant, que des tissus de luxe dont le toucher fut agréable. Nous sacrifiâmes la forme et la couleur pour la consistance et le parfum. Nous négligeâmes la luminosité et le luxe pour la musicalité et le confort. Par une patiente étude, nous désapprîmes certains mots comme « œil », « voir », « regarder », qui furent chassés de notre vocabulaire. Il nous arriva de tenter de vivre pendant une minute, dix minutes, une demi-heure, sans ouvrir les yeux, afin de nous mettre mieux à même de comprendre l'état d'esprit d'un être privé de la vue. Cet exercice, répété fréquemment, nous permit d'évoluer dans la maison, et même dans la cour et les dépendances, les yeux rigoureusement clos. Cela nous consola un peu.

Malheureusement, croyant bien faire, nous avions alerté une pléiade de médecins qui, tous désireux de ne point trop se compromettre, n'en ordonnèrent pas moins les traitements les plus contradictoires, ce qui nous fit perdre l'espoir d'une guérison scientifique.

Restait le voyage à Lourdes. Nous en rêvions la nuit mais il fallait attendre, pour faire le pèlerinage, que l'enfant fût transportable. Mon frère vint passer quelque temps à la maison et voulut profiter de ces bonnes dispositions dans lesquelles nous nous trouvions, pour tenter de « nous réconcilier avec Dieu », comme il disait. Il nous prêcha une retraite en règle qui eût suffi à convertir une foule d'incrédules. Malheureusement, il se rendit ridicule au cours d'une journée qui devait rester célèbre parmi nous.

Ce jour-là, voulant plaisanter à mon habitude, je m'armai d'une longue perche crochue et je me mis à fourrager, au moyen de cet instrument, dans la fosse d'aisance. Mon frère me vit.

« Que fais-tu là ? me demanda-t-il.

– Je pêche.

– Tu pêches ?

– Oui et, si je réussis, ce sera une pêche prodigieuse !

– Tu plaisantes.

– Hélas, non. Mon portefeuille vient de tomber dans la fosse.

– Ton portefeuille ?

– Oui, avec vingt-sept mille francs dedans.

– Vingt-sept mille ?

– Oui. Je venais de toucher le prix de la poulinière que j'ai vendue à Thiviers. Quel malheur ! »

Je simulai une grande lassitude.

« Tu parais fourbu, remarqua mon frère.

– Tu penses. Il est trois heures de l'après-midi et je cherche depuis onze heures. »

La fosse était exposée au plein soleil. Il faisait une chaleur étouffante et, si je n'avais eu le plaisir de mystifier mon frère prêcheur, je me fus certainement évanoui tant était insupportable la puanteur.

Mon frère reprit : « Tu t'y prends mal. Il te faut un râteau, et non ce grossier crochet. »

Il alla chercher un râteau et plusieurs crocs puis, m'écartant et retroussant les manches de sa soutane, il se mit à brasser les matières avec précaution. « Va te reposer, je vais m'en occuper », me dit-il.

Il y passa le reste de la journée. Lorsqu'il revint à la maison, sa soutane était maculée odieusement et il traînait avec lui une affreuse odeur fécale. Cela ne le découragea pas ; tout en s'élevant avec sévérité contre ma négligence, mon imprudence et mon manque d'attention, il interrogea le vieux commis sur la construction de la fosse. Il apprit ainsi qu'elle n'avait jamais été vidée et que l'écoulement s'en faisait d'une façon fort régulière et naturelle par les fissures du terrain. Le vieux ajouta qu'une fois on y avait laissé tomber une pince et qu'il avait été impossible de la retrouver. Mon frère fit allumer des lanternes et il fit reprendre les recherches pendant la nuit, stigmatisant comme il se devait mon indolence et mon insouciance. Le lendemain matin, les recherches se poursuivirent mais, comme la fauchaison était en cours, je prétendis que le temps était à l'orage et qu'il fallait nous hâter. Ainsi, les deux commis vinrent avec moi, et Louis resta seul au bord de la fosse, occupé à manœuvrer les outils qu'il avait perfectionnés. Il était notamment très fier d'un instrument qu'il avait obtenu en greffant des crocs sur son râteau de fauchaison au moyen de fils de fer.

Chaque fois que nous ramenions un chariot de foin, il fallait passer près de lui. Du haut du char, je lui disais : « Alors ?

– Toujours rien.

– Bah ! Laisse donc. Nous n'en mourrons pas.

– Comment ? Tu abandonnes ainsi vingt-sept mille francs ? Tu es fou, tu as une famille à nourrir. »

Je répondais, d'une voix suave : « Regardez le lys des champs, il ne tisse ni ne file, et pourtant je vous dis que Salomon, même dans toute sa gloire, n'a jamais été vêtu comme l'un d'eux ! »

Au retour, le chariot vide, je lui disais en passant, accoudé aux ridelles : « Comme je regrette de t'avoir confié ma perte, te voilà tout enduit de cette odieuse matière pour quelques sous...

– Quelques sous ?... Vingt-sept mille francs lorsqu'on a une fille aveugle à élever ? »

J'achevais en récitant : « Ne vous inquiétez pas, pour votre vie, de votre nourriture. La vie n'est-elle pas plus que la nourriture ?... Regardez les oiseaux du ciel, ils ne sèment ni ne moissonnent...

– On ne te corrigera jamais !

– N'amasse pas les trésors de la terre où la rouille et les vers les rongent, où les voleurs fouillent et dérobent... »

Lorsque le char était passé, il disait : « J'ai bien tort de me donner tant de peine pour lui ! Il ne le mérite pas. »

Mais, reprenant ses outils, il se penchait de nouveau sur la fosse et moi, je riais de tout mon cœur.

Il chercha pendant trois jours pendant que je vaquais à mes travaux en sifflotant. Il y perdit certainement une soutane. Lorsque je vis qu'il se lassait, je simulai une grande joie et je sortis mon portefeuille de ma poche.

« Tu l'as retrouvé ? me dit-il.

– Il n'était pas perdu. Je l'avais laissé sur la cheminée, derrière la pendule. »

Il laissa là ses outils.

« Viens boire un bon coup », lui proposai-je.

L'émotion tout autant que les vapeurs pestilentielles respirées pendant trois jours lui avaient donné grande soif. Il but trois rasades de cidre frais. Je sortis quatre billets neufs du fameux portefeuille et je les lui tendis : « Tous les curés ont des pauvres. Prends ça pour les tiens. »

Il me remercia. Il me fit presque des excuses.

« Ça va, ça va, lui dis-je en l'enveloppant d'un geste bénisseur. Va et ne pêche plus ! »

Sa prédication prit fin de la sorte et il nous pria simplement de lui permettre de nous accompagner à Lourdes. Bien que nous ne le considérassions point comme capable d'attirer sur nous les grâces nécessaires, nous fûmes satisfaits d'accepter sa compagnie. Il nous sembla même que, de cette façon, nous mettions une chance de plus avec nous. La Vierge de Lourdes, pôle attractif de toutes les misères humaines, surtout les misères physiques, ne pouvait pas, semblait-il, ne pas faire attention à la détresse d'une famille qui avait « donné un prêtre à la France ». Il était curieux de constater même comme ces formules toutes faites revenaient machinalement à nos lèvres ; certains poncifs que nous avions lus dans les vieux encologues jadis, certaines invocations surannées et ridicules semblaient n'avoir été imaginés que pour nous. Je pris l'habitude, dans les heures de rêveries passionnées centrées sur l'infirmité de ma fille, de joindre les mains et de les serrer à tel point que mes ongles pénétraient dans ma peau. Je me surpris alors à dire : « O mon Dieu ! Je vous en supplie, guérissez la petite Julie ! Vierge Marie, vous qui avez tenu dans vos bras votre fils sanguinolent, sauvez mon enfant ! »

Puis ma ferveur s'accentua à tel point que, pour m'endormir ou dans les heures d'oisiveté, je me mettais à débiter des prières : l'Ave Maria et le Pater Noster, les seules dont je me souvinsse en entier. Cette récitation était machinale, à tel point que je n'attachais aucun sens aux paroles, mais une étonnante vertu entrait en moi. Etait-ce la somnolence provoquée par ce ronron ? Je ne sais, mais ce qui est certain, c'est qu'aux moments où je me livrais à ces oraisons je me sentais vraiment mieux. Ainsi me revinrent aux lèvres des prières hétéroclites, plus ou moins dotées d'indulgences plénières et dont la présence dans ma mémoire m'étonna grandement. Je retrouvai, pour interpeller le Ciel ou la Vierge, que j'appelais à notre secours, une foule de vocables désuets que j'avais sucés avec le lait de ma mère.

Donc, mon subconscient venant à la rescousse, je fus tout étonné de parler avec le Très-Haut, le Seigneur Jésus et sa mère, d'une manière solennellement familière. Lorsque la lassitude ou le désespoir me prenaient à la gorge, tout naturellement je joignais les mains ou je tournais les yeux vers le ciel et des paroles étranges montaient à mes lèvres, échos de mon enfance : « O ma souveraine et ma mère ! ... Rose mystique ! ... Divin cœur de Jésus ! ... Très sainte et très auguste Trinité ! ... Adorable Jésus... », etc. Ce qui ne m'empêchait nullement de fustiger comme il se devait les bigots et bigotes du village.

*

L'époque du voyage à Lourdes arrivait à grands pas. Tantôt j'étais pris d'un respect humain ridicule et je pensais : « Je suis stupide. Je vais aller à Lourdes pour chercher une guérison, moi, le sceptique ? » Je prenais alors la résolution de considérer le problème avec plus de bon sens, en l'envisageant sous l'angle de la raison pure, en précipitant les éléments irraisonnés alourdis d'affectivité qui étaient à la base de ma décision première. Souvent aussi, mon orgueil se cabrait et je regrettais d'avoir projeté d'aller exhiber, dans ce caravansérail où se pressent des foules sordides, notre petite infirme, étalant ainsi la tare de la famille et sacrifiant à cet exhibitionnisme et à ce processionnisme que j'exécrais.

D'autres fois, au contraire, je pensais que cette chance devait être tentée, que je n'avais pas le droit d'en priver ma petite fille. Au surplus, cette démarche, à ces instants, me paraissait douce. Il me semblait que j'allais retrouver là-bas la foi naïve de mon enfance.

Enfin, le temps se mit au beau pour finir de me décider à entreprendre ce voyage et mon frère vint nous rejoindre. Nous étions à l'avant-veille du départ lorsqu'il se passa un événement banal en soi, dont l'importance est capital cependant.

Jules Mangemal, notre ami et ancien collaborateur à la troupe Vicardo, arriva avec sa femme et ses quatre enfants.

Ils venaient du Pas-de-Calais, où il tenait une place de comptable, et les récents bombardements les ayant privés d'abri, ils cherchaient asile dans le centre de la France lorsqu'ils avaient connu mon adresse.

Nous les accueillîmes avec effusion. Jules était un ami des mauvais jours, certes, mais c'était de plus un bohème et l'on ne pouvait lui refuser sa sympathie. Nous nous donnâmes l'accolade en pleurant de joie. Ils furent installés chez nous et remis par un de ces solides repas dont on a le secret en Limousin. Ils eurent les chambres que l'on n'ouvrait jamais, où il se plurent. Après quoi, ils nous informèrent que des amis étaient également à la recherche d'un gîte. Je trouvai ces pauvres gens à la mairie où l'on s'apprêtait à les coucher dans la salle du conseil municipal, sur des bottes de paille. Ils étaient six. Je les pris dans mon chariot et les amenai à la Boujadac. C'étaient aussi des enfants de la balle. Lui, ancien jeune premier comique aux Bouffes-Parisiens, avait sottement quitté le théâtre pour les assurances et sa femme, ancienne dactylo chez un agent d'assurances, avait embrassé tardivement la carrière théâtrale. En dernier lieu, elle avait fait des tournées avec plusieurs impresarios obscurs puis s'était mariée à notre ami et lui avait donné quatre beaux enfants. La Providence a souvent de ces complaisances imaginatives.

L'installation de ces douze personnes nous prit beaucoup de temps et le voyage à Lourdes fut repoussé, malgré que mon frère fît, au sujet de ce retard, les plus grandes réserves quant au résultat du pèlerinage. Comme mes arguments se trouvaient être de la plus évangélique inspiration, il eut le bon esprit de ne pas insister et mit la main à la pâte pour le véritable déménagement que nécessita la présence de ces deux familles étrangères que je voulus néanmoins traiter comme si elles eussent été de la maison.

Plusieurs solutions furent envisagées et adoptées successivement, ce qui nécessita autant de déplacements de meubles. Comme ces meubles étaient lourds et la maison fort grande, nous acquîmes de solides connaissances de déménageurs patentés. La maison y perdit cette immuable physionomie avec laquelle elle m'avait ouvert ses portes, ce soir de juin, lorsque dame Jeanne, divine statue grecque, m'avait accueilli. J'en fus ravi et, lorsque le branle-bas eut transformé ma demeure de cave en combles, je proposai un grand banquet au cours duquel l'abbé se montra d'humeur charmante. Chacun le trouva parfait et Jules Mangemal me dit :

« C'est là ce frère abbé dont tu nous parlais ? Mais il n'a pas l'air déplaisant du tout !

– A table, répondis-je, c'est un bon vivant, mais si tu l'avais vu chercher mon portefeuille dans la fosse d'aisance pendant trois jours !... »

A peine avions-nous réussi à installer ces deux familles, que ma sœur arriva en cabriolet. C'était le soir, un beau soir très doux. Elle arriva par l'allée des châtaigniers alors que toute la bande revenait de fauchaison. En quelques mots, elle nous expliqua que son mari était interné administrativement dans un camp de concentration, en Charente, pour avoir quelque peu trafiqué avec ses vins. L'amende qu'il devait payer les ruinait presque totalement et je compris que, à un délit relatif aux lois récentes sur le ravitaillement, Ernest, mon beau-frère, en avait ajouté un autre et qu'il avait affaire avec la répression des fraudes et la Régie. Il fut donc décidé que ma sœur resterait à la Boujadac pendant l'internement de son mari. Je ne pouvais pas moins faire. Hélas, tous les lits étaient pris et il était impossible de les utiliser plus complètement. Jules Mangemal proposa de se retirer avec sa famille mais je le priai de rester et, cette nuit-là, ma sœur coucha avec Christine dans le lit conjugal alors que je partageais le lit de mon frère.

Cette aventure me rappela notre jeunesse et le soir, avant de me coucher, je tentai de commencer avec Louis une séance de cabrioles comme nous en faisions dans notre jeune temps. Malheureusement, cette initiative ne plut pas à l'abbé. En vieillissant, le pauvre homme avait changé d'opinion sur le sommeil et il réprouva les pirouettes que je faisais sur l'édredon.

« François, je t'en prie, sois correct, me pria-t-il aussitôt qu'il fut revenu de sa surprise.

– On ne peut même pas faire de la culture physique sans te choquer !

– La culture physique n'est pas de mise aujourd'hui.

– Mon vieux, je fais un quart d'heure de culture physique chaque soir, quoi qu'il arrive.

– Avec treize hôtes inattendus, tu trouves encore le moyen de plaisanter ?

– Mon Dieu, oui. Serais-tu devenu superstitieux, l'abbé ?

– Est-il bien question de superstition ? Il va te falloir héberger, nourrir tout ce monde et Dieu seul sait pendant combien de temps.

– Dieu seul le sait, oui, et encore n'en suis-je pas sûr.

– Voyons, tu ne peux pas garder tout ce monde chez toi !

– Je ne te retiens pas ! »

Il ne s'attendait pas à cette boutade. Il fut vexé et répondit : « Je partirai donc dès demain.

– Oui, tu partiras demain avec moi, avec nous, à Lourdes.

– Comment, tu abandonnes ta maison avec tous ces étrangers dedans ?

– C'est bien le moment, ils feront la fauchaison à notre place ! Ça te sourit à toi, la fauchaison ? Nous la laisserons faire à ces braves gens.

– Ce ne sont pas des ouvriers agricoles ! Tu es fou ! Ces gens sont peut-être pleins de bonne volonté, mais ils vont faire une fauchaison à la diable.

– Le vieux Cyprien les dirigera. Ils sont tous chlorotiques, les travaux des champs leur feront du bien.

– Bon, bon. »

Je pensais pouvoir m'endormir, ayant paré la grande offensive de mon sermonneur, lorsque celui-ci me dit encore, alors que je m'assoupissais : « Que penses-tu de l'arrivée de notre sœur ?

– Plus on est de fous, plus on rit.

– J'attendais ça. Mais pourrais-je te demander de me répondre sérieusement ?

– Demande, mon vieux, demande.

– Il y a plus d'un an que son mari fait du trafic assez louche ; je les ai prévenus par trois fois, ils n'ont jamais tenu compte de mes avis.

– Tu as mis tout ce temps-là pour t'apercevoir de l'inefficacité de tes sermons ?

– Je te dirai même qu'Ernest s'est entêté dans la fraude et qu'il s'est perdu plus par vice que par amour de l'argent.

– Non ?

– Oui. Le ménage ne va pas. Ils sont perdus.

– On les retrouvera.

– Tu peux ironiser, je te dirai tout. Ernest ne vaut pas la peine qu'on s'occupe de lui ! Méfie-toi de lui, c'est tout ce que j'ai à te dire. Ne t'agite pas comme ça, tu tires toute la couverture à toi.

– C'est toi qui oses me dire ça ? »

Il ne répondit rien. Pour la deuxième fois, je me crus quitte de la semonce. Je m'étais trompé.

« Si tu accueilles chez toi tout ce monde, reprit l'abbé, et que tu y laisses venir en outre ton beau-frère, tu ne tarderas pas à connaître à nouveau la ruine...

– ... Et le déshonneur ! » dis-je emphatiquement pour essayer d'en finir avec cette séquence.

L'abbé soupira, puis : « François, je t'en prie, ne me donne pas de coups de pied. »

J'allais enfin trouver le sommeil lorsque Louis se remit à me parler de mes imprudences et de ma prodigalité. Je repris aussitôt mes ruades. Vers deux heures du matin, l'abbé fut las de recevoir ainsi des coups. Après avoir constaté que j'étais beaucoup plus agité que dans ma jeunesse, il décida d'aller s'étendre sur la chaise longue, roulé dans sa couverture. C'est ainsi que je pus terminer paisiblement ma nuit.

Au matin, je donnai mes ordres et il fut décidé que nous partirions pour Lourdes le lendemain seulement.

*

Le lendemain donc, nous prîmes le train à Limoges, à la gare des Bénédictins. L'abbé était avec nous. La joie, qui s'empare de tous ceux qui retournent à Lourdes, lui donnait une humeur charmante. Il ne cessa de parler des merveilles qu'il avait rencontrées à ses différents voyages au fameux sanctuaire marial. Il me fit le récit de tant de guérisons miraculeuses que les larmes m'en vinrent aux yeux et, lorsque nous débarquâmes au pays des miracles, nous ne voulûmes point chercher une chambre ni nous restaurer avant d'être allés présenter notre Julie à la Vierge. Ce fut, avant la lettre, un pèlerinage en raccourci, au cours duquel l'abbé, débordant de joie, nous fit passer en courant devant la grotte, à la fontaine, à la piscine et dans la basilique.

Je mentirais si je disais que je n'étais pas ému.

Au cours de cette rapide promenade dans les lieux célèbres, notre petite Julie ne recouvra pas la vue. Il n'y avait rien là d'étonnant mais nous fûmes secrètement déconcertés. Nous cherchâmes un hôtel où nous prîmes un bon repas et, sans jeter un coup d'œil au pic du Gers ni aux odieux établissements, « galerie de la grotte », et autre « bazar des apparitions », nous retournâmes sur l'esplanade, puis le véritable pèlerinage commença.

Au début, ce fut l'abbé qui nous entraîna. Il avait des recettes, des formules, des talismans, qu'il fallait employer d'une façon précise, sans quoi la guérison n'était pas assurée. Suivre ce frère, lui obéir platement lorsqu'il disait : « Agenouille-toi là ! », « Mets tes bras en croix ! », « Disons un chapelet » ; tout cela ne me plut pas. J'avais préparé une autre sorte de supplique, et les oraisons officielles, écrites par des chanoines replets ou des chapelains spécialistes de l'invocation, me parurent inexactes et artificielles. Néanmoins, je suivis mon frère, auquel la soutane conférait une autorité incontestable, et je répétai après lui les litanies les plus variées.

Lorsqu'il me parla de suivre le chemin de croix monumental, je lui demandai en quoi consistait l'exercice. Lorsqu'il m'eut expliqué, je lui dis : « Mon cher Louis, je sens que cette manifestation va t'offrir l'occasion de donner libre cours à ton éloquence et à ta haute piété, mais je suis sûr que je serai incapable de te suivre sur ce terrain. Fais toi-même ce chemin de croix. Pour moi, je vais faire mon pèlerinage tout seul.

– Singulier pèlerinage, dit l'abbé en souriant douloureusement, où un incrédule veut donner des leçons à prêtre. »

J'eus du mal à lui expliquer que j'avais hâte de me trouver seul et d'obtenir un tête-à-tête avec la Vierge Marie.

L'abbé fit donc seul ses exercices de piété et, portant la petite Julie dans nos bras, nous allâmes devant la grotte où, quoi qu'on dise, règne un climat extraordinaire qui pousse à l'exaltation et à l'extase.

Sur notre chemin, nous rencontrâmes un vieux curé fort gras qui, usant de cette familiarité onctueuse qui règne entre pèlerins, nous aborda et nous dit : « Je gage que voilà un ménage qui vient remercier la Vierge de lui avoir donné un si bel enfant ?

– Nous venons surtout pour lui demander de donner la vue à notre petite fille », lui répondis-je.

Sans sourciller, avec le même sourire, le vieux prêtre continua : « Combien vous avez raison, mes enfants ! Ayez confiance en Elle. »

Il s'en fallut de peu qu'il ne dît : « Quelle chance est la vôtre d'avoir un enfant aveugle puisque cela vous procure l'occasion d'avoir recours à l'Immaculée Conception. »

Devant la grotte, une force nous contraignit à nous agenouiller et à prier massivement. Julie, dans les bras de Christine, vagissait doucement. Après avoir passé plus de deux heures à genoux sans même prendre conscience de l'heure ni du lieu, nous nous mîmes à pleurer.

Nous retrouvâmes l'abbé devant la basilique à l'heure de la grande procession du saint sacrement devant les malades. Les invocations, répétées et amplifiées par les haut-parleurs, me bouleversèrent et, lorsque le prêtre qui les dirigeait prononça : « Seigneur, faites que je voie ! » je répétai si fort : « Seigneur, faites que je voie ! » que mes voisins se retournèrent. Par trois fois le prêtre répéta cette phrase, à notre intention probablement. Trois fois nous la répétâmes, Christine et moi. Puis la procession eut lieu devant les malades.

Louis se pencha à mon oreille et me dit : « L'heure des miracles. »

La sueur perlait à mes tempes. Christine, contre moi pressée, haletait, l'œil fixé sur sa fille qu'elle tenait dans ses bras.

Lentement, le dais qui abritait le saint sacrement approchait de nous. Il passait devant les malades étendus. On sentait que toute la foule désirait, exigeait un miracle. Les prêtres n'étaient plus qu'à quelques mètres de nous. Christine et moi étions crispés de tous nos muscles, et nos âmes, au contraire, étaient dilatées et formaient, avec celles des autres pèlerins, une masse compacte et invisible qui, comme un flot puissant, se presse contre une digue pour la rompre. On pensait : « Ce qu'une goutte d'eau ne peut pas faire, un fleuve le peut. » Et tous, en silence, nous nous encouragions mutuellement dans l'enthousiasme afin de rendre nos efforts efficaces.

Je disais : « O mes frères, alliez votre volonté à la mienne. A nous tous, nous obtiendrons la guérison de ma fille ! »

Un pas encore et le saint sacrement était près de nous. Mon âme se mit à hurler : « Mon Dieu ! Faites qu'elle voie ! » Puis, comme Julie conservait son immobilité, je vociférai en silence : « C'est le moment ! Vous tous qui êtes là, aidez-moi, groupez-vous, agglomérez-vous à ma prière ! »

Je me mis à regarder passionnément le centre brillant de l'ostensoir en poussant des cris spirituels si intenses qu'il me sembla que pas un des cinq mille pèlerins présents n'eût dû manquer d'être assourdi, et je m'écriai encore : « Dieu de lumière ! Faites que ma fille voie ! »

Lorsque le saint sacrement fut à notre hauteur, Christine, en un mouvement irraisonné, leva l'enfant aussi haut qu'elle le put. Le prêtre, qui imposait l'ostensoir à des malades étendus devant lui, vit ce geste et traça dans l'air, dans notre direction, un large signe de croix avec le pesant bijou.

Alors, il me sembla entendre une clameur immense. Puis le dais s'éloigna et, l'exaltation étant passée, nous fûmes exténués. Pourtant, nous allâmes aux piscines et Christine, ayant dévêtu Julie, la plongea prestement dans l'eau miraculeuse. Puis, ayant trempé son doigt dans l'eau, l'abbé fit, sur chacune des paupières de ma fille, un signe de croix alors que ses lèvres ne cessaient de murmurer ces prières interminables que les prêtres connaissent par cœur. Autour de nous ce n'étaient que malades, boiteux, idiots, phtisiques ou paralytiques, sans parler des gens apparemment normaux mais qui venaient là pour guérir quelque plaie invisible. Jamais je n'avais tant souffert d'avoir ma fille aveugle.

Pendant sept jours, nous suivîmes ces mêmes exercices sans que notre ferveur ne s'attiédît un instant. Chaque jour, à la procession, je reprenais ma campagne d'invocations, de supplications. Pendant sept jours, nous reprîmes les heures de prière devant la grotte, aux piscines, dans le parc, partout. A tel point que je ne vis ni le commerce de petits bidons ou de statuettes sans art, ni les manifestations les plus odieuses du mercantilisme conjugué à la bigoterie, ni les mille spectacles pittoresques qui s'offrent aux yeux du touriste ordinaire.

Hélas, soit que le nombre des miracles fût strictement limité, soit que notre cas ne fût pas digne d'intérêt, la faveur que nous sollicitions ne nous fut pas accordée. Nous rentrâmes à la Boujadac, harassés par le voyage et surtout par cette sorte d'hypnose collective qui, pendant sept jours, nous avait presque tenus tous trois en catalepsie. Nous fûmes accueillis dans notre propre maison par nos invités qui, au cours de notre absence, s'étaient familiarisés avec les lieux. La fauchaison avait été faite de main de maître et déjà certains seigles réclamaient qu'on les coupât.

*

A vrai dire, je ne m'occupai guère de la moisson, car la récolte du miel de mon rucher me permit de trouver la solitude dont j'avais besoin. Comme il me fallait un aide, ce fut Christine qui m'accompagna. Elle tenait le soufflet à fumée et me passait les outils. Nous étions seuls dans le rucher, à l'abri du vent, en plein soleil. Il y faisait bon et nous passions là les meilleures heures de notre vie. Christine écoutait mes conseils, me posait des questions sur la vie des abeilles et, gentiment, se félicitait d'avoir épousé un apiculteur et entomologiste distingué.

Nous vivions là, dans ce rucher, à l'écart du monde et, bien que nous n'eussions pas grand-chose à y faire, nous y passions nos journées. J'avais fait installer mon atelier d'apiculture dans une maisonnette isolée, située à proximité du rucher. Nous y passâmes quinze jours, Christine et moi, pour l'extraction. Christine était à son aise parmi ces outils poisseux, dans cette bicoque, et je m'y trouvais si bien également que nous donnâmes notre chambre à nos hôtes, qui purent ainsi s'installer plus à leur aise, et je construisis dans « la boutique », comme nous nommions notre atelier, une couchette, une table, un dressoir, ce qui nous permit d'y vivre continuellement tous les trois, farouchement repliés sur nous-mêmes.

Un soir, Jules Mangemal vint m'y trouver et me pria de lui accorder trois longues heures. C'était son genre, il aimait demander audience pour parler de la pluie et du beau temps ; chaque fois qu'il buvait, il se croyait obligé de faire un toast, il « portait à la connaissance », il « faisait part », il n'informait jamais, il « faisait face à de lourdes difficultés » mais n'était jamais dans la mélasse. Surtout, il était pourvu d'idées et n'avait jamais perdu de vue son ancien métier de cabotin. En conséquence, il étudiait sans cesse de nouveaux rôles et revoyait ses vieux succès. Lorsqu'on le pressait un peu sur ce sujet, il disait : « Je sens, je sais, qu'un jour viendra où je pourrai donner libre cours à mon tempérament. J'ai aussi mon mot à dire. »

Comme beaucoup, en effet, il partait du fait que, s'il était venu au monde, ce n'était pas pour y vivre comme un chien. Un jour, fatalement, il devait éclore, s'épanouir comme le bouton de rose un matin d'été. Il s'agissait pour lui d'attendre un mois de mai favorable, tout simplement.

Ce jour-là, nous nous assîmes devant un pot de cidre et je le laissai parler. Pendant mon absence, en cherchant à placer son linge, il avait ouvert la commode où je rangeais mes manuscrits et, se sentant désigné par la fatalité, il n'avait pas hésité à ouvrir les cartons et à lire ma prose. Il avait ainsi acquis la certitude que le destin allait enfin se montrer favorable car deux ou trois de mes personnages se trouvaient être à sa convenance et devaient révéler en lui un artiste original et talentueux. De plus, mes pièces étaient des ouvrages remarquables qu'il mettrait en valeur. « Un nouveau Molière est né », disait-il.

Il m'exposa son plan. Il ne s'agissait, en somme, que d'engager quelques artistes, la troupe étant constituée par le rassemblement fortuit de deux génies, le mien et le sien, et de professionnels pleins de mérite. Christine, quoique mère, était encore capable de jouer les ingénues pendant de longues années. Mme Mangemal pouvait jouer les Célimène ; Clairebeau, son ami, et sa femme étaient d'excellents comédiens tous emplois.

Le répertoire qu'il proposait reprenait les principaux classiques mais, surtout, prévoyait la création de mes pièces. Je remerciai Mangemal qui reprenait son nom de guerre de Jacques de Mainjour, et je lui fis savoir qu'en raison de l'infirmité de ma fille je ne remonterais jamais sur les planches. Il en fut navré mais m'informa qu'il allait tenter seul sa chance et lancer mes sept ou huit comédies.

Il reprit néanmoins le fourchet, le râteau et continua la fauchaison. A peine celle-ci était-elle terminée que la petite Julie fut terrassée par une forte fièvre. Elle était brûlante comme une braise, ne buvait plus et hurlait sans répit. Le docteur mandé diagnostiqua une méningite. En quelques nuits d'insomnie et d'angoisse nous perdîmes, Christine et moi, la bonne mine que nous avions acquise aux champs. Penchés sur le berceau, nous nous regardions tous deux, sans dire un mot. Pour ma part, je compris que ma petite fille était perdue. Elle mourut en effet, emportant avec elle certains trésors que je tenais cachés, à mon insu, au plus profond de moi-même car, après le petit, le tout petit enterrement où nous n'eûmes besoin que d'un porteur, je me sentis pauvre, infiniment pauvre, infiniment démuni, infiniment vieux, infiniment seul, parmi cette foule de gens qui vivaient sur le domaine de la Boujadac. Annie, ma première femme, la mère de Christine, vint de Limoges pour l'enterrement de sa petite-fille. Elle pleura tout son soûl avant, pendant et après la cérémonie. Ce spectacle fut si pénible que, par réaction, je ne versai pas une seule larme. Peut-être aussi n'avais-je plus de larmes à verser, ayant préalablement sangloté toute la nuit. Nul n'assistait à la cérémonie car cette mort confirmait les soupçons des paysans. Nous étions bel et bien les assassins de dame Jeanne. Chose curieuse, ce fut en rangeant la méthode Braille et les accessoires relatifs à la cécité de ma fille que j'eus le chagrin le plus violent. En effet, après nous être préparés si ardemment à élever, éduquer et chérir Julie, c'était son infirmité même qui nous manquait le plus. J'eusse voulu conduire et enchanter une aveugle. En être privé, après l'avoir accepté, me semblait plus cruel que de perdre un enfant normal.

Je pris l'habitude de me rendre au bord des douves envasées où les carpes que nous élevions bâillaient de grosses bulles glauques. Sous les ormes penchés, au bord de l'eau, il me semblait cheminer, ayant à mon bras ma Julie. Je l'imaginais à tous les âges : fillette, adolescente puis jeune fille, belle comme le jour qu'elle ne voyait pas et, comme l'endroit était écarté et désert, je lui parlais à haute voix. Elle me répondait et, ainsi, je ressentais de grandes joies car ses réponses étaient suaves et sa voix harmonieuse. Finalement, j'arrivais à la faire vivre et elle était plus présente que François lui-même qui, de son côté, courtisait la fille aînée de Jules Mangemal.

Cette proximité de l'eau, pendant mes heures d'exaltation morbide, eût pu me donner le goût de la noyade. Il n'en fut rien fort heureusement, car Christine, frêle de corps, se révéla forte d'âme et sut remonter la pente avec un courage communicatif. Je note cela pour éclairer quelque peu l'événement qui survint.

Un jour, au cours d'un de ces dialogues avec le fantôme de ma fille, l'illusion fut si parfaite, probablement, et ma distraction fut si grande qu'en passant sur les vannes je fis un faux pas et je tombai à l'eau. Je ne savais pas nager. J'allais me noyer sans rémission mais un bras vigoureux me sortit de l'eau. C'était Martial Fumelier.

Revenu à moi, je vis sa figure d'abruti tout près de la mienne. Lorsqu'il me vit renaître, il me dit : « T'as de la veine que je sois été là.

– Merci mon vieux. Mais tu aurais pu me laisser me noyer à ma guise.

– Fallait le dire que tu voulais te suicider, je t'aurais laissé.

– Ça ne fait rien. Maintenant que j'ai réfléchi, je préfère être vivant. »

Il y eut un silence, puis le bataillonnaire reprit : « Quelle drôle d'idée de se tuer !

– Toi, tu préfères tuer les autres.

– C'est pas pour mon plaisir, faut que j'y sois obligé. »

Je m'assis et cherchai dans mon portefeuille où tout était mouillé. J'en sortis un billet de cinq cents francs et le lui donnai. « Voilà pour m'avoir tiré de l'eau, malgré que je ne t'en aie aucune reconnaissance. Mais il ne faut pas qu'un acte de courage reste sans récompense. C'est un excellent principe. »

Il prit le billet en ricanant. « Avec ça, je peux t'emmener avec moi sur l'échafaud, dit-il.

– Tu me rendrais un fier service. Si tu crois que la vie est drôle pour moi !

– Ça ne va pas ?

– Pas fort, non. J'ai perdu ma fille il y a une semaine.

– Ah ! pardon, excuses. Je ne savais pas », répondit l'assassin.

Il mit le billet dans sa poche et disparut sous la ramée en disant : « Nous reparlerons de nos affaires plus tard. »

Le lendemain, on apprit qu'il avait été arrêté au village où il était descendu pour dépenser mes cinq cents francs. Et on n'en parla plus, sinon au cours de l'enquête d'où il ressortit que dame Jeanne aurait eu de lui un enfant, à l'âge de dix-huit ans, si lui-même n'avait fait les manœuvres abortives nécessaires.

Quoi qu'il en soit, on ne me prit pas au sérieux lorsque je racontai le bain forcé. Christine y vit une tentative de suicide et, dès lors, on fit tout pour m'arracher à l'affreuse neurasthénie qui m'avait poussé là. Mais la Boujadac me déplaisait, j'y avais épuisé la gamme des sentiments humains, depuis l'amour ingénu jusqu'à la folie ou presque, et le décor était fané, défloré ; c'est pourquoi j'accédai au désir de Jules Mangemal, quoique les joies d'acteur et la gloire d'auteur ne fussent plus pour moi que des faiblesses, mais cela me donnait l'occasion de reprendre la route et de courir au-devant de nouvelles aventures.

Pour un moment, la Boujadac se transforma en école de comédie. Annie demeura parmi nous. On fit appel à de nouveaux comédiens et, en quelques mois, le répertoire fut constitué. François fut bientôt de taille à jouer les jeunes premiers, et les enfants de Mangemal, ainsi que ceux de son ami, furent dressés pour jouer les utilités en attendant de devenir des premiers rôles. Des costumes furent achetés à grands frais, ainsi que des accessoires fort riches. Mangemal, qui était régisseur principal, voulut que les représentations fussent parfaites. Il écrivit, fit plusieurs séjours à Paris, aux frais de la Boujadac bien entendu. Il nous envoya des journalistes, des reporters, qui nous photographièrent sur toutes les coutures, et il ne fut plus question, dans les journaux littéraires, que de l'Ecole de la Boujadac où un auteur extraordinaire dirigeait une équipe communautaire formée d'artistes réputés. Lorsque cette publicité fut faite, que mon nom fut sur toutes les lèvres, que la Boujadac fut devenue une sorte de Ternant [1] et la troupe une espèce de « Copiaux [2] », Mangemal loua le théâtre du Carrefour, non loin de la place de l'Etoile à Paris. Je fus contraint, pour avancer toutes ces sommes, de prévoir la fondation d'une société par actions mais, avant d'agir, j'eus la sagesse de m'adresser à quelqu'un de toute confiance. En effet, j'écrivis à mon frère, Louis.

Mon cher frère,

Nous avons résolu, tu le sais, de ne rien négliger pour me guérir de la neurasthénie consécutive à la mort de notre chère petite Julie. Aussi, après m'avoir fait prendre la tête d'une troupe d'élite, on a loué à mon nom, à Paris, le théâtre du Carrefour qui est un excellent établissement. Tous ces éléments réunis font

1. Village de Bourgogne connu pour les activités théâtrales de Jacques Copeau.
2. Célèbre troupe de Jacques Copeau.

que les « Compagnons du Bon Temps » (c'est le nom de notre entreprise) vont se constituer en société anonyme au capital de deux millions. Etudiée très sérieusement, cette affaire sera, j'en suis certain, une bonne affaire car, outre que notre directeur commercial a eu soin de lui faire une excellente publicité, le choix des acteurs et la composition du répertoire lui assurent un franc succès. Je ne voudrais pas exploiter une mine aussi riche de revenus sans t'y intéresser pour une large part et je fais appel, à la fois à ton esprit de famille, à ton sens des affaires et à ton amour éclairé de la chose artistique... etc.

Mon frère arriva le surlendemain à la Boujadac, prit connaissance des travaux et des modifications apportées au domaine, notamment aux immeubles où nous avions fait mettre l'eau, le chauffage central et l'électricité. Nous voulions lui montrer les costumes et lui présenter deux ou trois pièces du répertoire, il préféra voir les comptes, les papiers qui, à vrai dire, n'étaient pas tout à fait encore en ordre, notre effort ayant surtout porté sur la partie artistique qui était capitale, on le conçoit. Il resta là cinq jours, mit les comptes à jour, fit des balances, des bilans ou autres choses de ce genre ; il fit également la connaissance des nouveaux comédiens engagés, voulut bien écouter deux pièces jouées en costumes et, à mon grand ébahissement, les trouva étonnantes, merveilleuses, dignes des plus grands éloges.

« Je suis certain, dit-il, que les Parisiens en bâilleront bleu. »

Après quoi il vint à moi et, m'embrassant chaudement, me dit :

« Mon frère, mon grand frère ! Je te savais plein de talent, artiste jusqu'au bout des ongles, mais j'ignorais que tu eusses du génie ! »

Après quoi, il m'embrassa à nouveau comme du bon

pain et la joie me fit pleurer. Ce succès galvanisa mon équipe et Christine, triomphante, confia à l'abbé que j'étais l'idole de la troupe, le maître incontesté, le phénix. Annie s'écria : « L'abbé, je viens de revivre les plus belles heures de ma vie. J'ai retrouvé le grand, le cher Vicardo ! *Mon* cher Vicardo ! »

Je la priai de se taire car, à mon sens, je n'étais pas digne encore d'agrafer la tunique du célèbre comédien. On fit chorus pour m'affirmer qu'avec Mangemal je formais le plus beau tandem qu'on n'eût jamais vu. Je délirais sans rien en faire paraître.

Après quoi, l'abbé demanda la permission de se recueillir. Il se retira dans sa chambre et, une demi-heure plus tard, en sortit, la mine compétente. Il s'assit entre Mangemal et moi et nous dit : « Mes amis, l'art est une chose, les affaires en sont une autre. Votre troupe a tous les atouts en main pour réussir, artistiquement parlant, mais votre projet de société anonyme est un peu faible. »

Il se moucha lentement puis reprit : « Quand voulez-vous jouer ?

– A la reprise de cet automne, en octobre. La presse a annoncé nos débuts pour le vendredi 12 octobre.

– Nous sommes à la fin d'août. Il ne nous reste qu'un grand mois pour lancer votre société. Or les formalités de constitution en société anonyme demandent à elles seules plus de deux mois. Restent les opérations d'émission qui nous conduiront en janvier.

– Pourtant, nous avons besoin de bailleurs de fonds tout de suite.

– S'il en est ainsi, répondit mon frère, il faut trouver autre chose. »

Il se leva et arpenta la pièce à grand pas. On sentait qu'il faisait mine de chercher afin de donner plus de prix au service qu'il nous rendait mais, en réalité, son plan était établi depuis longtemps. En effet, au bout d'un quart d'heure, il se frappa le front de l'index et s'écria : « J'y pense ! Hypothéquez la Boujadac. Vous vous libérerez facilement par la suite. »

Il fut étonné de nous voir demeurer indifférents.

« Qu'en dites-vous ? demanda-t-il.

– C'est que, répondit Mangemal, nous avons déjà emprunté pour cinq cent mille francs sur le domaine ! »

Mon frère se dressa d'un coup. « Vous avez emprunté pour cinq cent mille francs sans me le dire ? s'écria-t-il avec amertume.

– Dame, lui dis-je, tu ne nous avais pas prié de te prévenir ! »

Il réfléchit puis nous demanda les documents relatifs à ces hypothèques. Il les étudia et nous dit : « Laissez-moi ça, je vais m'occuper de votre affaire. »

Il s'en occupa si bien qu'en quelques semaines il désintéressa nos créanciers et réunit dans sa main les titres hypothécaires. Puis il nous dit : « Si vous avez besoin d'argent, adressez-vous à moi, je vous ferai confiance. »

Après l'avoir remercié, nous lui demandâmes sans attendre cent mille francs qu'il nous accorda ; en échange, il prit gage sur certains bons prés et se déclara satisfait.

*

Les Compagnons du Bon Temps me donnèrent les plus hautes satisfactions, aussi bien lorsqu'ils étudièrent le répertoire classique que lorsqu'on mit au point mes propres pièces.

La Boujadac n'était plus une ferme faisant vivre une opulente maison bourgeoise, mais une sorte de communauté où la vie se partageait entre les travaux des champs et ceux de l'esprit. Après avoir rentré les chars de moisson, tout le monde reprenait sa place sur la scène de travail ou dans les coulisses. Les repas nous réunissaient autour d'une table commune et le soir, après une dernière séance de jeu qui nous conduisait jusqu'à dix heures, chacun regagnait sa cellule.

Chaque repas me coûtait deux douzaines d'œufs, quatre kilos de viande, cinq litres de vin ou cidre, six kilos de pain, et le reste à l'avenant. A ce prix, je m'entendais appeler « maître » et j'étais traité comme un homme célèbre. Je savais qu'au fond tous mes amis m'aimaient bien ; comment ne pas aimer celui qui vous loge et vous nourrit confortablement et ne vous demande, en retour, que de jouer la comédie ?

Mon frère, pour la première fois de notre vie fraternelle, ne me contredisait plus ; au contraire il m'encourageait, me soutenait, m'envoyait des lettres enthousiastes où ma vanité trouvait son compte, ce qui est capital lorsqu'on se prépare à un succès d'auteur-acteur.

Christine disait à Mangemal : « Le cher abbé ! Il veut griser François afin qu'il ne pense plus à notre petite Julie ! »

De fait, je ne pensais plus guère à mon enfant morte. L'activité littéraire, jointe à celle que réclamait le domaine, ne me permit plus ces promenades morbides avec le fantôme de ma fille. Le chagrin est une mauvaise habitude que l'on perd lorsqu'on en prend d'autres.

Octobre approcha rapidement.

Vers le premier du mois, Mangemal partit à Paris pour les derniers préparatifs et, lorsqu'il nous eut annoncé que tout était prêt, la troupe entière gagna la capitale dans un car loué à cet effet.

Nous eûmes quelques jours pour les dernières répétitions, recevoir la presse ; les photographes et tout cela, y compris le voyage, nous contraignit d'avoir recours à mon frère qui nous prêta encore deux cent mille francs sur la Boujadac. A cette époque, malgré mes quarante ans, j'ignorais encore ce qu'était une hypothèque ou un créancier hypothécaire. Aujourd'hui même je n'en ai qu'une faible idée car j'ai toujours été fort borné de ce côté-là. Encore bien moins savais-je ce qu'un abbé peut faire pour éviter à son frère de perdre tout son bien.

La répétition des couturières eut lieu. Elle fut une réussite. La générale fut une merveille. Mangemal avait enfin pu « dire son mot ». Nous fûmes rappelés tous, on nous fit une sorte de triomphe. Mais, dès le lendemain, la critique fut très dure pour nous. Comme il arrive souvent, le critique trouvait bizarre que le public eût applaudi et, comme on se fait une opinion d'une œuvre sur ce qu'en disent quelques professionnels mithridatés dans les journaux, nous n'eûmes personne par la suite.

Que n'avions-nous débuté par un four où le public se fût montré récalcitrant et où, fatalement, les critiques eussent applaudi à tout rompre ! L'un d'eux fit notre ruine en écrivant : « ... J'ai été contraint de constater que le public riait aux éclats, haletait d'émotion ou applaudissait à tout rompre... Que peut la critique devant des réactions aussi ridicules ? » Là-dessus, il contait l'intrigue et concluait : « C'est idiot, tout le monde en convient. Eh bien, les spectateurs s'amusent. J'ai bâillé tout au long de cette ineptie mais le public, lui, semble charmé... Mes deux voisines, deux jeunes filles dont le charmant visage n'accusait aucune anomalie *(sic)* ont ri et pleuré avec un enthousiasme incompréhensible et la salle était croulante d'applaudissements ! Le public est devenu fou. »

Je n'avais donc d'autre satisfaction que d'avoir enthousiasmé une foule d'aliénés parmi lesquels un ou deux hommes sensés s'étaient professionnellement fourvoyés.

Malheureusement, ce furent ces deux-là qui modelèrent l'opinion des autres, se réservant d'initier les foules à des spectacles dont l'ésotérisme nécessitait au moins une initiation.

Je sentis que petit à petit nous allions nous enliser, nous ruiner, et j'en pris tout aussitôt mon parti. Une seule chose me gênait : la présence de Christine, que j'entraînais avec moi dans cette débâcle. Moins que jamais, je me pardonnais d'avoir épousé cette enfant et Annie ne se priva pas de me le reprocher également.

J'eus cependant un espoir. Christine recevait dans sa loge une foule d'admirateurs. L'un d'eux pouvait se faire aimer d'elle et, comme je n'étais plus de taille à disputer une belle femme à un jeune oisif, je m'attendais à l'entendre me demander sa liberté. Tous ces jeunes gens, en effet, étaient beaux et musclés, bien pris dans leurs habits ; moi, j'étais maintenant légèrement obèse, les rides commençaient à flétrir mon visage et mes cheveux, encore drus sur les tempes, avaient jugé bon d'évacuer presque complètement le sommet de mon crâne. Je n'étais beau qu'en scène, grâce aux artifices du grimage et du costume. A la ville, j'étais vêtu de vestons fatigués et j'omettais de nouer ma cravate. Si on ajoute à cela que je traînais lamentablement les pieds, chaussés de souliers éculés, que j'avais habituellement les mains dans les poches, et que mes vêtements avaient pris depuis longtemps des plis fâcheux quoique familiers, on comprendra que Christine fût violemment tentée de se laisser courtiser par un de ces beaux gentilshommes qui, au surplus, étaient tous fortunés.

Ces événements, qui me déchiraient entre l'alternative de perdre Christine en la sachant heureuse ou de la garder en l'entraînant dans la misère, firent que je ne pris pas grand intérêt à la querelle qui s'institua autour de mon théâtre entre différents hommes de lettres, car il s'en trouva pour me soutenir. Ceux-ci étaient bien l'espèce la plus curieuse qu'on pût trouver. Ils prenaient fait et cause pour moi, affirmaient mon nom et me dévoilaient à moi-même mes intentions, éclairaient mes allusions, expliquaient toute mon œuvre, depuis la thèse philosophique qu'ils y avaient découverte jusqu'à la dernière de mes virgules, et, à vrai dire, j'eus infiniment plus de dégoût à lire leurs âneries qu'à suivre la poussée de leurs adversaires. Ni les uns ni les autres, en vérité, ne m'avaient compris et leur controverse me fut, de ce fait, totalement incompréhensible. A tel point que j'eus la certitude qu'en définitive il n'était plus question de moi dans cette dispute, ni des acteurs ni des spectateurs, mais de leur belle intelligence de critique qu'ils voulaient faire miroiter aux yeux de tous, faute d'avoir pu en faire meilleur usage.

Lorsque s'éteignit l'écho des dernières passes d'armes de cette querelle, il y avait belle lurette que nous étions ruinés, sans avoir toutefois perdu une parcelle d'espoir. Nous appréciâmes alors, Christine et moi, certaines maisons où la soupe était distribuée gratuitement, non pas que nous fussions réduits à la mendicité, mais pour éviter de dépenser au restaurant l'argent qui suffisait à peine à payer le voyage de retour à la Boujadac. Car Christine, contrairement à ce que j'attendais, me resta fidèle et préféra venir vivre avec moi dans ma ferme. Je n'étais pas accoutumé à semblable loyauté.

Ce voyage ne manqua pas d'agrément car nous nous consolâmes tous deux d'avoir perdu Julie en disant : « La pauvre petite ! Comme elle eût été malheureuse avec des malchanceux comme nous ! »

Comme quoi, un second malheur éteint souvent la brûlure du premier.

Notre désir était de rentrer « chez nous » et de reprendre cette vie campagnarde qui, comme à tous ceux qui ne la pratiquent pas, nous paraissait idéale.

Nous arrivâmes à la Boujadac par une belle après-midi de printemps. C'était mai. Mes pommiers étaient en fleur. Les landes qui couvraient les croupes marchoises me plaisaient. Avant même d'être arrivés à destination, je fus tenté de me mettre à courir dans les fougères et les genêts. A la Boujadac, le vieux Cyprien nous accueillit avec joie.

« Vous revoilà ! dit-il. Vous revoilà tous les deux ? »

Je répondis : « Aussi bizarre que cela puisse te paraître, la patronne a préféré revenir avec moi, pauvre et las, plutôt que de rester là-bas en brillante compagnie.

– Oh, notre maître, dit le vieux, qui ne pouvait s'habituer à me tutoyer, comme je l'eusse voulu. Notre maître s'imagine qu'on peut quitter quelqu'un qu'on aime tout simplement parce qu'il est pauvre ?

– C'est souvent bien préférable !

– Comment pouvez-vous dire ça ? reprit mon homme. Pensez-vous que l'amitié marche avec l'or comme le moulin marche avec l'eau ?

– Je le pense, oui, mais sans en être choqué. Et je crois qu'il eût été bien préférable que Christine demeurât près d'un de ces jeunes et beaux messieurs qui la pressaient.

– Elle vous aime, cette petite.

– Peut-être... Et tant pis pour elle ! »

Je fis venir des cartes et des ouvrages relatifs à l'Océanie. Ces pays-là m'attiraient car, dans mon esprit, le climat et la végétation permettaient d'y vivre au hasard, sans travailler, et la faune ne me paraissait comporter aucun reptile de l'espèce de mon frère l'abbé.

Les travaux agricoles m'occupèrent sérieusement dès la première semaine, me laissant cependant le temps de préparer mon voyage en Océanie, dont le schéma fut tracé sur le papier. A cette époque, en raison de l'Occupation, il était impossible de sortir de France. Aussi, je pus allonger à mon gré ce voyage en faisant une escale aux Indes et une en Indochine. J'étais encore à Hanoï et j'allais commencer la troisième partie de mon périple au pays de l'insouciante et sensuelle Océanie, lorsque mon bon frère arriva. Il entra dans mon cabinet de travail.

« Heureux de te rencontrer là, me dit-il.

– De même, lui répondis-je dans le même style.

– Que fais-tu avec ces cartes ? me demanda-t-il.

– Je prépare un examen de gouverneur général des colonies.

– Ça ne m'étonne pas ! A peine remis de ton fiasco du « Carrefour », te voilà prêt à plaisanter !

– Si je pleurais, tu me reprocherais de manquer d'estomac.

– Entre manquer d'estomac et étudier l'océan Pacifique, il y a loin.

– En effet, j'étudiais l'itinéraire pour me rendre en Océanie. Il doit y avoir environ vingt mille kilomètres.

– Ironise, ironise à ton aise ! Rira bien qui rira le dernier ! As-tu pensé à la façon dont tu purgerais tes hypothèques, à l'échéance de mes billets ? dit-il.

– Parfaitement, j'y ai songé. Ou plutôt, j'allais y songer mais à cet instant j'ai pensé que mon cher petit frère l'abbé ferait crédit à mon talent, à mon génie.

– Ne plaisantons plus ! coupa mon frère. Il faudra bien pourtant qu'un jour nous parlions sérieusement de ces choses-là !

– Je n'en vois pas la nécessité ! »

L'abbé fut interdit. Il continua plus lentement : « Aurais-tu l'intention de ne pas me rembourser ?

– Aurais-tu l'intention de poursuivre le recouvrement de ta créance ? » questionnai-je.

Il se tut puis, après avoir fermé les paupières, il prononça : « Oui. J'en ai assez de t'aider... Je ne veux pas être la victime de ma bonté.

– Tu devrais.

– Comment ?

– Je dis : tu devrais vouloir être la victime de ta bonté.

– Tu as de l'aplomb !

– Victime de la bonté jusqu'à la mort, comme le Christ.

– Je t'en prie, n'introduis pas le Christ dans cette affaire, dit-il en élevant la voix.

– C'est merveilleux ! Tu crois pouvoir introduire ou retirer à ta guise le Christ de tes affaires. Moi qui croyais qu'il devait informer tous tes actes !

– Je ne me laisserai pas circonvenir une fois de plus par tes sophismes ! s'exclama l'abbé. Tu serais trop heureux de me voir faiblir !

– Plus que tu ne peux imaginer.

– Aussi, continua-t-il, j'en ai assez de te traiter avec indulgence. Tu es mon débiteur pour la bagatelle de sept cent mille francs et j'ai des gages sur les immeubles qui te viennent de ton mariage avec Madame Jeanne. Aussi j'ai l'intention d'exiger ma créance. Peux-tu me payer ?

– Tu sais bien que non.

– En ce cas, ne trouve pas drôle que je t'exécute.

– J'ai horreur de cette expression. Disons que tu veux devenir propriétaire de la Boujadac.

– Enfin une parole sensée », conclut l'abbé.

Je lui offris une cigarette qu'il n'accepta pas et je me remis à étudier mes cartes. L'abbé resta immobile près de moi.

« As-tu mangé ? lui demandai-je.

– Oui, j'ai pris un repas au buffet de Montluçon en passant.

– Montluçon est à cent kilomètres d'ici. Descends donc à la cuisine, Christine te fera préparer une bonne omelette et un verre de cidre. Ça te remettra. »

J'eus alors, je le confesse, une pensée vraiment perverse, la première de ma vie, je crois. Je résolus de me rendre à la messe, le lendemain matin, avec mon frère. Non que je considère le fait d'aller à la messe comme une manifestation de perversité, mais parce que je n'obéissais, en agissant ainsi, qu'au désir de séduire mon frère en simulant une conversion.

Au petit jour, j'attelai la jument et j'attendis. L'abbé sortit bientôt par la petite porte du cellier.

« Permets-moi, lui proposai-je, de te conduire en voiture. J'ai affaire de ce côté-là.

Il monta dans le cabriolet et, enveloppant ma bête d'un voluptueux coup de fouet, j'emmenai mon frère au village.

Je n'entrai pas à l'église avec lui. J'avais encore une certaine pudeur qui m'interdisait des attitudes trop ostensibles. J'allai à l'auberge et, lorsque je jugeai que Louis devait avoir terminé son office, je pénétrai dans l'église. Des lueurs de cierges y brillaient dans une demi-obscurité pendant qu'un léger parfum d'encens et de linge blanc descendait du chœur. Je vis mon frère, encore au maître-autel, qui lisait le dernier Evangile. Ses mains, aux doigts joints, levées à hauteur des épaules, lui faisaient comme des petites ailes. Quelques vieilles femmes étaient là, dans les bancs.

L'abbé, ayant terminé sa lecture, revint devant le tabernacle afin d'y prendre le ciboire, et descendit les degrés de l'autel avant de gagner la sacristie. A ce moment, il eut un court regard pour l'assemblée. Alors, je vis que son œil me voyait. Cela ne dura qu'une fraction de seconde mais quelque chose se mit à battre en moi et je me surpris à murmurer : « Il m'a vu. »

Je ne saurais dire si la honte fut plus forte que la satisfaction, mais je sais bien que je sortis immédiatement et que j'attendis mon frère, assis sur le talus, au soleil du matin. Il vint. Il s'assit près de moi.

« Ah te voilà ! lui dis-je comme sortant d'un rêve.

– Me voilà », reprit-il.

Il y eut un silence. Les vêtements de l'abbé étaient encore tout imprégnés de senteurs de sacristie.

« Comme il fait bon ! dit-il encore.

– Oui. Voilà du beau temps. »

Mon calcul affadissait tout en moi. Je me mettais à parler la langue des hypocrites.

Gaiement, l'abbé monta dans la voiture et nous rentrâmes à la Boujadac. Le lendemain, je ne l'accompagnai pas à la messe mais, le surlendemain, je m'y rendis à pied, lorsque l'abbé fut parti. A l'église, je retrouvai les mêmes vieilles femmes ; j'assistai à l'office, à demi dissimulé derrière un pilier mais de telle façon que mon frère pût me voir.

Je disparus avant la bénédiction et je rentrai par les landes, et ainsi chaque jour. Le dimanche suivant, j'attelai le char à bancs et j'emmenai tout le monde à la grand-messe. Mon frère partit le soir même mais, bien qu'il ne fût plus là, je n'en continuai pas moins à me rendre à l'église, sinon chaque matin, du moins fort souvent. Je pris un gros livre de prières dans lequel je suivis l'office et je me plaçai au premier rang, sous les yeux du bon curé.

Cet exercice coupable me devint agréable à la pensée qu'il allait peut-être me procurer la possibilité de rester à la Boujadac pour y couler des jours calmes. Mon rêve eût été de tromper mon frère et de le battre sur son propre terrain. Nos relations se transformèrent rapidement à la faveur de ce malentendu. L'abbé ne soupçonna pas ma ruse et me considéra comme un pécheur dont le repentir méritait une récompense. Je reçus, sans m'y être abonné, un journal bien-pensant, régulièrement. Je pensais triompher, tout étonné de voir comme il était facile de mentir.

L'abbé revint deux mois plus tard, aimable et fort gracieux. « J'ai réfléchi à ton affaire, dit-il. Je n'ai jamais eu la pensée de mettre mon frère dans la misère, aussi j'ai pensé te faire plaisir en te réservant une surprise.

– Tu es trop bon, mon vieux Louis !

– Comme l'échéance de mes billets approche, je vais faire les démarches, la Boujadac m'appartiendra, mais tu y resteras. Tu seras mon régisseur. Ainsi, Christine et toi, vous aurez un toit et vivrez heureux. »

J'eusse voulu le gifler mais six mois d'hypocrisie avaient tué en moi toute fierté. Je lui donnai simplement l'accolade.

C'eût été le moment de réagir, de quitter la Boujadac et de commencer une de ces séries d'aventures qui font paraître la vie plus courte. En un mot, une nouvelle évasion s'imposait. Mais, en quarante ans, j'avais connu tant de désillusions que repartir sur les routes de France, comme je l'eusse souhaité, me sembla monstrueux. Je me vis incapable de lutter plus longtemps contre l'adversité. La Marche, bien que n'étant pas mon pays d'origine, me parut alors infiniment agréable, en hiver aussi bien qu'en été ; de plus, la Boujadac avait des murs épais et robustes, un toit solide, des étables modernes, des granges replètes. De ma fenêtre, entourée de glycines, j'avais sous les yeux un joli panorama qui s'étendait des monts guéretois jusqu'aux croupes qui dominent Limoges. Aussi je crus bon d'accepter cet asile que mon frère, dans sa grande bonté, voulait bien m'offrir.

Je pris l'habitude de me rendre à la messe du matin pendant la bonne saison, de surveiller les terres et les bois, le fusil en bandoulière. Cette vie saine et régulière m'incita à la paresse, à la négligence, à la mollesse, qui engendrent le conformisme. C'est ainsi que me toucha la grâce.

Mon frère semble ravi. La population environnante rectifie peu à peu son jugement sur nous. Dans dix ans, je suis persuadé que nous passerons pour être fort honorables et on parle, dans le pays, d'une conversion caractérisée.

Hier, j'ai entendu mon frère qui bavardait avec le curé du village, dans l'allée des châtaigniers. Ils souriaient tous deux.

« Vous devez être bien heureux », disait le curé.

Mon frère leva les yeux au ciel et, avec toute la componction désirable, murmura : « Ce que Dieu fait est bien fait ! »

Je me retins à quatre pour ne pas entonner l'*Alléluia* pascal. Mon frère continua : « Cette petite, voyez-vous, cette petite qu'ils ont perdue...

– Oui, cette petite aveugle ? répondit l'autre.

– C'est cela ! reprit mon frère. Eh bien, c'est par cette mort que Dieu a voulu agir sur leur âme. Depuis ce douloureux événement, j'ai observé le progrès de la grâce en eux et je puis vous dire que c'est une chose merveilleuse qui, plus d'une fois, m'a tiré les larmes des yeux.

– Vous ne m'étonnez pas, répondit le bon curé. C'est merveilleux en effet.

– Oui, Dieu s'est servi de la mort de ce chérubin pour rappeler à lui ces brebis perdues. »

Les deux prêtres s'éloignaient lentement sous la voûte des branches. « Dieu est le phare qui attire inévitablement les insectes que sont les hommes pour les brûler au feu de sa bonté », entendis-je encore.

J'eus un faible geste de protestation. J'allais les appeler, leur dire... Mais une immense lassitude m'accabla. Je haussai les épaules, non par mépris certes, c'était plutôt un geste d'impuissance, cette impuissance qui vous pousse insensiblement, aussitôt qu'on en prend conscience, au fatalisme, et je m'aperçus alors que le curé, mon frère, et moi, nous nous trouvions pour ainsi dire rassemblés dans une ignorance commune aussi totale qu'on puisse imaginer.

Comme ils disparaissaient derrière le hallier, j'entendis Louis qui disait encore : « La guerre aussi, cette affreuse guerre dont on ne sait comment elle finira, a eu une grande influence sur mon frère.

– On ne voit que les ruines d'une guerre, reprit le curé, et on en déduit que la guerre est un fléau, mais on serait confondu d'admiration, j'en suis sûr, s'il nous était donné de connaître tous les bienfaits secrets, les grâces spéciales, qu'elle nous procure. Que d'âmes sont sauvées qui eussent été perdues sans la révélation reçue un soir de bombardement.

– Dieu nous conduit comme il veut ! » conclut mon frère.

Je ne les entendis plus, hélas, car ils étaient trop éloignés maintenant, et je ne doute pas que je n'eusse tiré grand profit de suivre leur conversation. Toutefois, je surpris, sur mes lèvres, un sourire, un de ces sourires amers, quoique sereins, que doivent avoir certaines peuplades misérables et nomades du désert.

Cette nuit, j'ai bien dormi. Il fait beau, quoique froid. Je me sens à mon aise et je pense qu'il ne m'est pas impossible, somme toute, de partir lorsque je me serai refait quelque peu, un beau jour de mon choix, comme les nomades qui errent sans cesse pour chercher à leurs chameaux un nouvel et maigre pâturage. Changer d'herbe à sa guise ! Voilà le secret du bonheur de certains hommes qu'on ne rencontre que dans les rêves : les hommes libres !

J'ai beaucoup vécu. J'ai ramassé de bons et de mauvais souvenirs. La somme est médiocre de qualité, mais je remercie néanmoins la Providence pour tout ce qu'elle a bien voulu me donner de bon et de mauvais dans ma vie. D'ailleurs, ne l'en remercierais-je point que rien n'en serait changé.

Toutefois, je frémis à la pensée que, né en 1911, j'eusse pu être désigné par elle pour inventer ou perfectionner l'avion ou la mitrailleuse ou le char d'assaut qui, depuis, ont contribué à ramener à Dieu tant de brebis perdues !

Qu'on me pardonne, j'ai l'âme odieusement faible, je le sais, aussi je me félicite de n'avoir été appelé par le Tout-Puissant qu'à diriger une troupe de maigres baladins qui, par trois fois, mangèrent la grenouille.

Cet ouvrage a été réalisé par la
SOCIÉTÉ NOUVELLE FIRMIN-DIDOT
Mesnil-sur-l'Estrée
pour le compte des Éditions Anne Carrière
en avril 2000

Imprimé en France
Dépôt légal : mai 2000
N° d'édition : 176 – N° d'impression : 50688